paris le 7 juillet 1824

1816

HUETIANA;

OU
PENSÉES DIVERSES
DE
M. HUET,
EVESQUE D'AVRANCHES.

A PARIS,
Chez JACQUES ESTIENNE,
ruë S. Jacques, à la Vertu.

MDCCXXII.

ELOGE HISTORIQUE DE L'AUTEUR.

PIERRE DANIEL HUET, ancien Evêque d'Avranches, mort à Paris le 26 de Janvier 1721, étoit né à Caen le 8 de Février 1630. L'amour de l'étude prévint en lui, ne difons pas tout-à-fait la raifon, puifque nous ignorons quand elle commence, mais au moins l'ufage de la parole. *A peine*, dit-il, *avois-je* (1) *quitté la mamelle, que je portois envie à ceux que je voyois lire.* Il perdit fon pére à dix-huit mois; fa mére quatre ans après. Il fut livré à des tuteurs négligens, qui le mîrent dans une penfion bourgeoife, où, avec peu de fecours, & n'ayant que de mauvais exemples, il ne laiffa pas d'achever

(1) Huetiana, p. 3. Commentar. p. 16.

la carriére des Humanitez, avant que d'avoir treize ans faits.

Pour sa Philosophie, il tomba sous un excellent (2) Professeur, qui, à la maniére de Platon, voulut qu'il commençât par apprendre un peu de Géométrie. Mais le disciple alla plus loin qu'on ne souhaitoit. Il prit un tel goût à la Géométrie, qu'il en fit son capital, & méprisa presque les écrits que dictoit son maître, qui heureusement étoit assez sage & assez habile pour ne lui en savoir pas mauvais gré. Il parcourut tout de suite les autres parties des Mathématiques; & quoique cette science ne fût pas encore accréditée dans les colléges, ni même dans le monde, au point qu'elle l'a été depuis, on lui en fit soûtenir des

_____
(2) Le P. Mambrun, connu pas ses vers Latins, & par un Traité du Poëme Epique.

thèses publiques, les premières qui aient été soûtenuës à Caen.

Il devoit, au sortir de ses classes, étudier en Droit, & y prendre des degrez. Deux ouvrages, qui parurent (3) en ce temps-là, interrompirent cette étude utile, & le jettérent dans une autre plus amusante. Ces deux ouvrages étoient les Principes de Descartes, & la Géographie sacrée de Bochart. Une preuve qu'on ne doit jamais avoir de préjugez, ou du moins s'y opiniâtrer, puisqu'un même homme, & un homme très-judicieux, peut quelquefois, dans ses âges differens, penser si différemment ; c'est que M. Huet, qui a vivement censuré Descartes long-temps après, le goûta d'abord, l'admira, & le suivit durant plusieurs

(3) Les Principes de Descartes, imprimez en 1643. & le Phaleg de Bochart, en 1646.

ã iij

années. Quant à la Géographie de Bochart, elle fit une double impression sur lui, & par l'érudition immense de l'ouvrage, & par la présence de l'auteur, Ministre des Protestans à Caen. Tout ce livre étant plein d'Hébreu & de Grec, aussi-tôt il voulut savoir ces deux langues, alla saluer l'auteur, lui demanda ses conseils, son amitié, & se fit son disciple, mais disciple prêt à devenir émule. Souvent un jeune homme, avec de l'esprit & du courage, n'a besoin que d'un modelle vivant, pour déterminer le genre de ses études. Tel, qui n'a fait toute sa vie que des Madrigaux, auroit été un Savant du premier ordre, s'il avoit eû de bonne heure un Bochart devant les yeux.

Qu'on ne croie pas cependant, que M. Huet fût ennemi des

amusemens, & des exercices, qui conviennent à la jeunesse. Il voyoit (4) le monde, il avoit soin de se bien mettre, il cherchoit à plaire. Véritablement, il n'avoit pas de grace à danser; mais il primoit à la course, il étoit meilleur homme de cheval, il faisoit mieux des armes, il sautoit mieux, il nageoit mieux, dit-il, que pas un de ses égaux.

A vingt ans & un jour, la Coûtume de Normandie le délivra enfin de ses tuteurs, qui lui épargnoient sordidement tout ce qu'ils pouvoient. Sa plus forte passion, & la premiére qu'il satisfit, dès qu'il se vit son maître, fut de voir Paris : non pas tant par curiosité, que pour se fournir de livres, & pour connoître *les princes* (5) *de la*

(4) *Commentar. lib.* I. p. 55. 56. 57.
(5) Huetiana, p. 4. *Comment.* p. 58.

Litérature. C'eſt une de ſes expreſſions. Il rendit d'abord ſes devoirs au P. Sirmond, plus que nonagénaire. Cet aimable & reſpectable vieillard joignoit à ſon grand ſavoir une grande candeur, qui lui venoit de ſon propre fonds; & une grande politeſſe, que la Cour de Rome & celle de France lui avoient donnée. Le P. Petau, bien moins âgé, mais naturellement plus rigide que ſon confrére, ſe dérida le front en faveur d'un jeune provincial, qui non ſeulement étoit déjà digne de l'écouter, mais qui oſoit même quelquefois (6.) n'être pas de ſon avis, & lutter, preſque enfant, contre un ſi grand homme.

Je nommerois tous nos Savans d'alors, ſi je nommois tous ceux

(6) Voyez ſes Diſſertations ſur diverſes matieres, &c. Tom. II. p. 432. 433.

que M. Huet connut, & dont il s'acquit l'eſtime, à ſon premier voyage de Paris. Deux ans après, il eut occaſion de connoître ceux de Hollande. Car la Reine de Suéde ayant invité Bochart à l'aller voir, il ſe joignit à lui, & partit au mois d'Avril 1652. Bochart arriva en des circonſtances, où il ne fut pas ſi gracieuſement reçu, qu'il avoit lieu de s'y attendre. La ſanté de cette Princeſſe chanceloit. Trop d'application à l'étude, car elle y paſſoit les nuits entiéres, lui avoit échauffé le ſang. Bourdelot ſon médecin, habile courtiſan, & qui avoit étudié autant ſon eſprit que ſa complexion, l'obligea de rompre tout commerce avec les gens de Lettres, dans l'eſpérance de la gouverner lui ſeul. Bochart en ſouffrit. Pour M. Huet, ſa jeuneſſe l'empêcha de paroître si redoutable à ce médecin. Il vit souvent la Reine, elle voulut même se l'attacher : mais l'humeur changeante de Christine lui fit peur, & il aima mieux au bout de trois mois revenir en France, où le principal fruit qu'il rapporta de son voyage, fut un manuscrit d'Origéne, qu'il avoit copié à Stockholm.

Parmi les Savans qu'il connut en Hollande, Saumaise tient le premier rang. Diroit-on, à l'emportement qui régne dans les écrits de Saumaise, que c'étoit au fond un homme facile, communicatif, & la douceur même ? Jusque-là qu'il se laissoit dominer par une femme hautaine & chagrine, qui se vantoit d'avoir pour mari, mais non pas pour maître, *le plus savant de tous les Nobles, & le plus noble de tous les Savans.*

Quand M. Huet fut de retour dans sa patrie, il reprit ses études avec plus de vivacité que jamais, pour se mettre en état de nous donner son manuscrit d'Origéne. Deux sortes d'Académies, l'une qui s'étoit formée en son absence pour les belles Lettres, l'autre qu'il fonda lui-même pour la Physique, servoient à le délasser: ou plûtôt, le faisoient de temps en temps changer de travail. En traduisant Origéne, il médita sur les régles de la Traduction, & sur les diverses maniéres des plus célébres Traducteurs. C'est ce qui donna lieu au premier livre qu'il publia, & par lequel il fit, si j'ose ainsi dire, son entrée dans le pays des Lettres. On y admira ce qu'on a depuis admiré dans ses autres ouvrages, une lecture sans bornes, une judicieuse critique, & sur-tout une Latinité, qui feroit honneur au siécle d'Auguste. Enfin, seize ans après son retour de Suéde, il mit son Origéne au jour. Ces seize ans, il les passa dans sa patrie, sans emploi, tout à lui & à ses livres; ne se dérangeant que pour venir tous les ans se montrer un ou deux mois à Paris.

Pendant ce temps-là, il eut des lueurs de fortune, dont il ne fut point ébloui. La Reine de Suéde, qui, après avoir abdiqué la Couronne, s'étoit transplantée à Rome pour toujours, voulut l'attirer auprès d'elle en 1659. Mais l'avanture de Bochart, demandé avec tant d'ardeur, & puis oublié dès qu'il parut, l'empêcha de succomber à la tentation de voir l'Italie. On le souhaita en Suéde pour lui confier l'éducation du jeune

Roi, qui remplaça en 1660 Charles Gustave, successeur de Christine. Mais il eut la force de remercier ; & ceux qui jugent des actions par l'événement, trouveront qu'il fit très-bien de se tenir en France. Car, dix ans après, il fut nommé Sousprécepteur de M. le Dauphin, sans avoir d'autres patrons que son mérite, & le discernement de M. de Montausier.

Il arriva à la Cour en 1670, & y demeura jusqu'en 1680, qui est l'année que M. le Dauphin fut marié. Plus il sentit que ce nouveau séjour l'exposoit à de fréquentes distractions, plus il devint avare de son temps. A peine donnoit-il quelques heures au sommeil. Tout le reste de son loisir alloit, ou aux fonctions nécessaires de son emploi, ou à sa *Démonstra-*

tion *Evangélique*, commencée, & achevée parmi les embarras de la Cour.

Je ne dois pas oublier ici le service qu'il rendit aux L[...]res, en nous procurant cet[...]te de Commentaires, qui se nomment communément *les Dauphins*. Quoique la premiére idée en fût venuë à M. de Montausier, on est redevable à M. Huet d'en avoir tracé le plan, & dirigé l'exécution, autant que l'a permis la docilité, ou la capacité des ouvriers.

Tout occupé depuis si long-temps, & de compositions, & de lectures, qui avoient directement la Religion pour objet, il prit enfin, à l'âge de quarante-six ans, les Ordres sacrez. Après quoi il eut l'abbaye d'Aunay, où il se retiroit tous les étez, lorsqu'il eut quitté la Cour.

Un des ouvrages qu'il y compofa, fous le titre de *Quæftiones Alnetanæ*, immortalifera le nom de cette folitude, agreablement fituée dans le Bôcage, qui eft le canton le plus riant de la baffe Normandie.

Il fut nommé à l'Evêché de Soiffons en 1685. Avant que fes Bulles fuffent expediées, M. l'Abbé de Sillery ayant été nommé à l'Evêché d'Avranches, ils permutérent avec l'agrément du Roi. Mais à caufe de quelques brouilleries entre la Cour de France & celle de Rome, ils ne purent être facrez qu'en 1692. Je m'imagine qu'un fi long délai ne chagrina que fort peu M. Huet ; car la vie qu'il avoit menée, & la feule qu'il aimoit, ne fympathifoit pas avec les fonctions épifcopales. Auffi ne fut-il pas long-temps à s'en dégoûter. Il se démit de son Evêché d'Avranches en 1699.

Pour le dédommager, le Roi lui donna l'abbaye de Fontenay, qui est aux portes de Caen. L'amour de M. Huet pour sa patrie, lui inspira de s'y fixer ; & dans cette vuë, il appropria les jardins, & la maison de l'Abbé. Sa patrie lui avoit paru très-aimable, tant qu'il n'y avoit eu que des amis. Mais, du moment qu'il y posséda des terres, les procès l'assaillirent de tous côtez, & le chassèrent, quoiqu'il eût aussi, grace à son air natal, quelque ouverture pour le jargon de la chicane.

Alors il revint à Paris, & se logea dans la maison Professe des Jésuites, où il a vêcu ses vingt dernières années, pendant lesquelles il s'est appliqué principalement à faire des notes sur la Vulgate. Il ne regardoit pas seulement la Bible comme la source de la Religion ; mais il croyoit que c'étoit (7) de tous les livres le plus propre à former, & à exercer un Savant. Il avoit lû vingt-quatre fois le texte Hébreu, en le conférant avec les autres textes orientaux. Tous les jours, dit-il, sans un seul d'excepté, il y employa deux ou trois heures, depuis 1681 jusqu'en 1712.

Une cruelle maladie, dont il fut attaqué cette année-là, & qui le tint au lit près de six mois, lui affoiblit considérablement, non pas l'esprit, mais le corps, & la mémoire. Cependant, dès qu'il eut un peu recouvré ses forces, il se mit à écrire sa vie ; & il l'écrivit avec toute l'élégance, mais non pas avec tout l'or-

(7) *Commentar.* p. 354. Huetiana, p. 182.

dre, ni avec toute la précision de ses autres ouvrages, parceque sa mémoire n'étoit plus la même qu'autrefois. Elle alla toujours en diminuant. Ainsi, n'étant plus capable d'un ouvrage suivi, il ne fit plus que jetter sur le papier des pensées détachées, travail proportionné à son état.

Quoiqu'il m'en ait confié son unique copie, pour la publier sous le titre d'*Huetiana*, je ne me flate point qu'à ce sujet on me permît de rapporter ici avec quelle complaisance il m'a souffert, depuis que j'eus l'honneur de le connoître en 1708. On doute, lorsqu'il s'agit des grands hommes, si c'est amour propre, ou reconnoissance, qui fait que nous parlons de leur amitié ; & souvent, de peur d'être soupçonnez d'une foiblesse, nous renonçons à un devoir.

Je ne saurois pourtant ne pas avoüer que c'est moi qui procurai la cinquiéme édition de ses Poësies en 1709. Je m'en ressouviens d'autant plus volontiers, que sans cette édition, qui *réveilla ses Muses endormies*, vrai-semblablement il n'eût jamais songé aux cinq (8) nouvelles Métamorphoses, qu'il composa en 1710 & 1711. Tout son esprit s'y retrouve. Quelle délicatesse, & pour un Savant de ce rang-là, & dans un âge si avancé ! Quelle fleur, &, si nous osions parler ainsi, quelle jeunesse d'imagination !

Au reste, si l'on veut bien considérer qu'il a vêcu quatre-vingts & onze ans, moins quelques jours; qu'il se porta dès la plus tendre enfance à l'étude ; qu'il a toujours eû presque tout son temps à lui ; qu'il a presque joüi tou-

(8) *Lampyris, Galerita, Mimus, &c.*

jours d'une santé inaltérable ; qu'à son lever, à son coucher, durant ses repas, il se faisoit lire par ses valets ; qu'en un mot, & pour me servir de ses termes, *ni le feu (9) de la jeunesse, ni l'embarras des affaires, ni la diversité des emplois, ni la société de ses égaux, ni le tracas du monde, n'ont pu modérer cet amour indomptable de l'érudition, qui l'a toujours possédé :* une conséquence, qu'il me semble qu'on pourroit tirer de-là, c'est que M. d'Avranches est peut-être de tous les hommes qu'il y eut jamais, celui qui a le plus étudié.

Outre qu'il étoit naturellement robuste, il vivoit de régime. Dès l'âge de quarante ans il ne soupoit point. Encore dînoit-il sobrement. Il ne man-

---

(9) Huetiana, p. 4. Voyez aussi *Comment. tar. lib.* I. p. 15. & *lib.* V. p. 278.

geoit que des viandes communes, point de ragoûts ; & à peine mettoit-il dans son eau une huitiéme partie de vin. Sur le soir il prenoit une sorte de bouillon (10) médicinal. A la vérité, lors même qu'il se portoit le mieux, il avoit le teint d'une pâleur à faire craindre qu'il ne fût malade.

Une singularité bien remarquable, c'est que deux ou trois jours avant sa mort, tout son esprit se ralluma, toute sa mémoire lui revint. Il employa ces précieux momens à produire des actes de piété, & mourut tranquille, plein de confiance en Dieu.

Je ne connois de ses manuscrits, que ceux-ci. Une Traduction Latine des *Amours de Da-*

---

(10) C'est un bouillon connu sous le nom de bouillon rouge du médecin Delorme.

phnis & de Chloé, faite à dix-huit ans; un Roman intitulé *Le faux Yncas*, fait à vingt-cinq; un Traité Philosophique *de la foiblesse de l'esprit humain*, fait dans le même temps que ses *Quæstiones Alnetanæ*; une Réponse à M. Regis, touchant la Métaphysique de Descartes; ses Notes sur la Vulgate; & un recueil de cinq à six cens lettres, tant Latines que Françoises, écrites à des Savans. Pour ce qui est de ses livres imprimez, les voici, dans l'ordre qu'ils ont paru.

De Interpretatione libri duo. Paris, 1661.

Origenis Commentaria in Sacram Scripturam. Rouën, 1668.

De l'Origine des Romans. Paris, 1670. 1711.

Discours prononcé à l'Académie Françoise. *Paris*, 1674.

Animadversiones in Manilium,

xxiij

& Scaligeri notas : à la fin du Manile Dauphin. Paris, 1679.

Demonstratio Evangelica. Paris, 1679. 1694.

Censura Philosophiæ Cartesianæ. Paris, 1689. 1694.

Quæstiones Alnetanæ. Caen, 1690.

De la situation du Paradis terrestre. *Paris*, 1691.

Nouveaux Mémoires pour servir à l'Histoire du Cartésianisme. *Paris*, 1692. 1711.

Statuts Synodaux pour le Diocése d'Avranches. 1693. 1695. 1696. 1698.

Carmina. Hollande, 1664. 1668. 1672. 1700. Paris, 1709.

De Navigationibus Salomonis. Amsterdam, 1698.

Notæ in Anthologiam Epigrammatum Græcorum : à la fin de ses Poësies, édition de Grævius, Utrecht, 1700.

Origines de Caen. *Rouën*, 1702. 1706.

Dissertations sur diverses matiéres de Religion, & de Philologie. *Paris*, 1712.

Histoire du Commerce & de la Navigation des Anciens. *Paris*, 1716.

Commentarius de rebus ad eum pertinentibus. Amsterdam, 1718.

Huetiana. *Paris*, 1722.

HUETIANA,

HUETIANA.

I.

Décadence des Lettres.

QUAND je suis entré dans le pays des Lettres, elles étoient encore florissantes, & plusieurs grands personnages en soûtenoient la gloire. J'ai vû les Lettres décliner & tomber enfin dans une décadence presque entiere ; car je ne connois presque personne aujourd'hui que l'on puisse appeller véritablement savant.

Ce qu'il y a de pis, c'est que non-seulement le goût, l'amour, & l'estime des Lettres s'éteignent de jour en jour, & que l'ignorance reprend le dessus, & étouffe les restes de l'érudition, comme les chardons & les ronces étouffent les bonnes herbes dans un champ mal cultivé ; mais que cela se fait à dessein, &

qu'il se forme une cabale *d'Apédeutes*, de gens ignares & non lettrez, qui sentant leur incapacité, & ne pouvant se résoudre à une étude assiduë de plusieurs années, parce qu'elle les obligeroit à sortir de leur crasse, à quitter leur vie molle, les douceurs de leur fainéantise, le verbiage & les fadaises de leurs Caffez, ont cherché un chemin plus court pour réparer leur défaut, & se mettre au-dessus de ceux ausquels ils se reconnoissent si inferieurs, & dont la comparaison les rendoit méprisables. Ils ont entrepris de se faire un mérite de leur incapacité, de ridiculiser l'érudition, & de traiter la science de pédanterie. Ils se sont constituez arbitres du génie, du bon goût, & du véritable savoir. Pour décrier l'étude de l'antiquité, ils ont décrié le mérite des anciens qu'ils ne connoissent point, & lui ont préféré celui des modernes, c'est-à-dire le leur. Ainsi ne se contentant pas de jouïr aujourd'hui tranquillement du fruit de l'étude de tant d'esprits supérieurs, & de tant de siecles éclairez ; de toutes ces belles connoissances, & de toutes ces belles découvertes, qui ont façonné, poli, & enrichi la vie des hommes; ils veulent encore priver les auteurs de tant de biens, de l'honneur qui leur est dû, & de la reconnoissance que tous les siecles suivans jusqu'au nôtre leur avoient renduë. Mais quoiqu'il soit vrai que chaque siecle a son mérite, & qu'on ne disconvienne pas que le nôtre n'ait le sien, on ne convient pas pour cela qu'il soit renfermé dans les cabarets du Pont-neuf; ni que l'ignorance, de laquelle font profession ceux dont l'Hippocréne est le Caffé, soit un titre légitime pour bien connoître ce mérite, & lui donner son juste prix. Je puis donc dire que j'ai vû fleurir & mourir les Lettres, & que je leur ai survêcu.

II.

Mon amour pour les Lettres.

Je cede volontiers à beaucoup de gens studieux la gloire du succès de leurs études; mais pour l'amour des Lettres, je ne le cede à personne du monde. J'ai apporté cette passion en naissant. A peine avois-je quitté la mamelle, que je portois envie à ceux que je voyois lire. Je me figurois mille plaisirs, du moment que je saurois lire comme eux. Quand on me mit à l'étude, je m'y portois avec une

A ij

ardeur, qui me faisoit quiter tous les autres plaisirs de mon âge. Je volois de science en science, & je croyois n'avoir rien appris, quand je voyois qu'il me restoit encore quelque chose à apprendre. Si tôt que je fus maître de moi, je voulus connoître tous les princes de la Litérature qui vivoient alors, & je recherchai leur amitié par mes visites ou par mes lettres. Je fus connu d'eux, je fus aimé de plusieurs, & je crus avoir part à l'estime de quelques-uns. A l'âge de vingt ans je me vis en commerce avec les Sirmonds, les Petaux, les Dupuys, les Bocharts, les Blondels, les Labbes, les Bouïllauds, les Naudez, les Saumaises, les Heinsius, les Vossius, les Seldens, les Descartes, les Gassendis, & les Ménages. Ni le feu de la jeunesse, ni l'embarras des affaires, ni la diversité des emplois, ni la societé de mes égaux, la plûpart d'inclinations fort differentes, ni le tracas du monde, n'ont pu modérer cet amour indomptable de l'érudition, qui m'a toûjours possedé : & dans l'âge avancé où je suis, je la sens aussi vive qu'au plus fort de mes études.

III.

L'étude n'est point contraire à la santé.

C'est une grande erreur de croire que l'étude soit contraire à la santé. On voit autant vieillir de gens de Lettres, que de toute autre profession. L'Histoire en fournit une infinité d'exemples. En effet cette vie reglée, uniforme, paisible, n'entretient-elle pas la bonne constitution, & n'éloigne-t-elle pas toutes les causes qui la peuvent alterer ? Pourvû que la chaleur naturelle soit d'ailleurs excitée par un exercice modéré, & ne soit pas étouffée sous une quantité d'alimens disproportionnée au besoin de la vie sédentaire.

IV.

Du peu de sûreté de la réputation des gens de Lettres.

Plusieurs Savans ont eu plus de réputation que de savoir : plusieurs autres au contraire ont eu plus de savoir que de réputation. La réputation des Savans dépend de l'art, ou des occasions fortuites de produire son savoir, & de l'opinion du vulgaire, qui est ignorant. Je donnerai pour exemple des premiers le Cardinal du Perron, & le Sieur du Plessis-Mornay ; & pour exemples des autres les Sieurs Bernard & Gale Anglois. Le Cardinal du Perron avoit fort pratiqué la Théologie Scholastique, c'étoit là son fort ; il avoit aussi quelque usage de la Théologie positive, mais non universel ni profond, sinon de quelques parties qu'il avoit creusées par rapport aux controverses qui étoient alors fort échauffées. Il avoit une teinture superficielle des Lettres humaines, & des Langues Latine & Grecque ; car pour l'Ebraïque, à peine la savoit-il lire. Mais tout cela mis en œuvre avec un grand art, animé par un beau genie, par un esprit present & vif, & une grande éloquence, une physionomie solaire, & une heureuse representation; tout cela, dis-je, imposa à la Cour premierement, qui ne juge guére que par l'exterieur, & ensuite à tout son siecle. Le Plessis-Mornay lui fut beaucoup inferieur en tout cela. Il ne faut que lire sa vie pour connoître que l'étude avoit été la moindre de ses occupations. Il n'avoit étudié que

par les yeux d'autrui, & il ne compofoit
les ouvrages que par le travail des Mini-
ftres & des Propofans, qui lui fournif-
foient des matériaux : fe faifant une affaire de parti de débiter leur doctrine fous
un grand nom. Je n'ai jamais lû d'autre ouvrage de lui que fa preuve de la
Religion Chrétienne. Je ne comprens
pas comment un homme auffi avifé qu'il
étoit, l'a été affez peu pour avoir hazardé fous fon nom tant de fadaifes. Tout
eft plein de paffages tronquez, mal tra-
duits, mal entendus, de raifonnemens
faux, foibles, & fouvent abfurdes. Il
citoit des auteurs dont il ne connoiffoit
que le nom ; & Henry IV. lui fçut bien
dire, qu'il étoit impoffible qu'il eût lû
tous les auteurs qu'il avoit citez dans
fon livre de l'Euchariftie. Meffieurs
Bernard & Gale Anglois étoient d'un
caractére tout oppofé. J'en puis parler
avec certitude, ayant connu le premier
en fa perfonne, & lui & M. Gale par
un long commerce de lettres. C'étoient
deux hommes d'une très-profonde érudition. M. Bernard poffedoit les Langues Orientales, les Mathematiques, &
une grande connoiffance de l'antiquité.
M. Gale, que je crois encore vivant, a

une profondeur étonnante d'érudition dans toutes les belles Lettres. Mais sa modestie est si grande, qu'il semble qu'il cache son savoir. A peine souffre-t'il que l'on mette les premieres Lettres de son nom à tant d'excellens ouvrages, qui sortent tous les jours de ses mains. Je ne connois point d'homme plus officieux, ni qui fasse moins valoir ses bons offices. J'ai eu quelquefois besoin de faire copier ou conferer des Manuscrits d'Angleterre. Je n'aurois jamais pris la liberté de lui demander qu'il y employât un quart d'heure d'un tems, dont il fait un si bon usage pour l'utilité publique. Sitôt qu'il a connu mon besoin par le rapport de quelqu'un de nos amis communs, il a quitté toutes ses occupations pour satisfaire mes desirs; & je recevois ce que j'avois desiré, sans savoir de quelle part cette grace me venoit. Cette humeur bienfaisante est sans exemple.

V.

Des deux Scaligers, pere & fils.

Les deux Scaligers, pere & fils, ont été deux prodiges de savoir, & deux prodiges de vanité. Schoppius a levé le masque de Principauté, dont le pere s'étoit couvert, & a fait voir qu'il s'appelloit Jules Bourdon, qu'il étoit né dans une boutique d'Enlumineur, qu'il fut Frater sous un Chirurgien, son oncle paternel, & qu'il fut ensuite Cordelier ; mais que l'élévation de son esprit & de son courage lui fit aspirer à de plus grandes choses, qu'il quitta le froc, & prit le degré de Docteur en Medecine, qu'il obtint à Padouë ; qu'il exerça la Medecine dans les Etats de Venise & en Piémont, & s'attacha en cet emploi à un Prélat de la Maison de la Rovere, & le suivit à Agen, dont l'Evêché lui avoit été conferé. Il s'y maria à une jeune fille, que quelques-uns ont dit avoir été fille d'un Apothiquaire : c'est de-là qu'est sorti Joseph Scaliger, qui trouvant cette chimere de Principauté dans sa famille, pour ne donner pas le démenti à son pere, & pour satisfaire à sa propre ambition, se porta pour Prince, & soûtint toutes les fourberies que son pere avoit controuvées, & pour les rendre plus vrai-semblables, il y mit beaucoup du sien. Sur de tels fondemens il bâtit ce beau Roman de sa généalogie, adressé à Dousa, qui est à la tête de ses Epitres, & qui donna si beau jeu à Schoppius pour le refuter. Ce Schoppius avoit été un de ses plus zelez courtisans, comme on le reconnoît dans ses premiers livres de Critique. Mais étant depuis allé à Rome, & s'étant fait Catholique, Scaliger qui avoit une langue dangereuse, dit qu'il étoit allé lécher les plats des Cardinaux, *lingere patinas cardinalitias.* Cela étant rapporté à Schoppius, qui outre le zele d'un nouveau Converti, & le desir de faire sa cour au Sacré College, étoit plus médisant encore que Scaliger, il alluma toute sa bile contre lui, & alla exprès à Vérone, à Padouë, & à Venise, chercher des moyens de faux contre sa prétenduë Principauté, & le dégrada sans ressource par son *Scaliger Hypobolimæus.* Mais avec tout cela, je dirois volontiers comme Lipse, que si les deux Scaligers n'étoient pas Princes, ils méritoient de l'être, par la beauté de leur genie & l'excellence de leur savoir. Et c'étoit une autre cause de leur orgueil. Scaliger le pere fut prié par un de ses amis de lui mander de quelle maniere il vouloit être dépeint dans un ouvrage qu'il préparoit. On voit la réponse qu'il lui fit dans le Recueil de ses Lettres ; & on ne peut pas la voir sans être indigné de son ambition, qui va au-delà de toutes bornes. Tâchez, lui dit-il, de ramasser ensemble les figures de Massinisse, de Xenophon, & de Platon, & vous ferez un portrait qui me représentera imparfaitement, & approchera de moi. Cependant avec tout le mérite qu'il avoit, & tout celui qu'il croyoit avoir, il a bien montré dans son Hypercritique qu'il n'avoit nulle délicatesse de goût, par les jugemens faux qu'il a faits d'Homere, & de Musée, & de la plûpart des autres Poëtes. Il l'a encore mieux montré par les Poësies brutes & informes, dont il a deshonoré le Parnasse. Mais c'est qu'il eût cru faire tort à la postérité, que de lui rien dérober de ce qui partoit de lui. Il faut confesser cependant qu'il répare bien par sa prose le déchet de ses vers. Rien n'est plus noble, plus poli, & mieux tourné. La lecture en est délicieuse, quand on ne la liroit que pour elle-même, sans avoir égard aux matieres. Je la trouve seulement un peu trop oratoire, & trop soûtenuë dans le stile didactique. Son fils avoit le goût bien plus fin que lui. Son stile étoit plus naturel & plus aisé, & n'étoit pas moins noble. Il avoit hérité de l'effrenée outre-cuidance de son pere. Tous ses écrits sont un tissu de plaintes de l'injustice que lui fait son siecle de ce qu'on ne l'adore pas. Il en assassine ses Lecteurs. Il n'avance pas un trait d'érudition qui ne soit suivi, ou de remercimens qu'il se fait à lui-même de son rare mérite, ou de reproches à ceux qui lui ont épargné l'encens qu'il croit lui être dû, ou d'insultes & de médisances noires contre tous ceux qu'il rencontre en son chemin. Il ne faut que lire ses Scaligerana pour reconnoître la malignité de son esprit, incapable de dire ou de penser du bien de personne. J'ai l'exemplaire du livre de la Milice Romaine, dont Lipse lui fit present, lorsqu'il publia cet ouvrage. Les marges sont pleines des remarques que Scaliger y fit de sa main : & ces remarques sont autant d'injures atroces qu'il répand contre Lipse son ami, fort bon homme, & qui ne perdoit aucune occasion de dire du bien de lui. Quoiqu'on ne puisse pas desavoüer qu'il n'ait été un très-grand personnage, qui a porté le flambeau dans les tenebres de plusieurs parties de la Litérature, & qui a honoré son siecle par l'éminence de son savoir ; il est vrai néanmoins qu'il est tombé dans une infinité d'erreurs grossieres, même sur les matieres qu'il avoit le plus cultivées. Le Pere Petau a fait voir incontestablement combien lourdement il s'est abusé dans la Chronologie qui étoit son étude favorite, & à laquelle il avoit rapporté ses autres études. Je dirai bien davantage. Il croyoit tenir l'empire souverain dans la Critique, & j'ose assurer que de tous ceux qui ont pratiqué cette partie de la Litérature, il n'y en a presque aucun qui l'ait fait moins heureusement que lui; tant on remarque de précipitation, de prévention, & de témerité dans ses jugemens. Je n'ai écrit sur Manile, que pour faire voir que dans les trois éditions de ce Poëte, il a entassé fautes sur fautes, & ignorances sur ignorances. Il a très-superficiellement entendu la matiere qui y est traitée, il a presque toûjours pris de travers le sens du Poëte, & la plûpart de ses restitutions dont il s'applaudit, & se sçait si bon gré, sont des corruptions plûtôt que des corrections. Il en avance plusieurs dans sa premiere édition, comme des oracles, & avec une pleine confiance; & après en avoir reconnu l'absurdité, il les retracte dans la seconde, pour en propoſer d'autres plus impertinentes. Je n'en parle pas ainſi ſans fondement ; j'ai prouvé ce que je dis. Ce fut la Réformation du Calendrier, à laquelle on travailloit à Rome, qui l'engagea à l'étude de la Chronologie. Il voulut faire voir qu'il étoit bien plus capable de cette entrepriſe, que tous ceux qu'on y avoit employez : & véritablement ſi le ſuccès de ce travail avoit dépendu de l'étenduë & de la variété de l'érudition, il auroit ſurpaſſé de bien loin tous ceux qui s'y appliquérent ; mais il leur étoit beaucoup inférieur dans la ſolidité de l'eſprit, dans l'exactitude du raiſonnement, & dans la profondeur des ſpéculations. Quand il crut avoir trouvé la Quadrature du cercle ; il fut redreſſé & tourné en ridicule par un Maître d'Ecole, qui mit en évidence le paralogiſme qui l'avoit abuſé, & coula à fonds les Cyclométriques.

VI.

Eſſais de Montagne.

Les Eſſais de Montagne ſont de véritables *Montaniana*, c'eſt-à-dire un Recueil des penſées de Montagne, ſans ordre & sans liaison. Ce n'est pas peut-être ce qui a le moins contribué à le rendre si agréable à notre Nation, ennemie de l'assujettissement que demandent les longues dissertations ; & à notre siecle, ennemi de l'application que demandent les Traitez suivis & méthodiques. Son esprit libre, son stile varié, & ses expressions métaphoriques, lui ont principalement mérité cette grande vogue, dans laquelle il a été pendant plus d'un siecle, & où il est encore aujourd'hui : car c'est, pour ainsi dire, le Breviaire des honnêtes paresseux, & des ignorans studieux, qui veulent s'enfariner de quelque connoissance du monde, & de quelque teinture des Lettres. A peine trouverez-vous un Gentilhomme de campagne qui veuille se distinguer des preneurs de liévres, sans un Montagne sur sa cheminée. Mais cette liberté, qui a son utilité, quand elle a ses bornes, devient dangereuse, quand elle dégénére en licence. Telle est celle de Montagne, qui s'est cru permis de se mettre au-dessus des loix, de la modestie, & de la pudeur. Il faut respecter le public, quand on se mêle de lui parler, comme on fait quand on s'érige en Auteur. La source de ce défaut dans

Montagne, a été sa vanité & son amour propre. Il a cru que son mérite l'affranchissoit des regles ; qu'il devoit donner l'exemple, & non pas le suivre. Ses partisans ont beau excuser cette vanité, qu'on lui a tant reprochée. Tous ces tours & cet air de franchise qu'il prend, n'empêchent pas qu'on n'entrevoie une affectation secrete de se faire honneur de ses emplois, du nombre de ses domestiques, & de la réputation qu'il s'étoit acquise. Qu'on ramasse tout cela, qu'il a semé par-ci par-là adroitement dans ses écrits, on trouvera qu'il s'est rendu son propre Panégyriste. Scaliger avoit grande raison de dire, *J'ai bien affaire de savoir si Montagne aime le vin blanc, ou le vin clairet.* En effet, n'est-ce pas abuser de l'audiance de son Lecteur, que de l'entretenir de ses goûts, & de toutes ses autres fadaises domestiques ? Scaliger pourtant ne parloit pas ainsi sans interêt de son compatriote. Montagne avoit donné dans ses écrits à Juste-Lipse la premiere place dans l'empire des Lettres : quoiqu'en cela d'un mauvais goût, comme en bien d'autres choses. Quand il avance quelque sentiment hardi, & sujet à contradiction, *Je ne le donne pas pour bon,* dit-il, *mais pour mien :* & c'est de quoi le Lecteur n'a que faire ; car il lui importe peu de ce qu'a pensé Michel de Montagne, mais de ce qu'il falloit penser pour bien penser. Il déclare dans tout son ouvrage, qu'il a voulu s'y peindre au naturel, & se représenter aux yeux du Public. Pour se proposer un tel dessein, ne faut-il pas être persuadé que cet original mérite d'être regardé, étudié, & imité de tout le monde ? Et cette idée a-t-elle pû naître ailleurs que dans un grand fonds d'amour propre ?

Pour son stile, il est d'un tour véritablement singulier, & d'un caractére original. Son imagination vive lui fournit sur toutes sortes de sujets une grande varieté d'images, dont il compose cette abondance d'agréables métaphores, dans lesquelles aucun écrivain ne l'a jamais égalé. C'est sa figure favorite, figure qui selon Aristote est la marque d'un bon esprit, συφείας; parcequ'elle vient de la fécondité du fonds qui produit ces images, de la vivacité qui les découvre facilement & à propos, & du discernement qui sçait choisir les plus convenables.

VII.

Ange Politien.

Ange Politien a été un des plus beaux esprits d'Italie. Il s'appelloit *Angelo Baſſo*. Il avoit été précepteur de Leon X. & avoit eu pour précepteur Andronic de Theſſalonique. Dans ce ſiecle heureux la nature ſembla faire un effort pour le rétabliſſement des Lettres, en donnant la naiſſance à tant de grands hommes, qui concoururent à diſſiper les nuages épais de cette profonde barbarie, qui couvroit l'Europe depuis tant de ſiecles. L'Italie profita de l'invaſion de la Gréce, occupée par les Turcs. Les plus Savans de ces contrées ſe refugiérent en Italie. La Maiſon de Medicis reconnut leur mérite, & les protégea; & ils eurent pour diſciples les plus excellens genies d'Italie, qui ſurpaſſérent en nombre & en élévation tout ce qui eſt venu depuis. Le Pape Leon X. y auroit tenu ſon rang, quand il feroit demeuré dans une condition privée. Il favoriſa les Lettres de tout ſon pouvoir, & ſa Cour étoit une Academie. Pour revenir à Politien, il ſe ſignala principalement dans les belles

Lettres. Son stile en prose & en vers, est plein d'élégance & d'agrément. Je ne sçais comment on a oublié dans le Recueil de ses Poësies, une Ode qu'il fit pour honorer la nouvelle édition d'Horace, que publia son ami Landin. Cette Ode est un chef-d'œuvre, & j'ose l'égaler aux plus belles d'Horace. Le tour, le nombre, les ornemens, l'élégance, tout cela est digne de la plus noble antiquité. Cet heureux genie étoit logé dans un très-vilain corps. Il étoit louche, il avoit un nez démesurément grand, & Paul Jove s'est plaisamment & heureusement exprimé quand il a dit qu'il étoit, *facie nequaquam ingenua & liberali, ab enormi præsertim naso, subluscoque oculo perabsurda*. Je ne dis rien de ses mœurs, & de sa religion. Il a eu sur cela une réputation fort équivoque, & ce défaut qui est capital, a obscurci toutes ses autres vertus; d'autant plus que son caractére de Prêtre, & son emploi de Chanoine, requeroient une vie reglée, & des mœurs exemplaires.

VIII.

Savans du xv. *siécle, & du commencement du* xvi. *préférables à ceux de notre tems.*

Ce grand nombre de Savans qui fleurirent vers la fin du quinziéme siecle, & au commencement du seiziéme, me paroissent bien plus estimables que ceux de notre tems. Nous avons tant de secours pour devenir savans, & nous sommes dans une si grande lumiere des Lettres, qu'il semble qu'il ne faille que vouloir être savans pour y réussir. Tant de Grammaires, tant de Dictionnaires, tant d'Indices, tant d'Abrégez, tant d'ouvrages méthodiques dans toutes les sciences, qui se sont infiniment multipliez à la faveur de l'Imprimerie, sont autant de chemins abregez & applanis pour parvenir promtement au sommet de la vraie érudition. Mais dans ces premiers tems d'obscurité & de ténébres, ces grandes ames n'étoient aidées que de la force de leur esprit, & de l'assiduité de leur travail. Les livres n'étoient que manuscrits, & par consequent rares, chers, & en petit nombre. On trouvoit peu de perſonnes de qui on pût prendre conſeil, moins encore que l'on pût imiter. Il falloit trouver tous ſes beſoins dans ſon propre fonds, & n'attendre rien du dehors. Je trouve enfin la même différence entre un Savant d'alors, & un Savant d'aujourd'hui, qu'entre Criſtofle Colomb découvrant le nouveau monde, & le maître d'un Paquebot, qui paſſe journellement de Calais à Douvre.

IX.

François de Beaucaire de Puiguillon, Evêque de Mets.

J'ai lû depuis peu l'Hiſtoire de François de Beaucaire de Puiguillon, Evêque de Mets. Cet homme n'a pas pris beaucoup de ſoin à cacher ſa paſſion & ſa partialité. Il étoit né vaſſal & domeſtique du Conneſtable de Bourbon, & il avoit reçû avec la naiſſance une eſtime ſi aveugle pour ce Prince, qu'il l'a portée juſqu'à excuſer ſa défection ſcélérate, que le Chevalier Bayard lui reprocha ſi noblement & ſi courageuſement en mourant. Il décrie au contraire avec importunité & avec acharnement la conduite de François I. Il blâme

avec une médifance noire celle de Louï-
fe de Savoye mere du Roi. Quels traits
perçans ne lâche-t-il point contre le
Chancelier du Prat ? Il s'attacha enfuite aux Princes de la Maifon de Gui-
fe, & cet attachement a attiré de fa part
au Conneftable de Montmorency de
fi fanglans & de fi continuels reproches,
qu'il ne le nomme jamais qu'avec l'ac-
compagnement de quelque atroce calomnie. Pouvoit-il noircir avec une plus
grande indignité la mémoire du Pape
Jule III. Au furplus, fi vous purgez
cette hiftoire de fa malignité, vous n'y
trouverez rien de fort fin. Le ftile en eft
ennuyeux, diffus, obfcur, & embarraffé.
L'ouvrage plein d'ignorances puériles.
Comme quand il fait venir le mot d'*A-
miral*, du mot grec ἁλμυρὸς qui fignifie
falé, à caufe que l'eau de la mer, dont l'A-
miral a le gouvernement, eft falée. Comme quand il prétend que le pays de Fo-
rez eft ainfi nommé, à caufe de la quantité de forêts qui s'y trouvent. Comme
quand il dérive le mot de Boulevard,
ἀπὸ τῶν βελῶν, des traits qu'on lance du
Boulevard. Comme quand il s'imagine
que le pays de Liege a pris fon nom des
Legions Romaines qui y prenoient leurs

quartiers. Comme quand il soûtient que le mot de *Seigneurs*, vient de *Signatores*, ce qui répond, selon lui, au titre de σημάντορες λαῶν, qu'Homére donne aux Rois. Comme quand il nous veut persuader que le mot d'*Ecuyer* vient d'*Equarius*, dérivé d'*equus*, confondant ainsi les Chevaliers & les Ecuyers : & que le nom de *Héraut* est le même que *Héros*. Comme quand il propose, sans la réfuter, l'opinion ridicule de ceux qui croyoient que le langage bas-Breton est le langage des Troyens: d'où il faut conclure qu'Enée contoit des douceurs à Didon en bas-Breton, & qu'elle y répondoit en Phénicien ; ce qui faisoit un dialogue assez singulier. Ces fadaises deshonorent son Histoire, & découvrent en lui un savoir assez superficiel.

X.

Jugement de Saint Augustin.

Un certain Evêque d'Angleterre, qui a fait parler de lui, eut l'audace étant à Paris, d'avancer en bonne compagnie, dans la Bibliotheque du Roi, que Saint Augustin n'avoit point d'esprit. Cet homme n'avoit point d'esprit lui-même, ou n'avoit pas lû Saint Auguſtin. Je lui trouve au contraire une grande étenduë d'eſprit, qui embraſſe tout ce qui eſt renfermé dans les matieres qu'il traite ; une grande pénétration qui les creuſe juſqu'au fond ; & une grande ſubtilité qui les débrouïlle & les éclaircit. Mais quand il faut prendre parti & ſe déterminer, l'ardeur de ſon eſprit le porte toûjours aux extrémitez, ſans s'arrêter jamais dans le milieu. D'ailleurs il manque d'ordre & de méthode. Son livre de la Cité de Dieu eſt un amas confus d'excellens matériaux. C'eſt de l'or en barres & en lingots.

XI.

Les Anciens manquent de méthode.

Ce défaut de méthode ſe trouve dans la plûpart des Anciens. La Philoſophie Académique dont Platon faiſoit profeſſion, & la maniere de la traiter par dialogues, qui étoit familiere à cette ſecte, ne ſouffre pas l'exactitude de la méthode. Mais au moins devoit-il garder quelque ordre, qui conduiſît l'eſprit ſelon la ſubordination & la diſpoſition naturelle des matieres, lui qui entendoit ſi-bien
les

les deux voies par lesquelles on prétend conduire la raison à la vérité : la Synthése & l'Analyse, de laquelle on dit qu'il fut l'inventeur. Aristote est bien plus reglé. Il est le premier des Anciens qui nous sont connus, qui ait sçû diviser & définir ; en quoi consiste tout le secret de la méthode. Mais quoiqu'il soit le premier auteur de la méthode, on peut dire neanmoins que sa methode manque de méthode, & qu'il est encore bien éloigné de cette exacte & fine précision, où notre siecle a porté les speculations philosophiques. Il est surprenant que le Philosophe Panætius dans son Traité des Offices, ait oublié de les définir, comme Ciceron le lui reproche. Mais ce qui est encore plus surprenant, c'est que Saint Thomas dans sa Somme de Theologie ne définisse rien ; & que cet ouvrage qui paroît si methodique, soit neanmoins si défectueux en cette partie, qui est si essentielle à la méthode. Il faut donner la loüange à Ovide d'avoir proposé au commencement de son art d'aimer, & d'avoir suivi dans cet ouvrage, une division fort réguliére & fort méthodique.

B

XII.
Défense des Anciens contre les Modernes.

C'étoit principalement par cet avantage qui consiste dans la methode, que notre ami M. Perraut devoit élever les Modernes au-dessus des Anciens. Mais il a outré la matiére, & ne se contentant pas de donner la préférence aux Modernes en toutes choses, il a encore voulu tourner les Anciens en ridicules. Mais comment a-t'il osé se constituer juge de ce fameux différend, & condamner les Anciens sans les connoître? N'est-ce pas juger le procès, *una tantum parte audita*? Il s'est condamné lui-même, lorsqu'il a dit qu'on peut juger d'un auteur sur sa version. Qu'on traduise Malherbe en Latin, qu'on traduise Virgile en François, & que M. Perraut cherche dans ces versions les beautez nompareilles des originaux. Pour bien écrire en une langue, il faut penser en cette langue. Si vous liez des pensées Latines à des expressions Françoises, vous parlerez en pédant : si vous pensez en François en vous exprimant en Latin, vous parlerez en écolier. Chaque langue a des graces qui lui font propres, & qu'elle n'emprunte, ni ne prête. Les superlatifs sont très-agréables dans la poësie latine, *Volvetque simillima somno. Docuit quæ maximus Atlas* : ils sont ridicules dans la Poësie Françoise. Virgile a dit très-agréablement, *Phyllis amat corylos* : dites en François que *Phyllis aime les coudriers*, vous ferez rire vos Lecteurs. Quand M. Perraut a lû Homére dans une Traduction Latine, il a trouvé des pensées grecques latinisées par le Traducteur, & il les a exprimées avec un goût & des maximes françoises. Il a fait notre siécle, notre nation, nos sentimens, nos modes, la regle de toutes les autres : semblable à ces Goitreux des Alpes, qui se mocquoient de ceux qui étoient sans goitres. Les jardins d'Alcinoüs sont ridicules, parce qu'ils ne ressemblent pas à ceux de Versailles. Pindare est extravagant, parce qu'un Poëte François seroit extravagant, s'il étoit aussi sublime que Pindare. Que diroit le bon M. Perraut, s'il lisoit le Poëme de Tograï, si estimé parmi les Arabes, qu'il trouveroit incomparablement plus figuré que Pindare ? Que diroit-il des auteurs Japonois, qui s'expriment en des termes si relevez, qu'on a beaucoup de peine à les entendre ? Les Pseaumes même & les Cantiques sacrez, combien ont-ils de grandeur, de force, & d'élévation ? Tel est le genie des Orientaux, qui ne se croiront pas moins bien fondez à donner leur goût pour la régle du bon goût, que M. Perraut à donner le sien. Horace, homme sans doute de bon sens & de bon goût, ne jugeoit pas ainsi de Pindare : & si nous opposons son jugement à celui de M. Perraut, qui des deux en faudra-t-il croire ? Il ne faut donc pas regarder ce mépris de l'antiquité, comme un jugement légitime prononcé par un juge compétent, en connoissance de cause. M. Perraut connoissoit son foible, & s'étant acquis du nom dans les Lettres, il lui déplaisoit de se voir borné à la Litérature moderne, & se sentant si éloigné des vastes & pénibles connoissances de l'antiquité, il trouvoit qu'il étoit plus court de les décrier que de les acquerir. Il crut se dédommager de son défaut par le mépris. Il espéra mettre la Cour dans son parti, en donmant à son ouvrage le titre de *Siècle de Loüis le Grand*, comme voulant interesser le Roi dans sa cause. Je lui disois alors que je conseillerois à celui qui entreprendroit de le refuter, d'intituler sa réponse, *le Siécle de Jesus-Christ*, en faisant voir combien le siécle d'Auguste a surpassé le nôtre. M. Ménage voyant ce titre, dit plaisamment, *O seclum insipiens & inficetum.* Ce mot piqua M. Perraut, & il ne put s'empêcher de lui en témoigner son chagrin. Il se promit d'ailleurs d'avoir les rieurs de son côté, c'est-à-dire tous ceux qui se trouveroient dans le même interêt d'ignorance que lui, & qui font le plus grand nombre. Joint l'envie de se singularifer par une espéce de paradoxe, qui ne pouvoit manquer d'avoir du moins l'agrément de la nouveauté.

Mais si l'on suit un peu de plus prês le jugement de M. Perraut, on trouvera qu'il péche dans les principes, en confondant deux questions entiérement différentes. La premiere consiste à savoir qui a eu plus de genie, plus de force, de grandeur, & de pénétration d'esprit, des anciens ou des modernes? La seconde, qui d'eux a eu plus de savoir & de connoissance?

Le genie vient de la nature ; le savoir vient de l'étude & de l'art. Le genie dépend de la conftitution & de la difpofition des corps. La conftitution des corps fuit d'ordinaire celle du territoire, de l'air & des eaux. Les Athéniens dont le territoire étoit fec & pierreux, & l'air fubtil, & les eaux légéres, étoient ingenieux. Les Thébains étoient groffiers & lourds, parceque leur terroir étoit gras, leur air & leurs eaux épaiffes. *Vervecum in patria, & craffoque fub aëre nati.* Quand Homére veut faire connoître la ftupidité de Therfite, il lui donne un corps contrefait, & une tête difforme. Il y a une nation dans l'Amérique, dont toutes les têtes font pointuës & piramidales, & tous les hommes font fous. De plus, il faut demeurer d'accord que les terres nouvellement cultivées, font beaucoup plus vigoureufes, & plus fécondes que des terres laffées & épuifées par une longue culture. On ne voit plus de ces grappes énormes que rapporterent les efpions de Moyfe de la terre de Chanaan. On ne voit plus de ces plânes qui cachoient une armée fous leur ombre. On a vû des raves & des melons au Perou, qui faisoient la charge d'une charette. On voit dans ces contrées des arbres d'une grandeur démesurée. Le bois du Canada est impregné d'une si grande quantité de sel, que les lessives brûlent & usent tous les linges. Leurs terres vierges(1) rapportent au centuple. Les corps des hommes répondoient à la nature de leur terre. On sait ce que l'Ecriture dit de ces Géans de la Palestine, dont quelques-uns avoient six doigts à chaque main, & à chaque pied ; & ce que rapportent les anciennes histoires de ces Géans de Sicile, & de ceux de Thessalie ; & celles du nouveau Monde, de ces Géans de la Terre du feu. La force de ces hommes répondoit à leur taille : & la longueur de leur vie répondoit à leur force. Les hommes que les Espagnols trouvérent dans l'Amérique, vivoient communément deux ou trois cens ans : cela a été diminué & affoibli par le temps. Les Allemans ne sont plus si grands qu'ils étoient autrefois ; & la taille des Gaulois n'excéde pas tant celle des Romains, que du tems de César. Tout cela supposé, n'est-il

(1) La Hontan, Mémoir. de l'Amériq. Lettr. 2. Tom. 1. p. 10.

B iiij

pas aifé de comprendre que dans les premiers tems que la Gréce & l'Italie furent défrichées ; ces terres toutes neuves, qui avoient encore tout leur fel, toute leur féve, & toute leur vigueur, couvertes d'un air pur, entier & fans mélange, produifoient des hommes d'une nature plus forte, des corps plus robuftes, mieux compofez, mieux temperez, plus animez, plus pleins d'efprits, des têtes mieux difpofées, mieux proportionnées, pleines de cerveaux d'une meilleure trempe, compofez de fibres plus fubtiles, plus nombreufes, & mieux tenduës ? Mais le tems a changé ces heureux tempéramens. Les tréfors de la nature ne font plus dans cette premiére abondance. Les corps humains fe fentent de cet épuifement. On en peut juger par leur diminution, & par la briéveté de leur vie. Le fuc vital & vegetal s'épuife de jour en jour. On remarque, dit Pline liv. 7. ch. 16. que la taille des hommes diminuë de jour en jour, & que peu d'enfans furpaffent la hauteur de leurs peres ; la fertilité des femences fe confumant, & fe brûlant. Les proportions même font différentes de ce qu'elles étoient. La longueur du pied de l'homme n'est plus la sixiéme partie de sa hauteur, comme elle étoit du tems de Vitruve ; à peine en est-elle présentement la septiéme partie. Peut-on douter que la nature des esprits n'ait suivi celle des corps ? Cela paroîtra si croyable à quiconque raisonnera conséquemment, qu'on s'étonnera que l'opinion contraire ait trouvé des partisans. Il faut donc nécessairement conclure que les genies de cet heureux tems, qui étoit la jeunesse du monde, étoient supérieurs aux nôtres.

La seconde question est de savoir si les Modernes surpassent les Anciens dans les sciences acquises. Il est certain, à tout prendre, que l'avantage en cela est du côté des Modernes : mais il faut avoüer aussi qu'ils doivent aux Anciens presque tout cet avantage. Nous joüissons de leur travail, & de cette riche succession qu'ils nous ont amassée, & à laquelle nous n'avons fait qu'ajoûter peu de chose. Le Pigmée monté sur la tête du Géant, void plus loin que le Géant ; mais c'est la grandeur du Géant qui le fait voir si loin. Le Laboureur qui travaille dans son champ depuis le matin jusqu'au soir à couper & amasser son bled, a bien plus de vigueur au soir tin pour travailler, que le foir, lorfque fa force eſt preſque épuiſée. Il amaſſe pourtant bien plus de bled le foir que le matin ; mais la force du matin a bien plus contribué à cet amas que celle du foir. La loüange de ce fiécle eſt donc la loüange de l'antiquité. Car ce que nous eſtimons dans ce fiécle, c'eſt ce que les Anciens nous ont appris, & nous ont laiſſé : & nous n'avons point d'autre part à cette loüange, que celle de l'ajuſtement, de l'arrangement, de l'ornement, & de l'augmentation. Ce ſeroit donc une grande ingratitude à notre fiécle, ſi ayant profité des découvertes & de l'exemple des Anciens, il vouloit s'en faire honneur, & les méconnoître. De dire que les Anciens n'ont ſur nous que l'avantage d'être venus les premiers; que ce qu'ils ont trouvé, nous l'euſſions trouvé comme eux, c'eſt ſe vanter à crédit ; & par une telle jactance il n'y a point d'invention, ni de découverte, dont je ne puiſſe m'attribuer la gloire.

Je trouve encore un autre défaut eſſentiel dans l'entrepriſe de M. Perraut. Lorſqu'il a fait la comparaiſon des Anciens & des Modernes, il a dû fixer les bornes de l'Antiquité & de la Nouveauté, afin que chacun d'eux pût connoître son bien & le défendre. Mais il a laissé ce point indécis, pour en profiter. S'il s'en tient au titre de son ouvrage, & qu'il se renferme dans le siècle de Loüis le Grand, il faut qu'il abandonne aux Anciens ces grandes & heureuses découvertes de la Boussole, & de la Navigation, de l'Imprimerie, de la circulation du sang, des Telescopes, & une infinité d'autres qui ont précédé la mort de Loüis XIII.

Un troisiéme défaut du sistême de Mr Perraut, & qui est un défaut capital; c'est que dans l'opposition qu'il a faite de notre siécle aux siécles passez, il s'est proposé notre siécle même, & le goût de notre siécle pour régle & pour modéle, n'approuvant dans les autres que ce qui en approche; & il s'est formé l'idée de la souveraine perfection sur notre nation, sur nos mœurs, & sur nos goûts. Il ne s'est pas apperçû qu'il posoit pour certain ce qui étoit douteux, qu'il prenoit pour principe ce qui est en question, & qu'il établissoit pour juge du différend, une des deux parties. Car lorsqu'il veut tourner en ridicule les jardins d'Alcinoüs ; c'est parce qu'ils ne ressemblent pas aux Tuilleries. Quand dans ces Palais simples & modestes des Héros de l'antiquité, il ne trouve ni nos salons, ni nos galeries, ni nos distributions d'appartemens, ni tout ce plein pied, ni cette longue suite de piéces, il les traite de misérables chaumiéres, & il en parle à peu près comme un voyageur avisé a parlé depuis peu de nos plus beaux édifices, en comparaison de ceux des Romains, qu'*un Palais* (2) *tout entier aujourd'hui ne coûteroit pas tant à bâtir, que quelque peu de ces piliers anciens qu'on voit à Rome, coûtoient autrefois à apporter :* & que *la magnificence des Romains surpasse infiniment celle des derniers siecles.* La seule inspection des chemins Romains en fait la preuve. Ces chemins partoient de la colonne Militaire plantée au milieu de Rome, & s'étendoient jusqu'aux extrémitez de ce grand empire, pour y faire marcher diligemment & commodément ces légions qui avoient subjugué tant de nations. De même que les veines & les artéres aboutissent au cœur, pour porter dans les membres le sang & la vie. Ces chemins sont hauts, larges, solides, &

(2.) Voyage de Burnet, pag. 405. & suiv.

en quelques lieux couverts de grands carreaux, que la durée des siécles semble encore respecter. Nos chemins au contraire sont dans un si pitoyable désordre, que quatre jours de pluye dans la mauvaise saison, interrompent souvent le commerce, & arrêtent les équipages les mieux atelez. Qu'on lise enfin le livre que Lipse a écrit sur la prodigieuse grandeur de la Ville de Rome; & l'extrême disproportion des Villes modernes pourra nous faire connoître celle des siécles. M. Perraut l'aîné demeure d'accord (3) dans son Commentaire sur Vitruve, que nous devons apprendre l'architecture sur les modéles des anciens, & que nous devons travailler à la faire remonter à ce haut point où la grandeur d'Auguste l'avoit élevée. N'envoyons-nous pas tous les jours nos éleves en Italie étudier la sculpture sur ces précieux restes de l'antiquité ? N'y trouve-t'on pas des restes (4) de peinture d'une élégance admirable ? Pline l.35. c.32. se plaint néanmoins qu'elle avoit beaucoup dégénéré de son tems. La sculpture qui est restée du

(3) Epit. dédic. p. 2. Préf. p. 4.
(4) Philand. sur Vitruve, l. 7. c. 9.

siécle de Constantin, est bien inférieure à celle de ces chef-d'œuvres inimitables de l'ancienne Gréce. La colonne d'Arcadius & d'Honorius qui est à Constantinople, n'égale pas (5) les colonnes de Trajan & d'Antonin qui sont à Rome. Enfin l'on remarque une décadence successive de l'architecture, qui a suivi le déclin de l'âge, jusqu'au tems de l'architecture Gothique : opposée entiérement à l'ancienne architecture, qui avoit pour régle universelle de suivre la nature en tout, & de contenter les yeux & l'esprit ; au lieu que la Gothique faisoit consister sa perfection à faire violence à la nature, à surprendre les yeux par des traits hardis, & à exciter l'admiration. L'éloquence, la poësie & le bon goût des lettres ont eu la même révolution que l'architecture. Sans remonter à la poësie grecque qui a toûjours décliné depuis Homére, & nous renfermant dans la Litérature Romaine, elle a eu sa grande élevation sous César & sous Auguste. Cette noble & majestueuse simplicité, que l'on admire dans les ouvrages de cet heureux siécle, commença à dégénérer dans les

(5) Voyage de Wheler, Tom. I. p. 147.

dernières années de la vie d'Auguste. On remarque déja dans Ovide des traits d'esprit, des jeux, des pensées, & ce que les Italiens appellent *Concetti.* Velleius Paterculus qui vécut sous Tibere, est étudié & affecté, & l'on voit le progrez de cette corruption dans les deux Sénéques, dans Petrone & dans Lucain, & ensuite dans Pline le jeune & dans Tacite. L'esprit & l'art y brillent de tous côtez, mais la nature n'y paroît point. *Quærit se natura, nec invenit.* Et c'est pourtant la nature qui est la source & la véritable régle du beau. Les gens de bon sens s'appercevoient de cette perversité, s'en étonnoient, & s'y opposoient. Ce fut le motif de cet excellent Traité qui nous reste *De causis corruptæ eloquentiæ.* Mais le mal étoit trop grand pour ceder aux remedes. Et la contagion de ce qu'on appelle le bel esprit, passa de siécle en siécle jusqu'à nos jours. Les Italiens semblerent reconnoître leur erreur, & revenir au bon goût vers le tems des Papes Alexandre VI. & Leon X. & les écrits de Sannazare, de Vida, de Fracastor, de Bembe, de Sadolet, & de quelques autres, sont dignes de l'antiquité : mais les faux brillans reprirent bien-tôt le dessus ; qui, pour les bien loüer, sont d'élegantes bagatelles, & des fadaises harmonieuses, *nugæque canora*. Mais pour ne point perdre M. Perraut de vûë, notre âge osera-t-il disputer aux Anciens le prix de la Poësie héroïque ? Nous pourrons comparer chansonnettes à chansonnettes. Nous nous parerons de nos madrigaux & de nos sonnets : mais pourrions-nous sans témerité opposer nos Bucoliques, nos poëmes didactiques, & nos poëmes épiques, à ceux de Theocrite, de Virgile, d'Hesiode & d'Homére ? Entre lesquels s'il faut établir quelques degrez & quelque subordination, je donnerai le prix de l'églogue à Théocrite sur Virgile, le prix du poëme didactique à Virgile sur Hésiode, & je laisserai la préférence de l'épopée indécise entre Homére & Virgile. Homére néanmoins retenant pour soi toute la gloire de l'invention, & ne laissant à Virgile que celle de l'imitation : mais l'un & l'autre regardant les Modernes au-dessous de soi dans une distance infinie. Il me souvient d'avoir ouï M. Perraut se mocquer de la Prosodie Grecque & Romaine, & de la distinction des syllabes longues & bréves : distinction néanmoins qui n'est point une invention de l'esprit humain, mais de la nature même, & qui a sa cause dans la conformation de nos organes, & dans le mouvement de nos passions. C'est ce que je lui répondis alors, en lui demandant s'il tiroit de nos rimes un argument de préférence de la poësie moderne au-dessus de l'ancienne ; de nos rimes, dis-je, qui font un jeu badin & puerile en lui-même, & jugé tel par les Anciens, qui l'évitoient soigneusement; grossiérement inventé par les Arabes, nation brutale & féroce, & qui n'a de politesse & de culture que ce qu'elle en a pû puiser dans les ouvrages des Grecs. Ils porterent dans l'Europe l'art de rimer avec leur barbarie. Que si ces génies sublimes de l'antiquité avoient pû prévoir que cette consonance de syllabes & de mots, occuperoit un jour les plus beaux esprits des nations les plus polies, ils auroient déploré le sort de l'esprit humain, capable de s'abaisser & de se plaire à une si grande niaiserie.

Si nous entreprenons maintenant la comparaison de l'art militaire, rien ne pourra mieux nous en faire juger que la grandeur des conquêtes. Pouvons-nous seulement penser sans étonnement à celles de ces mêmes Arabes, qui ont porté leurs armes depuis le Tigre jusqu'à la Loire ; à celles de Nabuchodonosor, de Sesostris d'Alexandre, & de César ?

Pour conclure enfin ce long discours, je regarde ce mépris de l'antiquité, comme une marque de la décadence de notre âge. On peut observer que les siécles qui ont commencé à dégénérer, ont été ceux qui se sont soûlevez contre l'antiquité. Tel fut le siécle de l'Empereur Hadrien, homme d'un goût dépravé dans les lettres, d'un esprit bouché, & dont on ne peut rapporter les sentimens sans indignation, ou sans risée.

XIII.

Difference essentielle entre les vers & la prose.

Entre les différences, qui distinguent les vers de la prose, j'en vois une que l'on n'a pas coûtume de remarquer assez nettement & en détail, mais seulement en gros & confusément, & qu'on obmet souvent & presque toûjours, & qui me paroît pourtant essentielle. C'est que les vers sont assujettis à des régles fort étroites, pour la mesure, pour le nombre, pour la quantité, ou pour la rime ; mais ils sont fort libres, pour les pensées, pour les expressions, & pour les figures. On leur permet une infinité de licences, qu'on appelle poëtiques, & de tours hardis ; & même on les ordonne comme un ornement nécessaire. La prose au contraire a une entiere liberté pour l'arrangement des mots, pour la rencontre des lettres & des syllabes, & pour la mesure des paroles, & elle n'est point servilement assujettie au jugement de l'oreille ; mais ses pensées, ses figures sont soumises à la régle : & si son stile n'est pas mesuré, il doit être moderé & châtié, & porter des marques de l'ordre & de l'arrangement de l'esprit d'où elle part.

XIV.

Monde soûterrain.

Il y a sujet de s'étonner que la vanité des hommes les ait portez à s'élever au-dessus de la terre avec tant de travail, & de dépense ; & que leur curiosité ne leur ait pas fait naître le désir de creuser la terre pour connoître par leurs yeux ce qu'elle contient dans ses entrailles. Si l'on avoit employé à ce dessein, ce que la tour de Babel, & les pyramides d'Egypte ont coûté, l'on auroit acquis des connoissances très-utiles, & l'on auroit épargné au Pere Kircher bien des réflexions creuses sur le Monde soûterrain. Nous ne savons point que l'on ait jamais effleuré la terre à la profondeur perpendiculaire d'une demi-lieuë. Quand on l'auroit fait, ce n'auroit été que l'égratigner. De même que les plus hautes montagnes ne sont pas à proportion de cette vaste masse, ce que les porreaux & les verruës sont à proportion de nos corps.

XV.

Sépulture de Cujas.

Me trouvant à Bourges en l'année 1687. je fus visité par quelques Docteurs de l'Université. Je les félicitai sur la réputation que le célébre Cujas avoit acquise à leur compagnie, & je leur fis plusieurs demandes sur son sujet. J'appris d'eux le lieu de sa sépulture, & je m'y transportai aussi-tôt. Je la trouvai dans une petite Paroisse écartée. A peine pus-je rencontrer quelqu'un dans cette Eglise, qui connût le nom de Cujas. On me mena enfin dans une Chapelle des aîles, où je ne vis aucune Epitaphe, ni aucune Inscription, qui pût apprendre à la postérité que les cendres de ce grand personnage reposoient en ce lieu. J'y vis seulement son portrait peint en huile, assez récent, & qui a été placé là depuis fort peu de tems. Il est répréfenté de toute sa hauteur avec sa robe rouge de Professeur, & il ressemble assez aux portraits que j'ai vûs de lui. Il paroît gros & court, & porte sur son visage ce même caractére de probité, qui lui est attribué par ceux qui ont écrit sa vie. Je me plaignis à ses successeurs du peu de soin qu'ils avoient pris de faire honneur à la mémoire d'un homme qui leur en avoit tant fait, & je les exhortai d'ériger quelque monument public, qui fît connoître & son mérite, & leur reconnoissance. J'ajoûtai même que je me croyois obligé de m'y interesser en qualité de Docteur aux Droits, & j'offris de contribuer à la dépense.

XVI.

Conciliation des diverses Religions qui partagent les Chrétiens.

Les differends de la Religion, qui troublent depuis si long-tems la paix des Chrétiens, ne sont point inaccommodables. Si les parties y procédoient sincérement, sans opiniâtreté & sans interêt, ils auroient bien-tôt trouvé des voyes de réconciliation. Mais il s'en trouve de part & d'autre, de si acharnez, qu'ils ne censurent pas avec moins de rigueur ceux de leur parti même, qui recherchent l'accommodement, que leurs adversaires. Avec quelle dureté présomptueuse, & pedantesque le Ministre Rivet ne traita-t-il pas Grotius, pour avoir proposé des moyens de paix ? Grotius par une réponse modeste rabattit son faste, sans le nommer, mais le désignant plaisamment par ce titre pris de Catulle, *Adversus quemdam, opaca quem facit bonum barba.* Une barbe épaisse & noire s'étoit si absolument emparée du gros visage de Rivet, qu'on n'en reconnoissoit point la couleur. A la faveur de cette physionomie velue & hérissée, il avoit acquis de la créance dans son parti. Il employa toute son autorité pour rendre suspects les Conciliateurs, comme gens chancelans dans leur Religion, & il y réüssit si-bien que depuis Grotius, fort peu ont osé tenter les voyes de réünion. Ainsi ils ont rejetté & refusé avec beaucoup de hauteur celles qui ont été proposées par les Catholiques, comme l'ont éprouvé les Evêques de Belley & de Meaux. Je ne puis taire en cette occasion, les invitations qui m'ont été faites par M. Puffendorf, Secretaire de la Reine de Suéde, bien plus recommandable par son savoir, & par ses écrits, que par sa dignité. Son frere qui a été long-tems Résident en France lui ayant envoyé ma Démonstration évangelique ; le Secretaire pria M. le Marquis de Feuquieres Ambassadeur de France en Suéde, de me faire tenir une lettre pleine d'érudition & de bon sens, par laquelle il m'exhortoit à employer la même méthode à la réünion des Protestans avec l'Eglise Catholique, dont je me suis servi pour rappeller à notre Religion les ennemis du nom Chrétien; se rendant garant du succès par la disposition favorable où étoient les cœurs

& les esprits dans les lieux d'où il écrivoit. M. de Meaux qui avoit eu communication de cette Lettre, y joignit ses exhortations. Avant que de m'engager dans une telle carriere, je sondai les sentimens des Ministres Huguenots de Paris, que je trouvai entierement opposez à ce pieux dessein, prévoyant la prochaine extinction de leur parti en France, dans l'acheminement que l'on prenoit à la révocation de l'Edit de Nantes. Ainsi je fus contraint d'abandonner une entreprise, à laquelle j'aurois sacrifié avec plaisir tout ce qui me restoit de vie.

XVII.

Titre du livre De Imitatione Christi.

Le livre *de Imitatione Christi*, n'a pas été ainsi intitulé par son Auteur. Ce titre n'est que le titre du premier chapitre du premier livre. Les Copistes l'ayant trouvé à la tête de tout l'ouvrage, ont cru qu'il appartenoit à tout l'ouvrage, qui n'a paru depuis que sous ce titre.

XVIII.

XVIII.

Varillas.

Je suis bien éloigné du jugement que le public a fait des Histoires de Varillas. Non pas que j'approuve la liberté qu'il s'est donnée de proposer ses idées pour des faits constants. Ce n'est pas écrire ni rapporter l'Histoire, c'est la composer & l'inventer. La loi de l'Histoire lui permettoit de proposer ses soupçons comme des soupçons, mais non comme des véritez certaines. Le public se récria avec indignation, & avec justice, contre une telle licence, & on ne tarda pas à l'en faire repentir, en lui mettant devant les yeux les erreurs grossiéres où la témérité de ses conjectures l'avoit fait tomber. Il se corrigea de sa hardiesse dans les ouvrages suivans, & n'avança rien sans donner de bons garants. Mais après tout, de tous ceux qui se sont mêlez d'écrire notre Histoire, aucun ne l'a pas creusée que lui. La diligence & la constance qu'il a apportée à cette étude n'est pas croyable. Il ne s'est pas contenté de lire avec application toutes les Histoires, tous les Mémoires, toutes les Relations que l'impreffion a renduës publiques. Il a feuilleté tous les anciens documens, dont il a pû avoir la communication. Il a porté fa curiofité dans les Hiftoires des peuples & des tems voifins de ceux qu'il vouloit illuftrer. Auffi n'y a-t-il point d'Hiftorien de notre nation, où il y ait tant à apprendre que dans celui-là. D'ailleurs il eft furprenant qu'un homme de cette forte, qui a paffé fa vie dans les galetas, & dans la plus épaiffe craffe de l'Univerfité, ait pû acquerir tant de connoiffance des pratiques de la guerre, des ufages de la Cour, du ftile des négotiations, & de la conduite des affaires publiques. Quoique fon langage ne foit pas dans une exacte pureté, fon ftile eft noble, élevé, & vraiment hiftorique ; fi vous le purgez feulement de quelques tours qui lui font familiers, & dont la répetition trop fréquente laffe le Lecteur. Il a embraffé tant de matiére, que faute de mémoire, ou peut-être d'exactitude, il eft tombé dans quelques contradictions. Mais on eft amplement dédommagé de ces pertes, par l'abondance des nouveautez qu'il préfente à fon Lecteur.

XIX.

Pucelle de Chapelain.

Le public n'a pas été moins injuste envers M. Chapelain. Je n'ai jamais consenti au jugement que le public a fait de sa Pucelle. On l'a condamnée, parce qu'il étoit à la mode de la condamner, & la mode s'en est établie par des Juges très-incompétens. Il n'appartient pas à tout le monde de juger du Poëme Epique. Ce droit est reservé à un très-petit nombre de personnes ; & tout le monde l'a usurpé contre la Pucelle. On a jugé du Poëme Epique sur les régles des Sonnets & des Madrigaux. Et de tous ceux que j'ai vûs s'acharner si impitoyablement contre cet ouvrage, aucun ne m'en a jamais allegué d'autre raison, que quelques expressions dures, & quelques vers forcez, comme si ce genre de Poësie ne les demandoient pas quelquefois de ce caractére, qui seroit vicieux dans une Epigramme, & qui est nécessaire dans quelques endroits des grands Poëmes. Quel jugement feroient aujourd'hui ces critiques délicats de l'Iliade d'Homére, si elle n'avoit jamais paru, avec tant de vers négligez, tant de répétitions ennuyeuses, & tant de défauts qu'on y a remarquez ? Quel jugement feroient-ils d'un Peintre qui ayant à faire un tableau destiné pour une des plus éminentes places de S. Pierre de Rome, le peindroit avec tous les adoucissemens, & les délicatesses de la Mignature ? Notre nation, notre âge, notre goût sont ennemis des grands ouvrages. Tout ce qui demande de l'application nous rebute. Une Ode nous ennuie par sa longueur. A peine peut-on souffrir un Sonnet. Notre génie se borne à l'étenduë du Madrigal. Nous sommes dans le siécle des colifichets. Toute notre industrie ne va qu'à faire de fort grandes petites choses. Pour bien juger de la Pucelle, il falloit en examiner l'Action, la Fable, l'Economie, l'Ordonnance, les Ornemens, les Dénoüemens, & tout ce qui entre dans la composition de l'Epopée, sans s'arrêter uniquement, comme l'on a fait, à la Versification. Et comment auroit-on pû l'examiner de cette sorte, puisqu'il n'en a paru que la premiere partie ? C'est en quoi les Exécuteurs du testament de M. Chapelain & ses héritiers, & M. de Montaufier qui fut appellé à cette délibération, lui ont rendu un très-mauvais office, en supprimant la seconde partie de la Pucelle. Car apprehendant un aussi mauvais succés pour cette seconde partie, que pour la premiere, ils ont ôté aux bons Juges & aux fins connoisseurs les moyens de juger sainement de l'une & de l'autre, & peut-être d'effacer la flétrissure que sa mémoire a reçûë injustement, ou du moins sans connoissance de cause. Le mal n'est pourtant pas sans reméde. Ces héritiers gardent ce dépôt, & le cachent contre l'interêt d'un parent qui leur a fait honneur, contre le leur, & contre celui du public, qu'ils privent d'un bien qui lui appartient, & qui a droit de le redemander. Ce qui est de plus étrange, c'est que l'infortune de la Pucelle fut contagieux aux autres ouvrages de M. Chapelain. Tout ce qui portoit son nom, parut méprisable, & on ne voulut plus se souvenir de tous les applaudissemens que ses belles Odes avoient méritées dès le tems du Cardinal de Richelieu, & principalement sa Couronne Impériale, le plus beau fleuron de la Guirlande de Julie, si ingénieufement inventée, si agréablement tournée, & si heureusement conduite.

Quand je considére cette surprenante décadence de la réputation de M. Chapelain, j'en vois deux causes principales ; l'une est qu'il n'a pas assez connu le génie de notre nation, & de notre siécle, tel que je viens de l'exposer, brusque, ardent, impatient, & incapable de la longue & constante attention, que demande l'élévation, & l'étenduë du Poëme Epique ; génie trèséloigné du flegme, de la solidité, & de la sage pesanteur des esprits des anciens Grecs & Romains. M. Chapelain ayant manqué à faire cette observation, a cru légérement que toutes les figures, & tous les tours, qui font la beauté de leurs langues, conviendroient indifféremment à la nôtre, sans considérer que chaque langue a des agrémens qui lui sont propres, & qui passant d'une langue dans une autre, & y portant leur caractére étranger, y deviennent fades, & quelquefois ridicules. La seconde cause de la révolution de l'estime de M. Chapelain, vient de cette estime même, qui le fit choisir par M. Colbert, pour arbitre de la dispensation des liberalitéz du Roi envers les gens de Lettres. Car ce Ministre lui en ayant demandé une liste détaillée, & qui marquât le dégré du mérite de chacun d'eux, tous ceux qui n'eurent pas de part à ces graces du Roi, & qui s'en croyoient dignes, lui attribuérent leur exclusion, qui sembloit les deshonorer, & qui les privoit des douceurs, qui les auroient accommodez. Tous ces mécontens devinrent ses ennemis capitaux, & ils s'en vengerent principalement sur sa Pucelle, au succès de laquelle son honneur sembloit être attaché, & ils entrerent même dans le détail de son genre de vie, qui avoit ses singularitez, & qu'ils tâcherent de ridiculiser.

XX.

Anémométre.

On a travaillé avec succès dans ces derniers tems à connoître exactement les qualitez de l'air, sa chaleur, son humidité, & sa pesanteur par le moyen du Thermométre, de l'Hygrométre, & du Barométre, qui est une balance de l'air. Mais comme on a cherché à peser l'air, on ne s'est point avisé de peser le vent. J'en fis la propofition à Hubin Anglois, excellent ouvrier de ces fortes d'inftrumens. Il en rit, comme d'une chofe plaifante â penfer, mais impoffible à exécuter. Je lui fis la defcription d'un inftrument que j'avois imaginé propre à cet effet : & il en fut fi content, qu'il me quitta dans le deffein de l'exécuter au plûtôt, mais la mort le prévint. La voici en peu de mots. Il confifte dans un entonnoir de fer blanc A. B. C. femblable au capuchon d'un Moine. Cet entonnoir va en fe courbant, & en s'étréciffant dans fa courbure jufqu'en C. où eft la naiffance d'un tuyau qui defcend jufqu'en D. où il fe recourbe en D. I. E. & remonte jufqu'en K. où il fe termine. On emplit le tuyau de vif argent depuis C. D. E. jufqu'en F. Au deffus de F. jufqu'en G. on verfe de l'eau feconde, dont l'élévation & l'abbaiffement s'apperçoivent par de petits points, qui font marquez fur le tuyau depuis F. jufqu'en G. Le vent entrant par l'entonnoir A. B. va frapper la furface du vif argent en C. & la preffe plus ou moins felon fa force. Le vif argent preffé, fe baiffe à proportion de la compreffion : & fe baiffant du côté

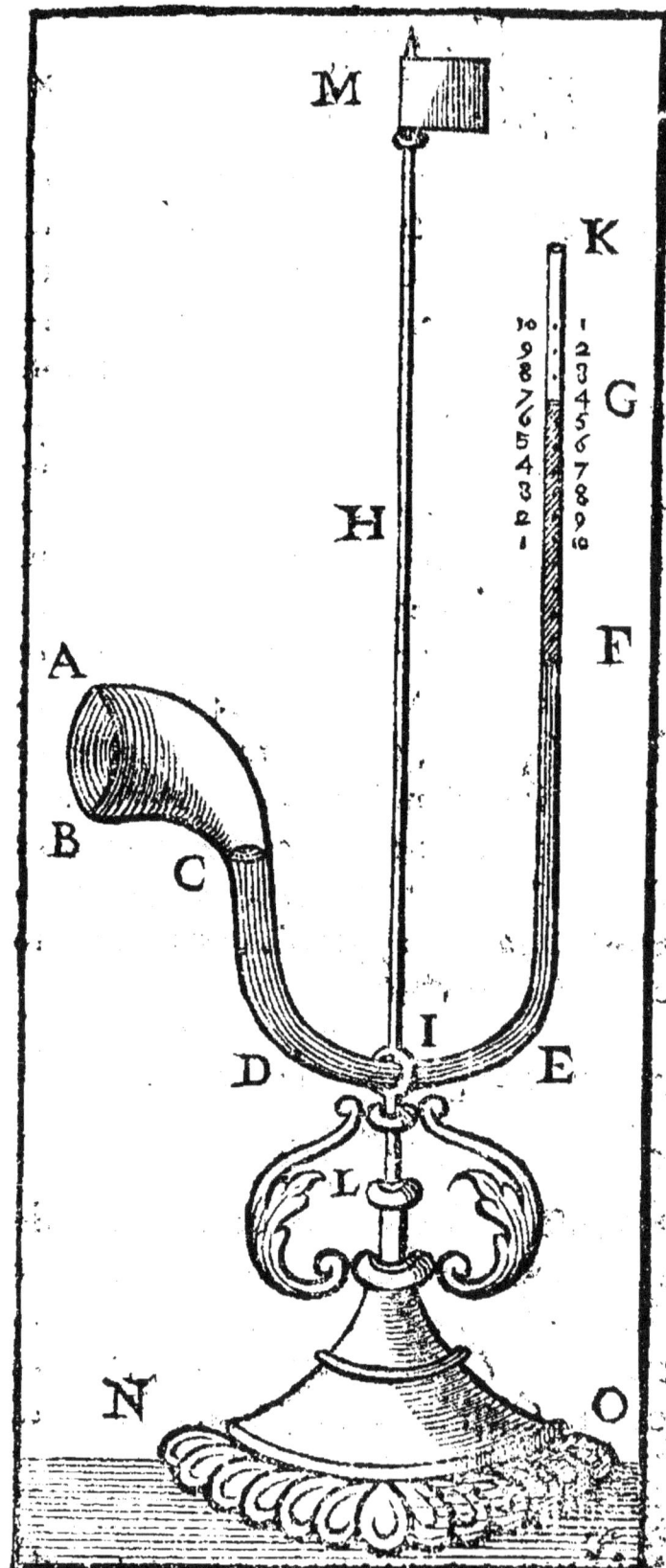

de l'entonnoir, il s'éleve dans l'autre branche de la machine au-dessus du point F. & fait hausser l'eau seconde qu'il soûtient ; & cet exhaussement se remarque & se compte sur les points marquez sur le tuyau. Et parce que l'instrument ne peut faire son effet, si l'entonnoir n'est tourné du côté du vent, il faut y appliquer la girouëtte M. soûtenuë par la verge de fer M. H. I. Cette verge forme un anneau au point I. qui embrasse & retient fermement le tuyau. La verge de fer au-dessous de l'anneau entre dans une virole L. posée sur le pied-d'estail L N O, où elle tourne à droite & à gauche, selon le vent qui fait tourner la girouëtte, & en tournant ainsi, elle fait en même tems tourner toute la machine, & tient toûjours l'entonnoir tourné du côté du vent.

XXI.

Villon.

On est persuadé que ce Recueil de Poësies intitulé, *Les franches repuës de Villon*, est un livre composé par Villon, & intitulé *Les franches repuës*. On se trompe. C'est le récit des tours d'adresse dont s'étoit servi Villon pous avoir ses repas francs. Et ce récit est d'un auteur inconnu. Pasquier qui a donné un chapitre entier dans ses recherches à la mémoire de Villon, a été bien mal informé de ses faits & gestes. Il dit qu'il étoit Parisien, & qu'il fut condamné à être pendu pour ses friponneries. Il dit qu'il ne sçait si la Sentence fut executée, & que quelques-uns asûrent que le Roi Loüis XI. lui sauva la vie ; & que le nom de Villon lui fut donné pour ses friponneries. Il ne semble pas qu'on puisse douter qu'il ne fût natif de Paris, vû ce Quatrain qu'il fit, quand il fut condamné à mort. Marot l'a rapporté ainsi dans l'édition de ses ouvrages.

Je suis François (dont ce me poise)
Né de Paris, emprès Pontoise.
Or d'une corde d'une toise
Saura mon col que mon cul poise.

Rabelais liv. 4. ch. 67. fait parodier cette Epigramme par Villon lui-même, lorsqu'il lui fait dire au Roi d'Angleterre :

Ne suis-je badaud de Paris :
De Paris, dis-je, auprès Pontoise ?
Et d'une corde d'une toise
Saura mon col que mon cul poise.

Mais Fauchet (1) nous la donne bien differente, soit que Villon l'ait changée depuis, ou que d'autres y aient mis la main:

Je suis François, dont ce me poise,
Nommé Corbeuil en mon surnom,
Natif d'Auvers emprès Pontoise,
Et du commun nommé Villon.
Or d'une corde d'une toise
Sauroit mon col que mon cul poise
Se ne fust un joli appel:
Le jeu ne me sembloit point bel.

Il s'appelloit donc, selon Fauchet, François Corbeuil, & il étoit d'Auvers auprès de Pontoise: Il n'est pas vrai qu'on lui ait donné le sobriquet de Villon pour ses tromperies; comme Pasquier & Fauchet, & après eux tout le monde l'a cru: car il nous apprend lui-même dans son grand Testament, p. 51. que son pere s'appelloit maître Guillaume de Villon. Ce qui a fait dire à Pasquier que Loüis XI, lui sauva la vie, c'est cet endroit du même Testament;

Ecrit l'ay l'an soixante & un
Que le bon Roy me délivra
De la dure prison de Meun,
Et que vie me recouvra.

(1) De l'origine des Chevaliers, liv. 1. ch. 1.

Cet emprisonnement de Meun, & cette délivrance que lui accorda Loüis XI, semblent être différens du jugement qui lui fut rendu à Paris : car par la Requête en forme de Ballade qu'il présenta au Parlement, il paroît que sur son appel la Sentence de mort fut convertie en un bannissement. Neanmoins il n'y a point en cela de contrarieté; & le Roi Loüis XI, à son avenement à la Couronne, put bien interposer sa recommandation & son autorité auprès de ses Juges pour le tirer d'affaires. Villon après ce jugement se retira en Angleterre, où sa réputation & l'agrément de son esprit lui méritérent bien-tôt les bonnes graces & la familiarité du Roi Edoüard. Ce fut alors qu'il dit ce bon mot tant célébré. Le Roi étant dans son cabinet d'affaires, & lui montrant les Armes de France, attachées contre le mur : Voici le lieu honorable, lui dit-il, que j'ai choisi pour placer les Armes du Roi ton maître. Vous ne pouviez mieux faire, Sire, lui répondit Villon, & votre Médecin vous a donné en cela un fort bon conseil ; car quand vous vous sentez resserré, vous n'avez qu'à jetter les yeux là-dessus, vous avez aussi-tôt la liberté du ventre. Il se retira enfin sur ses vieux jours à S. Maixent en Poitou, où selon la mode du tems il faisoit des Comédies sur les principaux événemens de la Vie de Notre Seigneur, qui se représentoient dans les Cimetiéres des Eglises aux principales fêtes de l'année, & ce fut dans une de ces occasions qu'arriva la mémorable avanture du Frere Etienne Taperoüé, rapportée par Rabelais, Liv. 4. ch. 13.

XXII.

Bon esprit. Bel esprit.

Pour être bel esprit, il faut être bon esprit : mais pour être bon esprit, il n'est pas nécessaire d'être bel esprit. Quelque vif, quelque brillant, quelque fécond que soit un esprit, s'il n'est solide & réglé, il sera mêlé de folie. On peut être bon esprit, au contraire, sans être bel esprit. La beauté de l'esprit consiste dans une vivacité, une fécondité, & une élévation, qui sont purement des dons de la nature, & que l'art & l'étude ne donnent point. La bonté de l'esprit dépend d'une justesse, d'une régle, & d'une modération, qui dépendent aussi de la nature, mais qui peuvent être cultivées & augmentées par l'art.

XXIII.

La Critique.

Depuis le rétablissement des Lettres, la Critique a fait la principale occupation de ceux qui se sont appliquez aux belles Lettres. Cela étoit nécessaire après tant de siécles d'ignorance & de ténébres. Il falloit, pour ainsi dire, abbattre la poussiére, nettoyer la moisissure, & tuer les vers qui rongeoient & défiguroient les anciens Manuscrits, qui avoient échappé à la fureur des barbares, & à la longueur des années. Cette étude fut en sa vigueur & en son honneur pendant deux cens ans. Le souverain dégré de l'érudition consistoit à mettre au jour les anciens Auteurs, & à corriger les fautes des Copistes par les mains de qui ils avoient passé ; soit en les conférant sur de bons exemplaires, soit en employant son esprit & son savoir au rétablissement des passages corrompus. Mais enfin cette occupation dégénéra en une étude basse & obscure, dont tout le mérite confiftoit à rechercher & à recouvrer les meilleurs Manufcrits, à les conférer, & à en remarquer foigneufement les diverfes leçons. Tel a été l'emploi de Gruter pendant tout le tems de fa vie. Ceux à qui ces fecours manquoient, fe fervoient de leur efprit & de leur favoir, pour remettre les Auteurs dans leur pureté : & fouvent abufant de leur talent, & par trop rafiner, ils gâtoient ce qui étoit entier & fain, & donnoient la peine aux Critiques leurs fucceffeurs, mais plus fages qu'eux, de remettre les chofes en leur premier état, & de guérir les plaies qu'ils avoient faites. Entre ces derniers, je donne le premier rang à Cafaubon, comme je le lui ai ouï donner auffi par feu M. de Saumaife. Gronovius ne lui étoit pas inférieur en ce genre. Mais aujourd'hui que prefque tous les meilleurs Auteurs ont été rendus publics par l'impreffion, je n'approuverois pas qu'un homme fe dévouât à la Critique, & fit fon capital de courir après ces fyllabes fugitives, & de travailler à ces réparations de mots ruïneux. Je regarde les critiques comme des farcleurs. Ils arrachent les mauvaifes herbes, & laiffent recüeillir les bonnes aux habiles Jardiniers, qui ont fçû les cultiver, & en faire leur profit.

XXIV.

Expofition des logemens.

Les Jefuites chez qui je fuis logé à Paris, dans le choix de leurs chambres, préférent celles qui font expofées au midi. Je fuis d'un fentiment tout contraire, & je préfére fans comparaifon l'expofition au Nord. Voici mes raifons. Tous les orages, les grands vents, les grêles & les pluies violentes viennent du midi. Les fenêtres qui y font tournées, fe trouvent fouvent brifées par la tempête. Ces chambres font des fournaifes pendant les chaleurs de l'été ; & le foleil vous aveugle & vous brûle tout le long de la journée. Les objets du dehors qui fe préfentent aux yeux, ne font vûs que du côté de l'ombre, qui en dérobe tout l'agrément. Aucun de ces défauts ne fe trouve dans l'expofition au Nord. Le calme y eft toûjours ; la fraîcheur s'y trouve en été. On fe garantît de la bize & des froids de l'hyver, qui font par tout égaux, en

se calfeutrant, & se muniſſant de chaſ-
ſis & de rideaux. Les objets n'y pa-
roiſſent que de leur beau côté, & du
côté qu'ils ſont éclairez & dorez des
rayons du ſoleil. L'expoſition au Levant
a auſſi ſes agrémens. Ce ſoleil naiſſant,
& l'aurore ſa fourriere, ſont à mon gré
des objets délicieux : la fraîcheur de
la nuit temperant l'ardeur de ſes rayons.

XXV.

Santé des vieillards.

La vigueur & la bonne ſanté que l'on
remarque dans quelques vieillards, reſ-
ſemble à une tour ſappée. Cette tour
paroit auſſi ſolide, auſſi forte, & auſſi
durable, que lorſqu'elle fut achevée de
bâtir ; cependant elle n'a plus de fondement, & n'eſt ſoûtenuë que par quelques étais, qui venant tout d'un coup
à manquer, elle eſt ruinée en un inſtant.
Les fondemens de la vie ſont détruits
dans les vieillards, le ſuc radical eſt
épuiſé, les parties vitales ſont uſées, la
machine n'eſt plus ſoûtenuë que par
quelques étais, c'eſt-à-dire, par la force
de la contexture, & par la continuation
de l'impreſſion du premier mouvement.

Je comparerois encore cette apparence de santé à ces larmes de verre, qui paroissent parfaitement solides, & qui étant tant soit peu entamées, s'en vont en poussiere.

XXVI.

Du mensonge.

Le vice du mensonge ne consiste pas proprement en ce qu'il est contraire à la vérité. On dit plusieurs choses contraires à la vérité, sans aucun vice, & sans aucun peché. Les complimens sont d'honnêtes mensonges, non-seulement permis, mais encore commandez par l'usage. Quand un homme dit à un autre qu'il est son valet, qu'il est son serviteur, il parle contre la vérité ; & tant s'en faut que ce mensonge soit vicieux, ce seroit un vice que de manquer à le faire : il blesseroit les loix de la societé civile, il offenceroit son prochain, qui a droit d'exiger de lui cette assûrance, toute fausse qu'elle est. Aussi ne faut-il pas prendre ces discours au pied de la lettre, ni dans leur signification grammaticale : mais dans la signification que la coûtume leur a attribuée, qui n'est que d'une civilité superficielle Le vice du mensonge consiste proprement en ce qu'il donne une fausse idée. C'est une tromperie que l'on fait à son prochain ; c'est un larcin qu'on lui fait de la vérité, ce qui est contraire à la charité. Sur ce principe les restrictions mentales sont vicieuses ; car encore qu'elles ne soient pas contraires à la vérité, selon le sens grammatical des paroles, elles le sont dans l'intention de celui qui parle, qui n'est autre que de cacher la vérité à celui à qui l'on parle, & de lui donner une fausse idée. Lorsqu'un homme parle à un autre, c'est pour lui donner une idée qu'il n'avoit pas. C'est la formation de cette idée qui est le but de celui qui parle, & de celui qui écoute. Et c'est par la nature de cette idée, qu'il faut juger de la nature du discours qui l'a formée. Si elle se trouve contraire à la vérité, le discours qui l'aura formée, sera mensonger & vicieux. Il ne s'agit pas de savoir si elle est conforme à l'idée de celui qui parle ; celui qui parle, ne parle pas pour lui-même, mais pour celui à qui il parle. Il n'a pas intention en parlant de se donner à lui-même une nouvelle idée, qu'il n'avoit pas, ni de se rien apprendre à soi-même. Si cela étoit, il n'auroit qu'à parler tout seul. Mais c'est à celui à qui il parle, à qui il veut donner cette nouvelle idée ; & s'il la veut donner fausse, ce sera une tromperie qui ne sera pas justifiée par la conformité que cette idée aura avec celle de celui qui parle. Il y a plusieurs sortes de mensonges qui ne consistent pas dans le discours, mais dans l'action, & quelquefois dans l'inaction. Faire semblant de n'entendre pas ce que l'on entend, ou de ne voir pas ce que l'on voit ; agir comme par hazard, lorsqu'on agit avec préméditation ; ce sont des mensonges & des tromperies, puisqu'on ne les emploie que pour faire naître de fausses idées. Mais d'ailleurs la sincerité seroit blâmable en certaines rencontres.

On donne à un homme des loüanges qu'il mérite, il blessera la modestie s'il les reçoit, il blessera la vérité s'il les rejette. Il doit pourtant les rejetter, & affecter de s'en croire indigne, parce que cet usage est établi par la politesse de la societé civile, & que d'y contrevenir, ce seroit choquer cette même societé, qui nous défend toute sorte de faste & d'ostentation.

XXVII.

Stile du P. Petau, & des autres Jesuites.

Les Jesuites communément écrivent & parlent bien en latin, mais leur latinité péche presque toûjours en ce qu'elle est trop oratoire. Cela vient de ce que dès leur premiere jeunesse on les fait regenter. Ces regences les engagent à parler incessamment en public; ils s'accoûtument insensiblement à le faire d'un stile soûtenu & arrangé, & à s'élever au-dessus du genre mediocre.. Cela se remarque clairement dans les Lettres du P. Petau: il va toûjours par courbettes, & jamais au pas; par periodes nombreuses, par figures étudiées, & jamais par cette admirable simplicité des Epitres de Ciceron, qui, tout grand Orateur qu'il étoit, savoit bien cesser de l'être, quand il le falloit. Quand les Lettres du P. Petau parurent, on en fit comparaison avec celles de Scaliger. Cette question donna lieu à une grande dispute chez Messieurs Dupuy, où étoit le réduit ordinaire des Savans de Paris. Les gens de Collége se déclarerent pour le P. Petau: mais M. Guyet, homme d'un goût rafiné, mais avec des manieres dures, leur dit pour toute réponse, qu'ils méritoient qu'on leur préfentât du foin. M. Guyet avoit raifon. Les Epitres de Scaliger font d'un ftile naturel, libre, aifé, &, pour parler à la mode, d'un ftile leger, qui a quelque chofe de vif & d'aigu. Celles du P. Petau font d'un ftile arrondi, compaffé, mefuré. C'eft un tiffu de phrafes, un enchainement de periodes. Ce font des lambeaux de déclamations. Tous fes ouvrages didactiques, fes Dogmes, fes livres de la Doctrine des tems, fes differtations critiques font de ce genre. Le Pere Sirmond, tout Jefuite qu'il étoit, a bien fçû éviter ce défaut : peut-être pour avoir quitté de bonne heure les emplois de la fcholarité, & avoir paffé la plus grande partie de fa longue vie dans les Cours de Rome & de France, & y avoir poli fon langage par l'ufage du monde. Outre qu'il étoit naturellement d'un efprit doux, & d'une humeur facile ; au contraire du P. Petau qui étoit rude & rebours ; & pour me fervir du terme que Voffius lui appliquoit, il étoit morofe. Ses vers étoient d'un beau tour, & fort nombreux. Mais ce n'étoient que des vers sans poësie. Comme il possedoit toutes les richesses de la langue latine, son stile abondant lui fournissoit tant d'expressions, & tant de termes sur toutes sortes de sujets, qu'il s'énonçoit sans contrainte, & que sa versification paroissoit noble & aisée, & portoit le caractére de l'antiquité. Mais elle n'étoit point animée par l'invention, par la fiction, & par cette sublimité, qui seule mérite le nom de poësie.

XXVIII.

Il n'y a point de science qui ne soit un digne objet de l'esprit humain.

La plûpart de ceux qui jugent des sciences, sont sujets à un défaut capital ; qui est de n'estimer que la science qu'ils aiment, & de méprifer les autres. Un Philosophe de ce tems, qui a acquis beaucoup de réputation par ses réflexions & par ses écrits, a osé avancer qu'on devroit renfermer ses spéculations & ses études dans la Philosophie & les Mathématiques ; toutes les autres sciences étant vaines & frivoles : faisant ainsi son goût & son humeur, la régle de de l'esprit humain. Il faut avoir un goût général pour reconnoître ce qui est d'estimable dans chaque science ; & un esprit d'équité qui sache donner à chacune son prix, & l'estimer selon son mérite. Les bornes de l'esprit humain sont si étroites, & l'immensité des sciences est telle, que la moindre partie n'en peut être épuisée par des recherches éternelles. Un seul brin d'herbe a de quoi exercer nos méditations à l'infini ; de quoi nous fournir mille & mille belles connoissances, & de quoi nous conduire à de grands principes, & remplir notre ame de nouvelles lumiéres. Je ne prétens pas que chacun de nous se donne carriere dans toutes les sciences ; que nous effleurions tout, & ne creusions rien. La véritable méthode est de s'appliquer principalement à une science ; & aux autres seulement par rapport à celle-là : *cujus causa excoluit cæteras :* mais faisant justice à toutes, sans en mépriser aucune. Pour moi quand l'ordre de mes études m'engage à m'écarter par occasion dans quelque science, qui n'a pas fait ma principale application, je porte envie à ceux qui la cultivent, tant j'y apperçois de richesses & de beautez.

D

XXIX.

Epigramme Grecque énigmatique.

Je me trouvai un jour à Amsterdam, en compagnie de quelques gens de Lettres, du nombre desquels étoit le jeune Vossius fils du célébre Gerard Jean. Comme il avoit un grand usage de la litérature Grecque, & qu'il lui avoit passé par les mains beaucoup d'anciens manuscrits Grecs, il nous dit qu'il avoit découvert ce jour-là même une Epigramme Grecque, qui méritoit de nous être rapportée, & sur le sens de laquelle il desireroit nous consulter. Voici l'Epigramme.

Καλὴ πηνελόπια, γυνὴ κλυτῦ οδυσῆος,
Εξ ποσιν' εμβεβαυῖα, τεισ'ά κιυλος εξεφαάνθη.

La question étoit de savoir ce que c'est que cette Penelope, qui marche avec six pieds, & qui n'a que trois doigts. Chacun demeura dans le silence, cherchant dans sa tête la solution du problême, sans la trouver, quoiqu'elle semble se présenter d'elle-même, & sauter aux yeux. Il faut prendre le premier vers plus materiellement qu'on ne le prend, & comme n'ayant aucune relation à la perſonne de l'ancienne heroïne Penelope, mais ſignifiant ſimplement ce vers hexamétre marchant à ſix pieds, comme tous les autres vers hexamétres, & dans le nombre de ces ſix pieds, ayant trois dactyles.

XXX.

Défenſe des Elémens d'Euclide.

L'Auteur des nouveaux Elémens de Géometrie, qui parurent il y a quelques années, entreprit de reformer Euclide, comme n'ayant pas gardé l'ordre de la nature dans l'arrangement de ſes propoſitions. Euclide n'a point prétendu en cela ſuivre l'ordre de la nature, mais celui de la diſcipline & de l'inſtitution; c'eſt-à-dire, mettre la Géometrie dans l'ordre le plus propre & le plus commode à être enſeigné à ceux qui entrent dans l'étude de la Géometrie : & c'eſt ce qui lui a fait donner le titre d'Elémens à ſon ouvrage, c'eſt-à-dire de premiers principes que doit apprendre celui qui veut être initié dans cette ſcience. Quand Jules Scaliger, Sandius, & Schoppius, ont recherché dans leurs ouvrages les premieres cauſes de la langue Latine, ils n'ont pas prétendu avoir trouvé, ni donner une nouvelle méthode d'enseigner cette langue, & par-là rejetter les Rudimens & les Grammaires ordinaires, reçûës alors dans les écoles, dont on se servoit pour enseigner cette langue aux enfans. La Métaphysique dans l'ordre de la nature, est le fondement de la Philosophie, & précéde la Physique, & les autres parties de la Philosophie ; mais non pas dans l'ordre de l'institution, puisque c'est celle que l'on enseigne la derniere. Quand le vieux Laboureur enseigne l'agriculture à son fils, il ne commence pas son instruction par l'explication de la nature de la terre, ni du cours & de l'action du soleil, & de la diversité des saisons, comme le demanderoit l'ordre de la nature ; mais il commence par lui montrer comment il faut tenir le manche de la charuë, & comment il faut la conduire pour tourner la terre à propos.

XXXI.

Cause de la Consonance & de la Dissonance.

Le son est un fort mouvement de l'air, que nous appercevons par l'impression qu'il cause sur le tympan de notre oreille. Quand le corps sonore est frappé & ébranlé, il communique à l'air qui l'environne le mouvement qui lui est imprimé ; & ce mouvement se fait par des ondulations, pareilles à celles que nous remarquons sur l'eau, quand on y a jetté une pierre. Plus ces ondulations sont promtes & fréquentes, plus le son est aigu : & le son de la chanterelle d'un violon n'est plus aigu que celui de la grosse corde, que parce que son mouvement étant plus vîte, il produit de plus promtes & plus fréquentes ondulations. Que si en relâchant la corde, on rend son mouvement plus lent, les ondulations qu'elle produira, feront aussi plus lentes, & le son moins aigu. Cela étant bien entendu, il est aisé de comprendre les causes de la consonance & de la dissonance. Quand les ondulations produites par deux cordes de violon sont égales & semblables, & se rencontrent avec justesse dans les mêmes tems, elles produisent l'unisson, qui est la plus parfaite de toutes les consonances. Si elles ne se rencontrent jamais, elles produiront une entiere dissonance. Mais si quelques-unes seulement se rencontrent dans de certains intervalles reglez, elles produiront ces diverses consonances, qui font l'agrément de la musique.

Par ces mêmes ondulations, on peut rendre raison d'un effet, que l'on remarque & que l'on admire dans la nature, lorsque deux cordes font à l'unisson ; & que l'une étant touchée, & rendant le son qui lui est propre, l'autre corde que l'on ne touche point, en est ébranlée, & rend le même son, quoique plus foiblement. Les ondulations de l'air produites par la corde qui est touchée, vont frapper & ébranler la corde que l'on ne touche point, & lui font produire ses ondulations propres ; & ces ondulations étant toutes pareilles à celles de la premiere corde, elles s'y joignent, & en font aidées & fortifiées, & renduës plus sensibles qu'elles n'auroient été.

XXXII.

*Du prétendu Sublime de quelques expreſ-
ſions de l'Ecriture.*

Le Pere Bouhours trouvoit un Sublime merveilleux dans ces paroles du premier livre des Machabées, 1. 3. où l'Auteur parlant d'Alexandre, dit, *& ſiluit terra in conſpectu ejus.* Il trouvoit cette métaphore noble, exprimant très-proprement la soûmiſſion reſpectueuſe que toutes les nations conçûrent pour Alexandre, après ſes conquêtes. Je l'avertis que ce qu'il appelloit ſublime, étoit une expreſſion fort ordinaire dans les écrits des Ebreux & des Hellenistes, & qui ne renfermoit aucun ſublime, comme on le pouvoit voir dans pluſieurs endroits de ce même livre des Machabées. Cela paroît clairement par le texte Grec, où l'on trouve le mot ήσύχασεν, *a été en repos, a été en paix*; en quoi l'on ne voit aucun ſublime. S. Luc dans ſon Evangile, 23. 56. dit que ces femmes Galiléennes qui avoient ſuivi notre Seigneur, après avoir préparé ce qui étoit néceſſaire pour l'embaumer, *Sabbato ſiluerunt ſecundum* *mandatum*, & dans l'original Grec ἡσύχασαν, qui ne peut signifier autre chose, que *se tinrent en repos*. Mais pour remonter à la premiere source, ce *sileo*, & cet ἡσυχάζω, viennent de l'Ebreu שקט qui signifie *il se reposa, il fut tranquille, il demeura en paix*. On lit dans Isaie 14. 7. *Conticuit & siluit omnis terra, gavisa est, & epulavit*. L'Ebreu porte שקטה נחה Il est bien constant qu'il n'y a pas de sublime dans נחה *quievit*. Peut-on s'imaginer que le mot qui lui est joint immédiatement comme son synonyme, soit sublime ? Ce même mot se trouve employé dans le livre de Josué, 11. 23. lorsqu'après le récit des conquêtes de Josué, l'Auteur dit *conticuit terra à prælis*. שקטה והמלחמה Les Septante traduisent κατέπαυσε πολεμούμενη *cessavit bello vexari*. Il ne paroît en cela ni *siluit*, ni figure, ni sublime. Le mot Ebreu דום a encore les deux mêmes significations, *siluit, & quievit*. C'est fort mal juger de la signification, & de la force d'un mot original d'une langue, par la signification & la force du mot d'une autre langue, dont on s'est servi pour le traduire. C'est ainsi que dans ces paroles de la Genese, 1. 3. *Dixitque*

Deus, fiat lux, & facta est lux, Longin a cru trouver du sublime, faute de savoir que cette expression concise, qui paroît vive & forte dans la langue Grecque, dans la Latine, & dans celles qui en sont dérivées, à cause de cette répétition des mêmes termes qui semble avoir été étudiée & recherchée, est un Ebraïsme très-commun & très-simple dans les langues Orientales, comme je l'ai fait voir ailleurs.

XXXIII.

Des Brucolaques & des Tympanites de l'Isle de l'Archipel.

C'est une chose assez étrange, que ce qu'on nous rapporte (1) des Brucolaques des Isles de l'Archipel. On dit que ceux qui après une méchante vie sont morts dans le péché, paroissent en divers lieux avec la même figure qu'ils portoient pendant leur vie ;

___

(1) Plegon de Mirabil. cap. 1. Turquie Chrétien. de la Croix, liv. 1. c. 25. p. 116. & seq. ex Leone Allatio, p. 118. & Cassiano p. 119. Etat de l'Eglise Grecque du Sieur de la Croix, ch. 25. p. 78. & suiv. Voyage au Levant de Paul Lucas, tom. 2. ch. 21. p. 328.

qu'ils font souvent du défordre parmi les vivans, frappant les uns, tuant les autres ; rendant quelquefois des fervices utiles, & donnant toûjours beaucoup d'effroi. Ils croient que ces corps font abandonnez à la puiffance du démon, qui les conferve, les anime, & qui s'en fert pour la vexation des hommes. Le Pere Richard Jefuite, employé aux Miffions de ces Ifles, il y a environ cinquante ans, donna au Public une Relation de l'Ifle de Santerini, ou de Sainte Irene ; qui étoit la Thera des anciens, dont la fameufe Cyrene fut une colonie. Il a fait un grand chapitre de l'hiftoire des Brucolaques. Il dit que lorfque le peuple eft infefté de ces apparitions, ils vont déterrer le corps; qu'ils le trouvent entier & fans corruption, qu'ils le brûlent ou le mettent en pieces, & principalement (1) le cœur ; après quoi les apparitions ceffent, & le corps fe corrompt. Le mot de Brucolaques, vient du Grec moderne βοῦρκος, qui fignifie, *de la bouë*, & de λάακος, qui fignifie *foffe*, *cloaque*, parce qu'on trouve ordinairement, comme ils l'affûrent, les

(1) Relat. de Santerini du P. Richard, ch. 18. p. 282.

tombeaux où l'on a mis ces corps, pleins de bouë. Je n'examine point ici si les faits que l'on rapporte sont véritables, ou si c'est une erreur populaire : mais il est certain qu'ils sont rapportez par tant d'Auteurs habiles, & dignes de foi, & par tant de témoins oculaires, qu'on ne doit pas prendre parti sans beaucoup d'attention. Il est certain aussi que cette opinion, vraie ou fausse, est fort ancienne, & les Auteurs en sont pleins. Lorsqu'on avoit tué quelqu'un frauduleusement & par surprise, ils croyoient lui ôter le moyen de s'en vanger en lui coupant les pieds, les mains, le nez, & les oreilles. Cela s'appelloit ἀκρωτηριάζειν. Ils pendoient tout cela au cou des défunts, ou ils le plaçoient sous leurs aisselles, d'où s'est formé le mot μαχαλίζειν qui signifie la même chose. On en lit un témoignage bien exprès dans les Scholies Grecques (3) de Sophocle. C'est ainsi que fut traité par Menelas Déiphobe mari d'Helene, & ce fut en cet état qu'il fut vû d'Enée dans les Enfers.

(3) Vide Electr. v. 448. Meursium in Lycophr. p. 369. Stanleium in Æschil. Choëph. v. 447.

*Atque hic Priamiden laniatum corpo-
re toto
Deiphobum vidit, lacerum crudeliter
ora ;
Ora, manusque ambas, populataqs
tempora raptis
Auribus, & truncas inhonesto vulnere nares.*

Les anciens ont traité de fable l'histoire d'Hermotime de Clazomenes, dont on dit que l'ame sortoit souvent de son corps pour voyager dans des régions éloignées, & s'instruire de ce qui s'y passoit, & de ce qui s'y préparoit ; qu'à son retour il instruisoit ses compatriotes de l'avenir : mais qu'enfin ses ennemis ayant obtenu de sa femme la liberté de brûler son corps, l'ame à son retour se trouvant privée de sa retraite ordinaire, s'étoit retirée pour ne plus revenir.

Suétone écrit qu'après la mort violente de Caligula, son corps n'ayant été brûlé qu'à moitié, & enterré fort superficiellement ; tant que ce corps fut en cet état, la maison où il fut tué, & les jardins où il fut mis en terre, furent inquietez de spectres toutes les nuits, jusqu'à ce que cette maison fut brûlée, &

que les sœurs du défunt lui rendirent plus réguliérement les derniers devoirs. Servius (4) marque expressément que les ames des morts ne trouvent le lieu de leur repos, qu'après que le corps est entiérement consumé. Les Grecs aujourd'hui font encore persuadez que les corps des Excommuniez ne se corrompent point, mais s'enflent comme un tambour, & en expriment le bruit, quand on les frappe, ou qu'on les roule sur le pavé. Ces corps s'appellent *Toupi*, c'est-à-dire un tambour en Grec vulgaire.

XXXIV.

Honneurs rendus à Virgile.

Quand nous n'aurions point d'autres marques du mérite de Virgile, que les loüanges infinies que lui ont donné les Poëtes de son tems, c'en seroit une preuve suffisante. Ils le préféroient à Homére ; ils disoient que l'Eneïde étoit le plus excellent ouvrage que Rome eût produit. Ils traittoient de sacriléges, ceux qui avoient osé censurer ses vers. Le peuple Romain assemblé au Théatre ayant ouï réciter quelques-uns de

(4) Servius in Virgil. Æn. VI. 218.

ses vers, se leva pour lui faire honneur;
& ayant sçû qu'il étoit présent, lui rendit des marques de vénération, telles qu'à Auguste même. Ce siécle étoit moins envieux que le nôtre, & la magnanimité Romaine paroissoit en cela comme en tout le reste.

XXXV.

Jugement d'Ovide, de Tibulle, & de Properce.

Je m'attirai autrefois les reproches de l'Académie de Caën, lorsqu'il m'arriva de donner quelque préférence à Tibulle & à Properce au-dessus d'Ovide. Quoi ! me dirent-ils, préférer la mollesse & la stérilité de Tibulle, la dureté & les disparates de Properce, à l'aménité, à la fécondité, & à l'esprit d'Ovide ! Je demandai à être reçû à ma justification, & voici ce que je leur dis. Je ne cede à personne en zéle & en estime pour Ovide. J'en ai fait mes délices dès mon enfance. Mais quand l'âge m'a formé le goût, j'ai reconnu qu'il ne falloit pas se laisser prévenir à une admiration universelle de tous ses ouvrages, ni à une préférence inconsidérée sur tous les Poëtes de ce genre. Je fais une grande diftinction entre ſes livres d'amour, ſes Métamorphoſes, ſes Faſtes, & les livres qu'il a écrits dans ſon exil. Les livres d'amour, & particuliérement les Epitres des Héroïdes, ſont plus châtiées, plus étudiées, plus élegantes, écrites même avec plus d'eſprit & plus d'art ; ſoit que la matiére lui plût davantage, & que le cœur aidât l'eſprit dans la compoſition ; ſoit que le feu de la jeuneſſe ſoûtint davantage & animât la beauté de ſon génie. Les Métamorphoſes leur ſont fort inférieures. C'eſt un ouvrage languiſſant, négligé, ſans feu, & ſans art. Les liaiſons de ſes fables, qu'on me faiſoit admirer dans mon enfance, ſont froides, & tirées par les cheveux. Ses faſtes ſont beaucoup plus eſtimables. La facilité de ſon eſprit lui a fait renfermer aſſez heureuſement, ſous la meſure des vers, une matiére fort peu ſuſceptible des ornemens de la Poëſie. Ses autres livres portent des marques viſibles de l'abbattement & de la triſteſſe où l'avoit réduit le pitoyable état de ſon exil. Son principal défaut, & qui s'étend dans tous ſes ouvrages, eſt cette licence immodérée de ſon ſtile : il veut tout dire, il ne

sauroit finir : & il a manqué de cette
adresse qui n'est connuë que par les
grands Maîtres de l'art, de savoir faire
penser les choses à son Lecteur sans les
exprimer. Je n'aurois pas été assez hardi pour dire de lui ce qu'en a dit Lambin, qu'il étoit un mauvais auteur de
la Latinité ; mais j'oserai bien dire qu'il
a hazardé plusieurs mots, qui ne se trouvent que chez lui, & qu'on voit clairement avoir été faits pour remplir la
mesure des vers où il les a placez. Du
reste, indocile, & incapable de se corriger, amateur de son esprit, & de ses
défauts, & ne déférant rien au conseil
de ses amis. Mais en remarquant ses
défauts, il ne faut pas lui dérober les
loüanges qui lui sont dûës. On reconnoît par tout un esprit fort élevé, fort
étendu, fort cultivé, & fort poli par
l'usage du grand monde. Au milieu
même des ouvrages où il s'est le plus
relâché, il lui échappe des traits inimitables. Et à tout prendre c'est un très-
agréable Auteur, que je choisirai préférablement à beaucoup d'autres, quand
je voudrai me donner du plaisir & me
divertir. Mais quand on comparera le
génie poëtique d'Ovide avec celui de

Tibulle, & de Properce, les affections, les mouvemens, le πάθος, & les expressions, Ovide à mon jugement aura le dessous. Quand César a porté son jugement sur les Comédies de Terence, il a trouvé que la force comique lui manquoit : je dirois volontiers que la force poëtique manque à Ovide. Et en effet s'abandonnant, comme il faisoit, à sa facilité de versifier, il étoit impossible que dans ce flux de bouche, & parmi cet amas infini de paroles, il pût retenir ces figures picquantes, ces tours vifs & animez, qui font la différence du Poëte, & du versificateur. Je pourrois soutenir mon jugement par l'autorité de plusieurs excellens Juges de poësie. Je ne mets pas de ce nombre Jules Scaliger ; homme à la vérité d'un esprit vaste, & élevé ; mais d'un très-mauvais goût dans la poësie. Quand on n'auroit pas lû son Hypercritique, si plein de fausses vûës, bien plus occupé à juger du détail des vers, & à corriger des minuties, souvent de mal en pis, qu'à porter un jugement sain sur le gros des ouvrages ; pourroit-on se soûmettre aux décisions d'un homme qui a répandu dans le Public tant de mauvais vers ?

XXXVI.

Le vulgaire mesure ordinairement le génie des hommes sur leur qualité.

Platon, dans son Dialogue (1) de la Tempérance, fait avancer à Socrate une maxime bien véritable, & qui pourtant ne se pratique guére aujourd'hui. Il ne faut pas considerer, dit-il, par qui les choses sont dites, mais si elles sont bien & véritablement dites. Les Arabes (2) ont fait passer cette maxime en proverbe. *Regarde*, disent-ils, *la chose qui est dite, & non pas par qui elle est dite*. Notre siécle & notre nation sont bien éloignez de la sagesse de ce précepte. La qualité, la dignité, l'élévation dans l'opinion du vulgaire, sont des titres suffisans pour pouvoir décider souverainement du mérite des ouvrages d'esprit ; & on veut que l'autorité que la fortune donne aveuglément dans le monde, fasse autorité dans les Lettres. Telle étoit la folle prétention (3) de l'Empereur Hadrien. Il se-

(1) Charmid. Tom. 2 p. 161.
(2) Proverb. Arab. Cent. 1. Prov. 88.
(3) Spartian. in Hadriano, cap. 16.

croyoit dispensateur du mérite & de la réputation des savans hommes qui l'avoient précédé, comme il étoit maître de la vie & des biens de ses sujets. Après que les méchans vers de Chérile furent récompensez (4) si liberalement par Alexandre : la postérité s'en rapporta-t-elle au jugement capricieux de ce Prince ? Non sans doute : elle trouva Chérile mauvais Poëte, & Alexandre mauvais juge de poësie.

XXXVII.

Auteurs Dauphins.

Les Commentaires sur les anciens Auteurs Latins, qui furent entrepris par ordre du Roi, pour l'usage de M. le Dauphin, & pour l'utilité publique, furent uniquement de l'invention de M. le Duc de Montausier. Comme il avoit toûjours aimé & cultivé les belles Lettres, & qu'il avoit pris plaisir à la lecture des anciens, autant que sa vie militaire & aulique le lui avoient pû permettre, il trouvoit souvent à so-

---

(4) Horat. Epist. l. 2. Epist. 1. v. 232.

chemin des passages obscurs qui l'arrêtoient, faute de Commentaires, dont il ne pouvoit pas charger son équipage. Ces obscuritez étoient de deux sortes ; ou elles consistoient dans le texte & l'expression de l'Auteur ; ou elles regardoient des points d'Histoire, ou de Mythologie, dont l'intelligence dépendoit de la connoissance de l'antiquité. Il chercha donc des remedes à ces deux obstacles ; il jugea qu'une interprétation, en forme de glose, éclairciroit les obscuritez du texte, & que des Notes, en forme de Commentaires, expliqueroient les matiéres d'érudition ancienne. Il eût été à désirer que pour remplir dignement cette entreprise, on eût pû trouver des gens consommez dans la belle Litérature, en aussi grand nombre qu'il se trouvoit d'Auteurs dignes de cette culture.

Mais comme il n'eut pas été juste de détourner des gens savans de leurs études & de leurs emplois, sans un dédommagement & une récompense convenable, le Roi voulut bien entrer dans ces considérations, & sur les remontrances de M. de Montausier, il se chargea de la dépense, qui par une lé-

gitime estimation qui en fut faite, ne
devoit pas aller à moins de trois ou
quatre cens mille francs, pour porter
les choses à leur perfection. Il faut faire
honneur à M. Colbert de sa passion
pour l'honneur des Lettres, qu'il signala en cette occasion, en ouvrant libé-
ralement & de bonne grace le Trésor
Royal, pour fournir à cette dépense.
De ma part je me trouvai chargé de la
direction de ce dessein, & je fixai à
quarante le nombre des Auteurs classi-
ques, qui devoient composer ce Recueil : & dans la recherche que je fis
d'un pareil nombre d'habiles Critiques,
pour les mettre en l'état que l'on dé-
siroit, il ne fut pas aisé de le trouver.
On fut réduit à se servir de ceux qui
se rencontrerent. Ils n'étoient pas d'une
même capacité. Cette occasion cependant me fit concevoir l'envie de donner à chacun de ces Auteurs un Indice
de tous les mots dont il étoit composé;
sachant la grande utilité que l'on retiroit dans l'usage des Lettres, du petit
nombre de pareils Indices, qui étoit
déja entre les mains du public. Je por-
tai même plus loin mes vûës, & je me
proposai de fondre ensemble tous ces

Indices particuliers, quand ils feroient achevez, & d'en compofer un Indice general, qui renfermeroit & circonfcriroit, pour ainfi dire, les limites de la langue latine. En forte que par ce moyen on pourroit trouver dans un moment, & avec certitude, la naiffance, l'âge, l'ufage, la fignification, la fortune, la durée, la décadence, & l'extinction de chaque mot. Jamais la langue & l'antiquité Romaine n'ont reçû un fecours fi folide, & un préfervatif fi affûré contre l'ignorance & la barbarie; mais la longueur de l'entreprife, la lenteur des ouvriers, & le mariage de Monfieur le Dauphin, qui fit ceffer fes études, nous arrêterent au milieu de notre courfe, & mit fin à ce travail.

XXXVIII.

De l'autorité de Jofephe.

Le rétabliffement des œuvres de Jofephe eft une des plus utiles, & des plus difficiles entreprifes, que fe puiffe propofer un homme favant dans les faintes Lettres. Jofeph Scaliger, qui comme l'on dit, en avoit formé le deffein, y eût été fort propre, s'il eût fçû modeter la licence de ses conjectures. Samüel Petit, Ministre de Nismes, est mort dans ce travail. Il avoit un grand fond de Litérature ancienne, Ebraïque, Grecque, & Romaine : mais son génie étoit borné, & ce n'étoit pas sans raison que M. de Saumaise le citoit en ces termes : *M. Petit, petit au pied de la lettre*, Φερωνύμως *Petitus*. M. le Moine, mon ami & mon compatriote, a fait de la correction, & de l'explication des livres de Josephe, la principale occupation de toute sa vie. Il me contoit & m'écrivoit souvent les vûës qu'il avoit pour l'illustration de cet Auteur. Mais soit que ses pensées fussent encore renfermées dans sa tête, lorsque la mort le surprit, comme je le soupçonne, soit que ses écrits aient été soustraits & détournez après sa mort, comme ses héritiers me l'ont asûré, il nous reste peu d'espérance de profiter de ses veilles. M. Bernard Anglois a aussi fini sa vie en parcourant cette carriere. C'étoit un homme d'un savoir profond & étendu, sage & judicieux. Je ne sçais en quel état il a laissé cet ouvrage, mais tout ce qui vient de cette part mérite d'être conservé.

Il me pria par une de ſes dernieres lettres de conſulter les Manuſcrits de la Bibliothéque du Roi, ſur quelques paſſages de cet Auteur. Je le fis, & je découvris en le faiſant, qu'il y a eu deux éditions de cet Auteur fort différentes l'une de l'autre. Dans les Naudæana qui ont été publiez depuis peu d'années, on fait dire à M. Naudé que *cet Auteur eſt tout falſifié*. S'il appelle falſifications les diverſitez que j'ai marquées, il s'eſt mal exprimé. A ce compte il y auroit peu d'Auteurs qui ne fuſſent falſifiez, puiſqu'il y en a peu où il ne ſe trouve de diverſes leçons. Souvent elles arrivent par la faute des Copiſtes, quelquefois par la licence des Critiques; & il eſt arrivé en pluſieurs occaſions que des Auteurs anciens & modernes ont donné deux & trois éditions d'un même ouvrage. Perſonne n'ignore que Juſtinien ayant publié la premiere édition de ſon Code, il en fit une ſeconde cinq ans après, revûë, corrigée, & augmentée de cinquante déciſions, & que ce Code s'appelle, *Codex repetitæ prælectionis*. Ce qui ſuit dans les Naudæana, n'a pas moins beſoin de réflexion : *Les Juifs d'aujourd'hui* d'aujourd'hui ont Josephe tout autre que le nôtre, dans lequel il y a bien de la supposition. Si ces paroles sont de M. Naudé, il a parlé sans doute d'une version Ebraïque du texte Grec de Josephe, qu'on assûre être dans la Bibliothéque du Vatican. Baronius qui par son titre de Bibliothéquaire du S. Siége, étoit conservateur de cette Bibliothéque, & devoit en connoître les livres, & que personne d'ailleurs n'a soupçonné de mauvaise foi, a cité cette version : Casaubon a voulu (1) rendre son témoignage suspect ; mais de Savans Protestans qui ont vû l'ouvrage dans le Vatican, ont justifié (2) le Cardinal. Or on ne s'imaginera pas que cette Histoire soit celle qu'il avoit écrite en Ebreu de la guerre des Juifs, & qu'il écrivit ensuite en Grec, comme l'assûre Eusebe, *Hist. sect. l. 3. c. 9.* sur la parole même de Josephe. On ne s'imaginera pas non plus, comme se l'est imaginé Génébrard, que l'Histoire Ebraïque que nous avons, ait été composée par Josephe fils de Gorion, & la Grecque par Josephe fils de Mathathie,

(1) Casaub Exercit. 16. num. 154.
(2) Demonstr. Evang. Prop. 3. num. 13.

E

qui vivoient l'un & l'autre en même tems, puisqu'il est évident que ce prétendu fils de Gorion étoit beaucoup plus récent que l'autre. L'Histoire Ebraïque de Josephe fils de Gorion ne peut pas passer pour une version de l'histoire Grecque de Josephe ; il ne faut que la lire pour en juger. On y trouve les Francs & les Goths ; on y trouve les noms de Tours, de Chinon, & d'Amboise, non pas tels qu'ils sont exprimez dans les livres de quelque antiquité, mais tels qu'on les exprime aujourd'hui. On le reconnoît François, & même Tourangeau. On y trouve des absurditez & des ignorances si grossières, qu'il est étonnant que Munster, homme d'ailleurs fort éclairé, s'y soit laissé tromper, & qu'il n'ait pas remarqué que cet Imposteur n'a pas même consulté l'original Grec de Josephe, apparemment faute de l'entendre, & s'est arrêté à la version de Rufin. Il a tiré plusieurs lambeaux des Auteurs Chrétiens, Latins, François, & Italiens. En se voulant faire passer pour Josephe, il s'est nommé Josephe fils de Gorion ; confondant ce Josephe avec Josephe fils de Mathathie, & n'en faisant qu'un même personnage, qui sont pourtant fort nettement distinguez dans Josephe même. La stupidité des nouveaux Juifs, est telle qu'ils aiment mieux s'aveugler eux-mêmes, & se laisser crever les yeux par les fautes énormes de cet Auteur, que de reconnoître sa fourberie. Lepusculus a mis en lumiere une autre Histoire Ebraïque, qui n'est qu'un abregé de cette premiere, quoiqu'on les trouve quelquefois dans des sentimens opposez ; & que leur stile même soit fort différent ; le stile de l'abrégé étant plus Rabbinique, & le stile de l'Histoire étant plus Biblique.

XXXIX.

La Fable d'Hercule englouti par un poisson, est l'Histoire de Sanson amoureux de Dalila.

Je ne sçais comment il m'est échappé dans ma Démonstration (1) évangélique, de marquer que la Fable d'Hercule rapportée par Lycophron, & par plusieurs anciens Auteurs, qui racontent qu'il fut englouti par un chien de Mer, & retenu trois jours dans ses en-

(1) Demonstr. Evang. Prop. 4. num. 4.

trailles, d'où il sortit ayant seulement perdu ses cheveux ; c'est l'histoire de Sanson, absorbé dans l'amour de Dalila, qui lui coupa ses cheveux pour lui ôter sa force.

XL.

Saint Paul exerçant le métier de faiseur de tentes.

Nous apprenons dans les Actes des Apôtres, 18. 3. que Saint Paul exerçoit le métier de faiseur de tentes, & en vivoit. Il dit lui-même (1) qu'il travailloit jour & nuit de ses mains, pour n'être à charge à personne. Diogene Laërce écrit que le Philosophe Menedeme pratiquoit le même métier, quoiqu'il fût sorti d'une noble & ancienne maison. On sçait qu'à Athénes les peres étoient obligez d'apprendre (2) quelque métier à leurs enfans, dont ils pussent vivre ; & que la loi qui obligeoit les enfans à nourrir leurs pauvres parens, exemtoit de ce devoir les enfans à qui leurs peres n'auroit fait apprendre aucun métier. Les Athéniens (3) avoient pris cette

(1) Cor. 14. 12. Thess. 1. 2. 9. Thess. 11. 3. 8.
(2) Meurs. Themis Attic. lib. 1. cap. 3.
(3) Synops. Crit. in Act. 18. 3. Drusius & Grot. in Act. 8. 3.

coûtume des Juifs ; & encore aujourd'hui quelques Villes bien policées dans le voisinage de la France, ne donnent à personne le droit de bourgeoisie, de quelque qualité qu'il soit, qu'il ne choisisse un métier, & ne se fasse enrôller dans la matricule. D'ailleurs c'étoit l'usage à Athènes que les personnes de condition qui avoient beaucoup d'esclaves, les employassent à de certaines manufactures, qui leur rapportoient un grand revenu. Le pere de Demosthéne avoit sous lui un atelier de Coûteliers, d'où le surnom de Coûtelier lui demeura. Juvenal, Sat. 10. v. 130. le répréfente comme un Forgeron battant l'enclume, & tout noir de charbon ; mais la satyre prend plaisir à dénigrer toutes choses. Sidonius Apollinaris (1) l'a pourtant suivi en cela. Le Poëte Sophocle qui fut égalé à Periclès, & à Thucydide, dans le commandement des armées des Athéniens, étoit fils d'un homme qui faisoit exercer le même négoce de coutellerie par ses esclaves. Et celui qui a écrit sa vie, se sert de la considération de ses grands emplois pour détrui-

(1) Carm. 2. Paneg. ad Anthemium, v. 187. & Carm. 23. Narbonæ, v. 142.

re la calomnie qui le suppoſoit fils d'un Forgeron.

XLI.

Affinité de la langue Allemande avec celle des Perſes.

Il y a long-tems que l'on a remarqué que la langue Allemande a beaucoup d'affinité avec la langue moderne des Perſes, ſoit pour les infléxions, ſoit pour les termes. Juſte Lipſe (1) en a ramaſſé quelques-uns. On recherche la cauſe de cette conformité : on peut la rapporter à leur commune origine, qui ſont les Scythes. Les Indiens qui venoient de la même ſource, & que les anciens ont appellez Indoſcythes, retenoient beaucoup du même langage ; & on trouve (2) dans la langue moderne de Perſes, les termes Indiens que Cteſias nous a conſervez. Mais je trouve d'un autre côté que les Medes ont envoyé des Colonies dans la Germanie. Herodote, l. 5. c. 9. dit que les Sigynes qui habitent au-delà du Danube, & approchent de la contrée des Hé-

(1) Epiſt. ad Belg. Cent. 3. Epiſt. 44.
(2) Salmaſ. in Hiſt. ſacr. ſulpic. Sever. L. 2.

êtes qui occupent les bords de la Mer Adriatique, c'est-à dire des Vénitiens, se disent descendus des Medes, & s'habillent à la façon des Medes. Faut-il s'étonner que ces peuples ayant retenu la mémoire de leur origine, & conservé l'habillement de leurs ancêtres, en aient aussi gardé le langage ?

XLII.

Chevaux Cravates.

Herodote au même endroit, dit que les chevaux de ces Sigynes sont velus, hériffez, camus, trop foibles pour servir à un cavalier ; mais d'une très-grande vîteffe, quand ils sont attachez à un chariot. Ce sont-là justement les chevaux que nous appellons Cravattes, & qui nous viennent de ces quartiers-là.

XLIII.

Guirlande de Julie.

Jamais l'amour n'a inventé de galanterie plus ingenieuse, plus polie, & plus nouvelle que la Guirlande de Julie, dont le Duc de Montaufier régala

Julie d'Angennes un premier jour de l'an, lorsqu'il la recherchoit en mariage. Il fit peindre séparément en mignature toutes les plus belles fleurs par un excellent Peintre, sur des morceaux de velin de même grandeur. Il fit ménager au bas de chaque figure assez d'espace pour y faire écrire un Madrigal sur le sujet de la fleur qui y étoit peinte, & à la loüange de Julie. Il pria les beaux esprits de ce tems-là, qui presque tous étoient de ses amis, de se charger de la composition de ses piéces, après s'en être reservé la meilleure partie. Il fit écrire au bas de chaque fleur son Madrigal, par un homme qui avoit beaucoup de réputation alors pour la beauté de son écriture. Il fit ensuite relier tout cela magnifiquement : il en fit faire deux exemplaires tout pareils, & fit enfermer chacun dans un sac de peau d'Espagne. Voilà le présent que Julie trouva à son réveil sur sa toilette le premier jour de l'année 1633, ou 1634 ; car ce fut peu de tems après la mort de Gustave Roi de Suede. Je remarque cette époque, parce qu'elle s'y trouve marquée dans la Couronne Impériale, qui est une des fleurs de

cette Guirlande. Comme je la connoiſ-
ſois fort de réputation, j'avois demandé ſouvent à la voir, & ſouvent elle
m'avoit été promiſe. Mais enfin Madame la Ducheſſe d'Uzets voulut bien
me donner ce plaiſir. Elle m'enferma
ſous la clef dans ſon cabinet une après-
dînée au ſortir de table avec la Guirlande; elle alla enſuite chez la Reine,
& ne vint me mettre en liberté qu'aux
approches de la nuit. Je n'ai guére paſ-
ſé en ma vie de plus agréable après-
dînée.

XLIV.

La Couronne Impériale de M. Chapelain.

La Couronne Impériale eſt ſans contredit la plus belle fleur, & le plus beau
Madrigal de la Guirlande de Julie. M.
Chapelain en fut l'auteur, & c'eſt ce qu'a
voulu dire Voiture, quand dans ſes lettres il a qualifié M. Chapelain, *Pere de
la Pucelle, ouvrier de la Couronne Impériale.* Pour l'entendre, il faut ſavoir
que Julie d'Angennes étoit dans la fleur
de ſa beauté & de ſa réputation, pendant
que Guſtave Roi de Suéde faiſoit la
guerre en Allemagne avec tant de ſuc-

cès. Julie faifoit paroître une grande admiration pour la valeur de ce Prince. Elle avoit fon portrait dans fa ruelle, & prenoit plaifir à dire qu'elle ne vouloit point d'autre galant que lui. M. de Montaufier étoit pourtant fon galant fort ardent, & fort déclaré. Il donna pour étrennes à fa maîtreffe, le premier jour d'une des années qui fuivit la mort de Guftave, cette ingenieufe Guirlande dont j'ai parlé. M. Chapelain, à qui la Couronne Impériale étoit échûë pour fon partage, fit fur cette fleur le Madrigal fuivant. C'eft la fleur elle-même qui parle fous le perfonnage du Roi de Suéde.

Je fuis ce Prince glorieux,
 De qui le bras victorieux
A terraffé l'orgueil d'un redoutable Empire.
Au plus froid des climats je me fentis brûler
Par un nouveau foleil, que l'Univers admire,
Et que celui des Cieux ne fauroit égaler.
Du rivage inconnu de l'âpre Corelie,
Où la mer fous la glace eft toute enfevelie,
Le flambeau de l'amour mes voiles conduifant,
Je vins pour rendre hommage à l'augufte Julie.
Mais croyant ma Couronne un indigne préfent,
Je voulus conquerir le riche Diadême,
Dont jadis les Céfars en leur gloire fuprême
 Eurent le front fi reluifant.
Au comble d'un fuccès qui les peuples étonne,
Vainqueur des ennemis, & vaincu du malheur,

Je rencontrai la mort dans le champ de Bellon-
ne.
L'amour vit mon désastre, & flattant ma
douleur,
 Me convertit en une illustre fleur
 Que de l'Empire il nomma la Couroxe.
Ainsi je fus le prix que cherchoit ma valeur,
Ainsi par mon trépas j'achevai ma conquête,
En cet état, Julie, accorde ma requête,
 Sois pitoyable à ma langueur,
 Et si je n'ai place en ton cœur,
 Que je l'aye au moins sur ta tête.

M. Chapelain m'avoit donné autrefois une copie de ce Madrigal, & je le savois par cœur. Un jour chez M. de Montausier, en assez bonne compagnie, on me pria de le réciter, je le fis, & après que tout le monde se fût épuisé de loüanges, j'ajoûtai que j'y avois remarqué une faute qu'il étoit mal-aisé d'excuser. Chacun voulut la découvrir, & pour en venir mieux à bout, on me pria de l'écrire. Il passa par les mains de tout le monde, & personne ne s'apperçût de la faute. Je leur repetai enfin ces quatre vers, & je les priai d'y faire réflexion :

Du rivage inconnu de l'âpre Corelie,
Où la mer sous la glace est toute ensevelie,
Le flambeau de l'amour mes voiles conduisant,
Je vins pour rendre hommage à l'auguste Julie.

Mais personne enfin ne donnant aubut, je leur demandai comment des vaiſſeaux pouvoient avancer ſur une mer toute enſevelie ſous la glace ?

XLV.

Faute de Virgile.

Ces minuties échappent quelquefois à l'attention des plus grands hommes. Virgile avec toute ſa ſageſſe & ſa circonſpection, eſt tombé dans une erreur plus groſſiére encore, lorſqu'il a comparé Orphée pleurant ſa chere Eurydice, avec le roſſignol qui regrette la perte de ſes petits.

Qualis populea mœrens Philomela ſub umbra
Amiſſos queritur fetus ; quos durus arator
Obſervans nido implumes detraxit: At illa
Flet noctem, ramoque ſedens miſerabile carmen
Integrat & meſtis late loca queſtibus implet.

Il la fait chanter d'abord à l'ombre d'un peuplier, *Populea mœrens Philomela ſub umbra.* Et incontinent après ce chant eſt un chant nocturne, *Flet noctem.* Comment peuvent ſe rencontrer enſemble, la nuit & l'ombre du peuplier.

XLVI.

Dictionaire d'Héfychius.

Le Dictionaire d'Héfychius est une collection de tous les mots difficiles, rares, finguliers, irréguliers, qu'un homme studieux a remarquez dans tous les anciens Auteurs Grecs ; qu'il a ramassez, expliquez, & arrangez par ordre alphabetique. On ne rencontrera guéres de mots de cette forte dans ces Auteurs, dont on ne trouve l'interprétation dans ce Recueil d'Héfychius. On peut juger par-là de l'utilité de l'ouvrage : mais on peut aussi juger de sa difficulté, combien il a été exposé aux erreurs des Copistes, & à la licence des Grammairiens, & qu'il n'est à l'usage que de ceux qui sont consommez dans les Lettres Grecques. Un homme autrefois n'étoit pas estimé bon Critique, qui n'avoit pas corrigé cinq ou six passages dans Héfychius. L'édition de Hollande l'a sans doute purgé de beaucoup de fautes, mais non pas de toutes, & je ne sçais si en quelques endroits elle n'y en a pas ajoûté de nouvelles.

XLVII.

De la progression décuple dans les nombres.

Il y a sujet de s'étonner que dans la progression des nombres & dans le calcul, on ait choisi le nombre de dix, & que l'on ait préféré la progression décuple à toutes les autres. La cause de cette préférence est le nombre de nos doigts, sur lesquels tous les hommes s'accoûtument de compter dès leur enfance. Ils comptent premierement les unitez sur leurs doigts. Quand les unitez excedent le nombre de leurs doigts, ils passent à une autre dixaine. Si le nombre des dixaines se multiplie, ils les comptent encore sur les doigts ; & si elles surpassent le nombre de leurs doigts, ils recommencent sur leurs doigts une autre sorte de compte ; savoir des dixaines de dixaines, c'est-à-dire des centaines ; & ensuite des millenaires. C'a donc été le nombre des doigts que la nature présentoit aux hommes, comme un instrument tout préparé pour leur aider dans leurs calculs, qui les a déterminez à ce nombre, qui d'ailleurs n'étoit pas si commode, ni d'un si grand ufage que le nombre de douze qui reçoit plus de divifions que le nombre de dix ; car dix ne fe divife que par deux & par cinq; & douze fe divife par deux, par trois, par quatre, & par fix.

Les chiffres Romains font la preuve de l'origine que je viens de marquer. Ils marquent les unitez par les I, qui répréfentent les doigts. Ils marquent le nombre de cinq par un V, qui répréfente le premier & le dernier doigt d'une main. Ils marquent le nombre de dix par un X, qui font deux V joints par la pointe, & ces deux V marquent les deux mains. Ils marquent cinq dixaines par une L, qui eft la moitié de la lettre E, qui eft la même que C, & qui marque cent. Ils marquent cinq cens par un D, qui eft la moitié de la lettre ∞, qui eft la même que M, & qui marque mille. On voit que la progreffion de leurs nombres va de cinq en cinq, c'eft-à-dire d'une main à une autre main. Ovide a touché cette origine dans fes Faftes, liv. 3. où il parle ainfi du nombre de dix.

Hic numerus magno tunc in honore fuit,

Seu quia tot digiti per quos numerare
solemus,
Seu quia bis quino femina mense parit.
Seu quòd ad usque decem numero cres-
cente venitur:
Principium spatiis sumitur inde novis.
Vitruve, l. 3. c. 1. a fait la même remarque : *Ex manibus*, dit-il, *denarius*
digitorum numerus. Plusieurs peuples barbares, les habitans de la Guinée, du
Madagascar, de la Gaspesie dans l'A-
mérique ne savent compter que jusqu'à
dix. Les Brasiliens & les Topinambots
ne comptent que jusqu'à cinq. Ils mul-
tiplient ce nombre pour en exprimer
un plus grand, & se servent dans leur
calcul des doigts des mains, & des
pieds. Ceux du Perou ont gardé la progression décuple, d'un à dix, de dix
à cent, de cent à mille. Plutarque (1)
avoit fait cette remarque sur la progression décuple, disant qu'elle étoit en
usage, non-seulement chez les Grecs,
mais encore chez tous les Barbares. On
voit par-là combien Priscien s'est abusé dans les origines de ces figures,
qu'il a rapportées dans son livre *Des*
poids & des mesures, & Jules César

(1) De plac. Philof. 1. 3.

Scaliger dans son premier livre *Des causes de la langue Latine*, livre ingenieux, fruit d'un grand savoir & d'une longue méditation, mais plein de fausses vûës, parties d'un esprit hardi, & d'une trop grande confiance. On a depuis rafiné sur cette commodité que la nature fournissoit aux hommes pour faire leurs calculs : car on s'est servi non-seulement du nombre des doigts pour compter, mais encore des diverses figures, & des différentes situations & combinaisons qu'on leur pouvoit donner, pour exprimer leurs pensées.

XLVIII.

Origine des chiffres vulgaires.

C'est une opinion reçûë, non-seulement parmi le commun des gens de Lettres, mais encore des Savans (1) du premier ordre, que les figures des nombres qui sont en usage aujourd'hui, sont venuës en Europe par l'Espagne, que l'Espagne les a reçuës des Mores, les Mores des Arabes, & les Arabes des Indiens. Je conviens que l'Espagne les

(1) Le Moyne, adversar. sacr. tom. 2. p. 785.

a reçuës des Mores, & les Mores des Arabes; mais je ne conviens pas que les Arabes les aient reçuës des Indiens; je soûtiens au contraire que les Indiens les ont reçuës des Arabes, & les Arabes des Grecs, comme ils en ont reçû toute leur érudition qu'ils ont perfectionnée en quelque chose, mais qu'ils ont alterée en la plus grande partie. Les figures des nombres qu'ils avoient reçuës des Grecs, se sont senties de cette altération, qui a été telle, que sans une application particuliere, à peine peut-on y reconnoitre les vestiges de leur origine. Mais lorsqu'on en fait la comparaison sans prévention, & avec attention, on y trouve manifestement les traces des figures Grecques. Les figures Grecques des nombres n'étoient autres que les lettres de leur alphabet. Une petite virgule, c'est-à-dire un petit trait, étoit la marque de l'unité. Le β étant accourci de ses deux extrémitez, a produit le 2. Si vous inclinez un peu le γ sur son côté gauche, & que vous en retranchiez le pied, & que vous arrondissiez un peu la corne gauche vers le côté gauche, vous ferez un 3. Le Δ a fait le 4, en dressant perpendiculairement la jambe gauche, & l'allongeant un peu au-deſſous de la baſe, & allongeant la baſe du côté gauche. L'ε a formé le 5, en tournant vers le côté droit le demi cercle d'en bas, qui étoit tourné vers le côté gauche. La note numerale 5 a formé le 6. ayant perdu ſon pied, & ayant arrondi ſon ventre. Du Z s'eſt fait le 7, en retranchant la baſe. Si l'on arrondit en dedans les quatre pointes de l'H, on formera un 8. Le θ eſt le 9, ſans y faire aucun changement. Le zero n'étoit qu'un point, qu'on ajoûtoit à un des chiffres pour en multiplier dix fois la valeur. Il a été néceſſaire de marquer fortement ce point, & pour le mieux former, on faiſoit un cercle qu'on rempliſſoit par le milieu, & qu'on a depuis négligé de remplir. Théophane, Hiſtorien de Conſtantinople, qui vivoit dans le neuvième ſiécle, dit en termes exprès que les Arabes ont retenu les nombres Grecs, n'ayant pas de caractéres dans leur langue pour marquer tous les nombres. Les Grecs gardoient dans leurs nombres la progreſſion décuple, comme les Arabes l'ont retenuë. Il ſe trouve dans l'alphabet Grec de certains caractéres, qui ne servent point à la lecture, mais seulement au calcul, & c'est par cette raison qu'ils les nomment Episemes, c'est-à-dire *Notes*, *signes*, pour les distinguer des Lettres. Le chifre 6 a pris sa figure d'un de ces Episemes, qui s'appelloient ἐπίσημον βαῦ. Cet Episeme a formé la lettre F chez les Eoliens, & chez les Latins. C'est ce qui s'appelle *Digamma*, ainsi nommé de sa figure, qui semble composée de deux г mis l'un sur l'autre.

XLIX.

Explication d'un passage de Virgile.

Ce vers de la huitiéme Eglogue de Virgile, *Sparge marite nuces, tibi deserit Hesperus Oetam*, est diversement interpreté par les Commentateurs. Servius prétend qu'il faut entendre le coucher de l'étoile Hesperus, parce que, dit-il, les étoiles semblent se coucher du mont Oeta, & se lever du mont Ida. La Cerda soûtient au contraire que Servius s'est trompé, & que ce vers marque le lever de cette étoile du côté du mont Oeta. Un peu d'attention décide le différend, & leve la difficulté. Il eſt certain qu'il s'agit ici de l'entrée de la nuit. Ces noix que le mari va répandre, en font une preuve certaine; car cette cérémonie ſe faiſoit en ce tems-là. Or l'étoile Heſperus ou Veſper, qui eſt la Planette de Venus, ne paroît le ſoir que vers l'Occident, après le coucher du ſoleil. Il faut donc que celui qui parle ait ſuppoſé avoir le mont Oeta à l'Occident, comme en effet toute l'Attique, la Bœoce, l'Iſle Eubée, & une partie de la Theſſalie, ont cette montagne au couchant. Le paſſage de Tite-Live que l'on oppoſe, ne dit rien qui ſoit contraire, l. 36. c. 15. Il dit que la montagne où ſont les Thermopyles, traverſe toute la Gréce de l'Occident à l'Orient, & que l'extrémité Orientale de cette montagne s'appelle Oeta. Quand donc Virgile dit que l'étoile Heſperus quitte l'Oeta, il ne veut pas dire qu'elle le quitte en montant & s'élevant au-deſſus, mais en deſcendant vers ſon couchant. C'eſt ainſi qu'il faut entendre ces paroles de Virgile dans le Culex : *Et piger aurato procedit Veſper ab Oeta* ; & celles-ci d'Horace, *Nec tibi Veſpera Surgente decedunt amores, Nec rapidum fugiente Solem. Veſper ſur-*

gens, c'est l'étoile de Venus qui commence à paroître après le coucher du soleil. *Vesper fugiens solem*, c'est l'étoile de Venus qui paroît au matin avant le lever du soleil, & qui semble le fuir parce qu'elle le précéde. Quand Claudien dit *Dilectus Veneri nascitur Hesperus*, il a entendu la même chose qu'Horace par son *Vespere surgente*. On allégue d'autres passages des anciens, qui disent que le soleil levant regarde le mont Oeta. Il le regarde en effet, parce qu'à son lever il jette ses rayons sur les sommets des montagnes qui sont à l'Occident. On peut dire que Scaliger s'égare de toute l'étenduë du Ciel, quand il a dit sur le Culex de Virgile que l'Orient de la Grece est au mont Oeta.

L.

Motif de l'aigreur du P. Petau contre Scaliger.

J'ai autrefois reproché au Pere Petau son acharnement contre Scaliger, homme d'un rare savoir, & de qui il n'avoit jamais reçû aucune offense. Il s'excusoit sur ce qu'il s'étoit revolté contre la Religion Catholique, dans laquelle il étoit né, & que les Hérétiques tiroient trop d'avantage de sa revolte, lui donnant des loüanges outrées, fort au-delà de son mérite. Il est vrai que les Peres de l'Eglise ne traitoient pas plus humainement les ennemis de la Religion Chrétienne. Saint Gregoire de Nazianze dans ses Steliteutiques, & Saint Cyrille dans ses livres contre Julien, ont répandu toute l'amertume de leur bile contre cet Empereur. Le Pere Petau pouvoit alleguer encore une autre raison de son déchaînement, qui le touchoit de près. C'est que Scaliger n'a perdu aucune occasion dans ses écrits de maltraiter ses confreres Serarius, Clavius, Delrio, & plusieurs autres, & de les défigurer de ses plus noires couleurs.

LI.

Beautez naturelles, préférables aux beautez de l'art.

Quoique les beautez naturelles soient préférables aux beautez de l'art, ce n'est pas pourtant le goût de ce siécle. Rien ne plaît s'il ne coûte. Une fontaine sortant à gros bouillons du pied d'un rocher, roulant sur un sable doré les plus claires & les plus fraîches eaux du monde, ne plaira pas tant aux gens de la Cour, qu'un jet d'une eau puante & bourbeuse, tirée à grand frais de quelque grenouilliere. Un parterre factice, composé de terres rapportées sur un plan de M. le Nostre, n'ayant pour toute décoration que quelques filets de bouïs, qui ne distinguent jamais les saisons par le changement de leurs couleurs ; environné de vastes allées sablées, fort unies & fort nuës ; un tel parterre fait les délices des gens polis. On laisse aux petits bourgeois & aux paysans ces gazons rustiques, ces pelouses champêtres. On veut des palissades dressées au cordeau, & à la pointe du ciseau. Les ombrages verds de ces hêtres toufus, & de ces grands chênes qui se trouverent à la nativité du tems, sont d'un mauvais goût, & digne de la grossiéreté de nos peres. Penser ainsi, n'est-ce pas préférer un visage fardé, aux couleurs naturelles d'un beau visage? Mais la dépravation de ce jugement se découvre dans nos tableaux, & dans nos tapisseries. Peignez d'un côté un jardin

din à la mode, & de l'autre un de ces beaux payſages, où la nature étale ſes richeſſes ſans déguiſement.; l'un vous préſentera un objet très-ennuyeux, l'autre vous charmera par ſon agrément. Vous ſerez las de l'un au premier coup d'œil, vous ne vous laſſerez jamais de regarder l'autre; tant la nature a de force pour ſe faire aimer, malgré les larcins & la ſupercherie de l'art.

LII.

Defectuoſité de la Somme de S. Thomas.

Il eſt viſible que la Somme de Saint Thomas eſt un abrégé de ſa Theologie, diſpoſée ſelon l'ordre de l'école, c'eſt-à-dire, ſelon l'ordre qui en peut faciliter l'étude & la connoiſſance aux jeunes gens. Cela étant ainſi, on ne ſauroit aſſez s'étonner de n'y trouver point le principal & premier principe de la méthode philoſophique, qui conſiſte dans la diviſion & la définition. Par la diviſion, on connoît qu'une choſe n'eſt pas, pour éviter la confuſion, & la pouvoir diſtinguer de toute autre choſe : & par la définition, on connoît préciſément ce qu'elle eſt; & c'eſt en ces deux ſortes de connoiſſances que gît tout le fondement de la Philoſophie. Comment donc Saint Thomas, avec toute l'étenduë & la pénétration de ſon eſprit, n'en a-t-il point connu la néceſſité ? Ou s'il l'a connuë, comment l'a-t-il négligée ? Car dans toute ſa Somme on ne trouve aucune diviſion, ni aucune définition ; & il jette d'abord l'eſprit de ſon Lecteur, ſans aucune préparation, au milieu des queſtions les plus épineuſes, & ſans rendre aucune raiſon du tiſſu de ſon ouvrage.

LIII.

Liliger.

M. Halley Profeſſeur Royal dans l'Univerſité de Caen, mon bon maître, & mon bon ami, qui avoit du talent pour la verſification Latine, étoit ſévére exacteur de la pure Latinité, & des régles de la Proſodie. Il exerçoit ſouvent ſur moi cette rigueur, & ne me pardonnoit rien. J'étois piqué au jeu, & je cherchois à me vanger. J'en trouvai enfin l'occaſion, & je voulus avoir l'Académie de Caen pour témoin de ma vangeance. Je l'engageai de répéter une

Epigramme latine, qu'il avoit autrefois proposée au Palinod, & qui avoit remporté le prix avec un grand applaudissement. Elle commence par ces paroles:

Pondera Liligeri dum pendent ardua regni,
Purpureis Armandi humeris.

Je lui demandai s'il ne m'avoit pas enseigné qu'il n'étoit pas permis de rien innover, ni de forger de nouveaux mots dans les langues mortes. Et comme il ne pouvoit pas en disconvenir, je lui demandai s'il avoit trouvé le mot de *Liliger* dans quelque auteur classique. Il répondit que ce mot étoit formé sur l'analogie de *Lauriger*, dont les bons Auteurs se sont servis. Je repartis que si cette raison avoit lieu, j'allois former une nouvelle langue Latine, entiérement inconnuë aux anciens: que j'aurois le même droit que lui de dire, *Rosiger, Violiger, Ulmiger*, & une infinité d'autres pareils, qu'il ne m'auroit pas pardonnez autrefois, mais qu'il me pardonneroit peut-être à l'avenir, pour faire passer son *Liliger*. Vous voilà donc pris, Monsieur notre maître, ajoûtai-je, en flagrant barbarisme. Mais il y a pis encore, car dans ce même mot vous avez fait une faute grossiére de quantité. *Liliger*, est dit pour *Liliiger*, étant composé de *Lilium* : comme *Tibicen* est dit pour *Tibiicen*, étant composé de *Tibia* ; ce qui rend longue la seconde syllabe ; au lieu que dans *Tubicen* elle est bréve, ce mot étant composé de *Tuba*. Que ces deux erreurs entassées dans un même mot, vous rendent un peu plus indulgent envers les nôtres.

LIV.

Mort étrange d'un Suédois.

Peu de jours avant notre voyage de Suéde, il arriva à Stokholm une étrange avanture. Un jeune homme qui ne manquoit ni de biens ni de fortune, & dont la conduite avoit toûjours paru assez réglée, prit en plein jour un enfant dans la ruë, joüant devant la boutique de son pere, & lui coupa la gorge. On l'arrête aussi-tôt, & on le mene devant les Juges. Interrogé sur les motifs d'une si méchante action, Messieurs, dit-il, j'avouë mon crime, & je reconnois que j'ai mérité la mort ; bien loin de chercher à me justifier, & à obtenir le pardon de ma faute, vous feriez une injustice si vous me la pardonniez. J'ai consideré la vie, & j'ai étudié la mort. L'une m'a paru une source de miséres & de crimes ; l'autre un état d'innocence & de paix. J'ai donc jugé la mort préférable à la vie, & j'ai cherché les moyens de sortir de ce monde. Après beaucoup de réfléxions, voyant que je ne pouvois aller au but où je tendois que par un crime, je me suis déterminé à celui que j'ai commis, comme le moins méchant & le plus excusable. J'ai tué un enfant dans l'âge d'innocence, & je lui ai assûré son salut. J'ai soulagé son pere, chargé d'une nombreuse famille, & de peu de moyens pour la faire subsister. Je sai néanmoins que je suis coupable, mais j'espére que la punition que j'attens de vous, & la maniére dont je la recevrai, obtiendra de Dieu le pardon de ma faute. Il alla à la mort en chantant, & il la reçût avec une fermeté & une joye qui étonna tout le monde.

LV.

Jugement de Cicéron sur le stile de Thucydide.

Quand Cicéron a porté son jugement sur le stile de Thucydide, & qu'il a dit qu'il étoit serré, concis, obscur par sa briéveté, plein de sentences plus que de paroles, il n'en a jugé ainsi que sur la lecture de ses harangues, car rien de tout cela ne se trouve dans ses récits. Il n'est point diffus, rien n'est superflu, mais rien aussi n'est défectueux, & ne manque de clarté. Cicéron a donc jugé de Thucydide en Orateur, tel qu'il étoit, & convenablement aux ouvrages où il a parlé de lui ; je veux dire ces excellens livres de l'Orateur.

LVI.

Virgile, pourquoi nommé Parthenias *par les Napolitains.*

J'aime trop Virgile pour vouloir médire de lui ; mais j'aime trop aussi la vérité pour consentir à la loüange qu'on lui donne d'une grande pureté de mœurs fondée sur ce qu'à Naples, où, après un long séjour, il a été enterré, on l'appelloit *Parthenias*; ce qu'on explique *Virginal*, ou *amateur de la virginité*. Ses Eglogues même, & ceux qui ont écrit sa vie, n'en parlent pas ainsi, & n'ont pas dissimulé son penchant à l'amour, qui dans la Morale de Rome payenne n'étoit pas un vice. Le nom de Parthenias signifie toute autre chose que ce qu'on s'imagine. C'est une traduction du nom de *Virginius*, que les Napolitains, nation Grecque, confondirent avec *Virgilius*: comme ces deux mêmes noms ont été confondus en d'autres personnes.

LVII.

Du Plessis Mornay a eu plus de réputation que de mérite.

Du Plessis Mornay, dont les Huguenots ont tant vanté le savoir & la capacité, étoit bien éloigné du mérite qu'ils lui ont attribué. Il leur étoit utile par l'estime que Henry IV. faisoit de lui, par son gouvernement de Saumur, & par le crédit qu'il avoit dans le parti. Pour mieux établir son autorité, & la rendre plus respectable, & persuader au public qu'il n'étoit pas Huguenot par interêt, ni par engagement, mais en connoissance de cause, ils voulurent aussi lui faire une grande réputation dans les Lettres, & l'ériger en savant du premier ordre. Pour parvenir à ce but, ils faisoient travailler de jeunes Proposans sous lui ; ils lisoient les livres, ils en faisoient des extraits, & lui fournissoient des materiaux. Il les mettoit en œuvre, & répandoit dans le public des ouvrages qui étoient suivis des applaudissemens & des acclamations de toute la cabale ; mais les bons connoisseurs ne s'y laissoient pas surprendre. On y trouve des passages entassez sans discernement ; des raisonnemens foibles, ou faux ; nulle exactitude dans le choix des matiéres ; & par tout des marques d'un homme superficiel, se commettant légérement, & donnant prise sur lui. C'est ce que le Cardinal du Perron sçût bien remarquer, & sçût bien relever, à la honte éternelle de ce Savant masqué. Scaliger même, quoique zelé pour le parti, ne put se taire de cette supercherie qu'on vouloit faire au public, & il lui échappa de dire que M. du Plessis ne savoit ni Grec, ni

Ebreu. Mais ce mot ayant été relevé & pris en mauvaise part, il le retracta, de peur de se faire des affaires ; mais on sçût bien à quoi s'en tenir. Le Roi Henry IV. quoiqu'affectionné pour du-Plessis son ancien serviteur, ne lui dissimula pas, avant cette Conférence scandaleuse & ruineuse à toute la secte, qu'il s'étoit engagé dans un mauvais pas, & qu'on disoit qu'il étoit impossible qu'à la vie qu'il avoit menée, il eût lû tous les Auteurs qu'il citoit. Il auroit évité cette flétrissure, s'il avoit cru le conseil de ses sages amis, mais il se laissa entraîner à sa vanité, & par-là l'on peut juger s'il méritoit la loüange d'une prudence consommée, que ses flateurs lui attribuoient. Elle lui manqua bien au besoin, quand il se commit avec un brutal accompli, tel que S. Fal, & s'attira des coups de bâton. Mais un grand usage du monde, avec un assez bon sens naturel, le rendoient assez clairvoyant dans les affaires où son interêt ne l'aveugloit point, & il étoit plus capable de donner un bon conseil que de le prendre, ou de le suivre. Chaque parti veut avoir son Héros, & ç'a été dans cette vûë que les Calvinistes ont élevé, tant qu'ils ont pû, leur Duplessis Mornay.

LVIII.

Presque tout l'ancien monde est gouverné par les peuples du Nord.

J'ai souvent fait réflexion que presque tout l'ancien monde est aujourd'hui gouverné par les peuples du Nord. A commencer par le couchant, les Normans & les Saxons se sont rendus maîtres de la Normandie & de l'Angleterre. Les Francs, les Gots, les Visigots, & les Vandales ont envahi les Gaules, l'Espagne, & l'Afrique. Les Ostrogots conquirent l'Italie ; d'autres, Gots, Gétes, Cimbres, Scythes, Bulgares, soûmirent l'Allemagne. D'autres, Scythes, Tartares, Turcs, occuperent la Grece, & ces belles Provinces de l'Asie mineure. Les Perses sont encore de race Scythique & Tartarique: Les descendans de Tamerlan, Prince Tartare, regnent aujourd'hui dans les Indes, & le grand Empire de la Chine a été conquis de nos jours par les Tartares. Les Circasses Mamelus regnoient en Egypte, quand ils furent vaincus par Selim Empereur des Turcs. Cela fait voir l'avantage (1) de la force & de la ferocité, par dessus l'esprit, la politesse & le savoir, qui sont des vertus de la vie civile ; mais pour les conquêtes & le gouvernement des Etats, en bonne politique la brutalité est nécessaire. Peut-on rien concevoir de plus grossier & de plus impoli, que l'Hercule de la Fable. C'étoit pourtant le modéle que l'on proposoit à ceux que l'on vouloit exciter à la vertû, & à l'héroïsme.

LIX.

La petite vérole & la rougeole ont été connuës des anciens.

La petite vérole n'est pas une maladie si nouvelle que le croient les Médecins, mais elle n'est pas aussi fort ancienne. Dans les portraits que les Grecs & les Romains ont faits de leurs contemporains & de leurs compatriotes, ils ne nous représentent personne marqué

(1) *Herodian. libr.* 3. *p.* 519. Viri Septentrionales robore & fortitudine superant Australes. Itaque orbis fere universus à viris Septentrionalibus domitus est. Et *lib.* 3. *p.* 532. Viri Australes acuto ferè sunt ingenio.

de la petite vérole, qui défigure tant de personnes aujourd'hui. Il ne nous paroît point que Pline l'ait connuë, quoiqu'il ait fait le dénombrement (1) de quelques maladies, qui étoient nouvelles de son tems à Rome. La goute y étoit alors encore assez rare ; & il prouve qu'elle étoit nouvelle & étrangére en Italie, de ce qu'elle n'avoit point de nom Latin. Le peuple de Circassie, dont on vante tant la beauté, ne porte aucunes marques (2) de petite vérole. Ces taches du visage qui étoient appellées *Vari* par les Romains, & d'où la petite vérole a pris son nom, étoient pourtant autre chose. C'étoient des taches que l'on apportoit en naissant. Cela paroît clairement par cette raillerie que fit Ciceron à Servilius Isauricus, qui étoit marqué de ces taches, lorsqu'il lui dit, *Miror quid sit quod pater tuus homo constantissimus te nobis Varium reliquit.* Il l'appelle *Varium, quòd variis esset deformis*, & il marque expressément que son pere l'avoit fait tel, & non pas la maladie, comme Turnebe se l'est figuré. Lorsque Celse Médecin, liv. 5. ch.

---

(1) Pline, liv. 6. chap. 1. & suiv.
(2) Nouveaux Mémoires des Missions du Levant, p. 120.

28. a traité des diverses sortes de pustules, c'étoit-là qu'il devoit parler de la petite vérole, & il n'en dit rien, ni dans le reste de son ouvrage ; car ces φύματα qu'il décrit dans le même livre ch. 18, sont autre chose, ainsi que les ἐξανθήματα & ἐξανθίσματα d'Hippocrate, comme il paroît par la description qu'il fait de ces maladies. Mais on ne peut guére expliquer que de la petite vérole & de la rougeole ces ἐκζέματα & ces ἐξυθήματα que décrit l'Astrologue Vettius Valens dans ses Anthologies, car il les attribuë particuliérement aux enfans, dont il dit qu'ils font mourir un grand nombre. Cet homme vivoit du tems de Constantin. Aëtius Médecin, qui a vécu quelque tems après Valens, dit à peu près la même chose de ces maladies. On ne peut raisonablement rapporter qu'à la petite vérole, cette maladie qui fit tant de ravage en France sous le Roi Childebert, vers l'an 520. selon le témoignage de Gregoire de Tours, l. 6. ch. 14. *Cum pusulis & vesicis, quæ multum populum affecerunt mor e.* L'Histoire des Sarrasins parle beaucoup plus clairement de cette maladie. On y voit un Calife mort de

ce mal, & quelques autres qui en portoient des marques au visage dans le septiéme & huitiéme siécle. Vers le milieu du dixiéme siécle (3) Baudoüin Prince de Flandres en mourut. Il est beaucoup plus dangereux & plus contagieux (4) sous la Zone Torride, & cela me fait soupçonner qu'encore qu'il ne fût pas connu au-deça de cette Zone avant les conquêtes des Sarrazins, néanmoins cette nation l'apportant de son pays, le rendit bien plus populaire. Les Espagnols (5) le porterent dans l'Amérique, & le frere de Motezuma Roi de Mexique en mourut. Il ne semble pas qu'on puisse expliquer autrement que de la rougeole, le mal *Boa*, que décrit Pline, liv. 24. c. 35. en ces termes : *Boa appellantur morbus pupularum, cum rubent corpora.* Mais néanmoins ces *pupulæ* marquent autre chose que la rougeur du corps, & je soupçonne qu'il faut entendre des dartres.

(3) Fauchet, Antiq. Franç. liv. 12. ch 15.
(4) Hist. de Ceylan, ch. 19. Chardin, Relat. du Malabar.
(5) Petr. Mart. dec. 4. cap. 10. & dec. 5. cap. 19.

LX.

S'il est vrai que l'on ait pû mettre l'Iliade d'Homère dans une coquile de noix?

Je prenois autrefois pour une fable ce que j'avois ouï dire de l'Iliade d'Homére, qu'il s'étoit trouvé un homme assez industrieux pour la copier toute entiére d'une écriture si menuë, qu'on avoit pû la renfermer dans une coque de noix. Mais ayant depuis examiné la chose plus attentivement, non-seulement je l'ai cruë possible à un homme plus adroit que moi, mais je me suis même vanté de la pouvoir exécuter. Ce fut un jour chez Monsieur le Dauphin, devant toute sa Cour, que j'avançai ce paradoxe. Il fallut en venir à la preuve. Je ne m'offris pas à copier toute l'Iliade ; mais je dis que sans me donner cette peine, prenant un morceau de velin, mince & ferme, qui auroit dix pouces de hauteur, & huit pouces de largeur ; & ce velin étant plié adroitement, en la forme qui occuperoit le moins d'espace ; il pourroit être enfermé dans une coque de noix d'une bonne grosseur : car elles ne sont pas toutes égales. Je dis du velin plûtôt que du papier, parce que je suis persuadé qu'il peut être plié & réduit en un plus petit espace que le papier. Cela étant supposé, je dis ensuite qu'un morceau de velin de cette grandeur pourroit tenir dans sa largeur une ligne qui contiendroit trente vers ; & qu'il pourroit tenir dans sa hauteur deux cens cinquante lignes, si tout cela étoit d'une main fine, sûre, habile & exercée, & conduite par des yeux exacts & clairvoians; qu'il faudroit se servir de plumes de corbeau, qu'on peut tailler bien plus délicatement que les plumes d'oyes, dont on se sert communément. Cela étant ainsi supposé, je fis ainsi mon calcul; qu'à ce compte une page de ce morceau de velin contiendroit sept mille cinq cens vers, & que le revers en contiendroit autant : & par conséquent que le tout feroit à peu près quinze mille vers, qui est à peu près le nombre des vers (1) de l'Iliade. Il fallut justifier ma proposition par le fait. Je n'avois pas en main de

---

(1) Il est de 15185.

velin préparé comme je le demandois, ni des plumes de corbeau. Ainsi je fus contraint de me servir de ce qui se présenta. Je taillai une plume commune le plus délicatement que je pus ; je pris un morceau de papier large d'un peu plus de cinq pouces, & j'écrivis près de vingt vers sur sa largeur : j'écrivis ensuite quatre ou cinq lignes les unes sous les autres, & fort approchées sur une hauteur de six pouces qu'avoit ce papier, & je fis voir qu'on y pouvoit entasser cent cinquante lignes dans cette hauteur : & partant qu'en gardant la proportion de ce papier avec un velin haut de dix pouces, & large de huit, on y pourroit renfermer le nombre des vers de l'Iliade. M. le Duc de Chevreuse, qui avoit été présent à cette discussion, voyant l'échantillon que je donnai de ma petite écriture, voulut essayer son industrie dans cette épreuve. Il réüssit véritablement dans la largeur, & mit autant de vers que j'en avois mis dans une ligne de pareille longueur que la mienne : mais quand il fut question de la hauteur, & de mettre les lignes les unes sous les autres, il y laissa trop d'intervalle, & ne les approcha pas assez. D'où il parut qu'encore qu'il mît le nombre requis de lignes dans chaque page, il n'auroit pas fourni le nombre de vers que l'on demandoit. Au fort de cette dispute, la Reine entra chez Monsieur le Dauphin avec sa suite, & y trouvant tout le monde en rumeur, Monsieur le Dauphin lui en expliqua le sujet, & lui produisit nos échantillons de petite écriture, qui lui parurent si extraordinaires, qu'elle les voulut garder.

LXI.

Explicit.

Explicit, terme si usité dans les anciens Manuscrits, & que l'on trouve à la fin des livres, est un abregé du mot *Explicitus*, supple *liber*. C'est-à-dire, livre achevé, examiné, & revû jusqu'à la fin. Ces livres étoient des rouleaux de parchemin que l'on développoit à mesure qu'on les lisoit, & quand le rouleau étoit tout développé, on trouvoit la fin de l'ouvrage qui y étoit écrit. Etant donc fini quand il étoit développé, on disoit qu'il étoit développé, quand on vouloit dire qu'il étoit fini. Cela paroît clairement par cette Epigramme de Martial, II. 108.

Explicitum nobis usque ad sua cornua librum,
Et quasi perlectum, Septitiane, refers,

Et par cette autre, *Apophor. lib.* 1.

Versibus explicitum est omne duobus opus.

LXII.

Bains des anciens.

Les anciens étoient plus propres que nous. Ces bains continuels & journaliers, ces étrilles dont plusieurs se sont conservées jusqu'à nous, dont ils se racloient le corps, les tenoient dans une grande netteté, & ne leur laissoit aucune ordure sur la peau. Nos chemises ne suppléent point à cela, quelque soin que nous prenions d'en changer souvent. Cela paroît, en ce que nonobstant ce fréquent changement de chemises & de linge, nous ne laissons pas d'amasser de la crasse, qui ne s'en va qu'à l'eau & au bain

LXIII.

Commerce de Tyr & d'Alexandrie.

Lorfqu'Alexandre ruina Tyr, & bâtit Alexandrie, il ne chercha pas feulement à punir les Tyriens, mais il fit encore en cela une entreprife d'une très-fage politique. Les Tyriens faifoient alors tout le trafic de l'Orient & de l'Occident. On apportoit les marchandifes de l'Orient à Tyr, qui fe débitoient enfuite dans l'Occident par la mer Méditerranée. Ces marchandifes étoient apportées d'Orient à Tyr par des chameaux, comme elles font encore aujourd'hui apportées à Alep, mais en bien moindre quantité. Cela ne fe pouvoit faire fans beaucoup de travail & de dépenfe. Alexandre en ruinant Tyr, ruina ce commerce; ou pour mieux dire, en bâtiffant Alexandrie il le tranfporta à Alexandrie, lieu fans comparaifon plus commode. Car les marchandifes des Indes étoient apportées en Egypte par la mer des Indes, & la mer Rouge, d'où on les portoit par les canaux dont l'Egypte eft coupée, à Alexandrie, & de-là dans l'Occident. Les Venitiens ont fait long-tems ce trafic, & s'y sont enrichis. Les Hiſtoriens de Veniſe (1) diſent que ce commerce ne fut établi que ſous André Dandolo, cinquante-quatriéme Doge, élû en l'année 1336. Nicolas Zani fut envoyé au Soudan d'Egypte pour cette négociation. Le Soudan n'avoit garde de rejetter une propoſition qui devoit lui rapporter un très-grand profit. Ils envoyerent auſſi demander le conſentement du Pape, pour ne tomber pas dans les Cenſures publiées contre ceux qui auroient commerce avec les Infideles. Il eſt certain néanmoins que long-tems auparavant ils trafiquoient dans les Echelles du Levant, & principalement dans les côtes de Syrie. Mais les Portugais ayant depuis trouvé une route pour aller prendre les marchandiſes des Indes dans leur pays natal, & pour puiſer à la ſource, en doublant le Cap de Bonne-Eſpérance, ils ruinerent le trafic d'Alexandrie, & Alexandrie même. Jamais les Venitiens n'avoient reçû une plaïe plus ſenſible, à laquelle leur prudence conſommée n'a

(1) Petr. Juſtinian. Hiſt. Venet. l. 4. p. 60.

pû trouver de remede ; mais les Hollandois les ont vangez du mal que les Portugais leur avoient fait.

LXIV.

Deux paſsages de Virgile corrompus.

Dans cette fureur de Critique qui a poſsedé ſi long-tems les gens de Lettres, je m'étonne qu'en faiſant main baſſe ſur tant de paſſages des anciens Auteurs, qu'ils ont cru corrompus, quoiqu'ils fuſſent ſains & entiers, & qu'ils ont véritablement corrompus en penſant les corriger, ils n'aient pas ſongé à en corriger quelques-uns qu'ils avoient ſouvent devant les yeux, & dans la bouche, & qui ſont véritablement corrompus. Virgile dans le premier livre de l'Eneïde, v. 321. parlant de l'Amazone Harpalice Thracienne, & voulant loüer ſon extrême viteſſe, dit, qu'elle alloit plus vîte que l'Hebre, *Volucremque fuga prævertitur Hebrum.* Eſt-ce une grande merveille, que de devancer à la courſe une riviere qui n'eſt point loüée d'ailleurs pour ſa rapidité ? Il n'y a guére de rivieres qu'un homme de pied, marchant de son pas ordinaire, ne puisse devancer. Comment n'a-t-on point vû que Virgile avoit sans doute écrit, *Volucremque fuga prævertitur Eurum*, pour dire ce que l'on dit par une hyperbole assez ordinaire, qu'elle alloit plus vîte que le vent ? Quand Virgile a parlé des chevaux de Mars, *Æn.* 12. il s'est exprimé de la même sorte : *Illi æquore aperto Ante Euros Zephyrumque volant.* Quand il a parlé des enfans d'Imbrasus, *Æn.* 12. il a dit que leur pere leur avoit appris entr'autres choses, *equo prævertere ventos.* Et quand il a voulu marquer, *Æn.* 12. la fuite legere de Turnus, il a dit que *fugit ocyor Euro.* Ces sortes d'hyperboles étoient familieres à Virgile. Lorsqu'il a voulu loüer la legereté de Camille, il a dit qu'elle auroit pû courir sur la pointe des épics sans les rompre, & sur les flots de la mer, sans se moüiller le pied.

Peu après ce passage de Virgile, on en trouve un autre, v. 347. dont la corruption n'est pas moins évidente que celle de ce premier, & sur lequel néanmoins les Critiques n'ont fait aucune attention: *Huic conjux Sichæus erat, ditissimus agri Phænicum.* Il paroît clairement par la suite que Pygmalion tua Sichée, pour avoir son or : *Auri cæcus amore clam ferro incautum superat.* Quand Sichée après sa mort apparut à Didon son épouse, & qu'il l'exhorta de s'enfuir, il lui enseigna en même tems le lieu où il avoit enfouï son argent, qu'il lui conseilla d'enlever, pour s'en servir dans sa retraite : *Veteres tellure recludit Thesauros, ignotum argenti pondus & auri.* Didon suivit son conseil, emporta ces trésors & ceux de Pygmalion : *Naves quæ forte paratæ corripiunt, onerantque auro, portantur avari Pygmalionis opes pelago.* En tout cela l'on voit que l'or de Sichée causa toutes ces revolutions, & qu'il ne s'agissoit nullement de terres que Sichée eût possedées. Il ne faut donc pas douter que Virgile n'ait écrit, *Huic conjux Sichæus erat, ditissimus auri Phænicum*, & non pas *ditissimus agri*, comme portent tous les livres imprimez ; & cette correction est d'autant plus recevable, qu'il ne s'agit que du changement d'une seule lettre.

LXV.

LXV.

Fausse pensée de Ciceron sur la vieillesse.

Ciceron dans son agréable livre de la vieillesse, où il fait parler le vieux Caton, le fait débuter par cette remarque, que ceux qui cherchent en eux-mêmes leur bonheur, ne trouvent rien de mauvais de ce qui nous arrive par la nécessité de la nature : *quo in gener. dit-il, est in primis senectus, quam ut adipiscantur omnes optant, eamdem accusant adepti : tanta est inconstantia, stultitia, atque perversitas.* Cette même pensée se trouve dans les Poëtes Grecs, d'où apparemment Ciceron l'a prise. Le Poëte Menecrate l'a exprimée dans une Epigramme fort élégante, qu'on lit dans l'Anthologie, 1. 16. où Brodeau ajoûte en marge une Sentence toute semblable d'Antiphanes, qui ne se trouve point dans le Recueil de Stobée. Un autre a comparé la vieillesse au mariage, que l'on souhaite, dit-il, lorsque l'on n'y est point encore parvenu, & dont on se plaint, lorsqu'on s'y trouve. Cette pensée toute spécieuse qu'elle est, est très-fausse. Il n'est pas vrai que tout le monde souhaite la vieillesse : mais il est vrai que tout le monde souhaite de parvenir à la vieillesse. Qui est l'homme de bon sens, qui dans la vigueur de son âge, souhaitât ressembler à un vieillard décrépit ? Ce n'est donc pas la vieillesse que l'on souhaite, c'est de pouvoir parvenir à la vieillesse, c'est-à-dire, de vivre assez long-tems pour y parvenir. Ce sont ces années, c'est cette longueur de vie à quoi l'on aspire, & qui nous conduit à ce terme ; mais ce n'est pas ce terme où l'on souhaite de se trouver. Quand on va à la promenade, on se propose bien de se retrouver chez soi ; mais ce n'est pas le but de la promenade, que de se retrouver chez soi ; car on n'auroit qu'à se tenir chez soi sans en sortir. Mais le but de la promenade, est de se divertir & de se mieux porter par cet agréable exercice ; & souvent même, quand on se retrouve chez soi, l'on se plaint de sa lassitude, si l'exercice n'a pas été assez moderé.

LXVI.

Epanchement de l'eau, signe de tristesse chez les Israëlites.

Les joyes publiques, selon notre usage, s'expriment par des feux de joye. La clarté du feu, son action vive, & sa mobilité, étant des symboles convenables de l'agitation & du mouvement, que l'impression de la joye a coûtume de causer dans le cœur. Dans l'ordre qui se donnoit aux Communautez du tems de nos majeurs, dans les occasions de réjoüissance, de faire un feu de joye, & que tous les Actes judiciaires s'expedioient en latin, cela s'appelloit *Ignis de gaudio*. Et dans notre basse Normandie le peuple ignorant appelle encore aujourd'hui un feu de joye, un *Gaudio*, ou *Caudio*. Je trouve au contraire dans un passage de la sainte Ecriture, une affliction publique exprimée par un épanchement d'eau. Nous lisons dans le premier Livre des Rois, ch. 7. que Samuël ayant assemblé le peuple d'Israël à Masphath, pour faire pénitence devant Dieu, *Hauserunt aquam, & effuderunt in conspectu Domini, &*

jejunaverunt in die illa, atque dixerunt ibi, peccavimus Domino, voulant exprimer les larmes de leur pénitence par cette eau qu'ils répandoient. Comme ce passage de l'Ecriture est unique, les Interprétes se sont beaucoup gênez, pour en trouver la signification. Il me semble qu'elle se présente assez d'elle-même, dans la comparaison que l'on peut faire par opposition, de cette eau de tristesse avec le feu de joye. S. Paul, 1. Cor. 10. 11. a dit que les myſtéres de la Religion des Iſraëlites, s'exprimoient chez eux par des figures ; *Hæc omnia in figuris contingebant illis*. Comme les Sacremens de la Religion Chrétienne, sont des signes des choses sacrées.

LXVII.

Pourquoi l'on veut d'ordinaire être estimé moins riche, & plus noble qu'on ne l'est ?

D'où vient qu'on n'a point de honte de paroître moins riche qu'on ne l'est, & qu'au contraire on veut paroître plus noble qu'on ne l'est en effet ? C'est que la pauvreté n'est pas un mal sans remede, & que la baſſeſſe de la naiſſance ne ſe peut réparer. Nous pouvons par notre travail, par notre induſtrie, par notre fortune, devenir riches d'un moment à l'autre : mais nulle puiſſance ne peut faire qu'un homme ſorti de parens obſcurs & roturiers, devienne un homme de naiſſance & de bonne maiſon. De ſorte qu'on tâche d'obtenir de ſon déguiſement, ce qu'on ne peut eſperer d'ailleurs.

LXVIII.

L'uſage eſt le maître des langues, mais non pas l'abus.

La maxime ſi univerſellement reçûë, & qui eſt la maxime fondamentale de l'Academie Françoiſe, que l'uſage eſt le maître des langues, me paroît fort raiſonnable. L'uſage eſt non-ſeulement le maître des langues, mais il en eſt encore le pere & l'unique auteur. Le François ne s'eſt formé que par un long uſage, qui a corrompu inſenſiblement le Latin, & autoriſé par le tems ſa corruption : & les changemens qui y arrivent de jour en jour, ne ſont introduits que par l'uſage. Cependant cette maxime doit avoir ses bornes, & il ne faut pas attribuer à l'usage tous les abus que la grossiéreté & l'ignorance introduisent de jour en jour dans les langues. Ces abus doivent être corrigez par la raison, tant qu'ils ne sont pas homologuez par un usage saint, constant, & uniforme du monde poli. Ciceron qui étoit un grand maître en matiére de langage, & un homme d'un jugement fort sain, parle ainsi de ces abus : *Expurgandus est sermo, & adhibenda tanquam obrussa ratio, quæ mutari non potest, nec utendum pravissima consuetudinis regula.* Et il appuye ce sentiment de l'autorité de César : *Cæsar, dit-il, rationem adhibens, consuetudinem vitiosam pura & incorrupta consuetudine emendat.*

LXIX.

De la latinisation des noms.

Sur la question de la latinisation des noms & des surnoms, on voit une si grande variété de sentimens & d'usage, qu'il y a lieu de s'étonner que les Critiques & les Grammairiens n'aient pas essayé d'en fixer les régles. Ils auroient pû en former de certaines fur l'exemple des nations les plus polies, & principalement des Romains, dans la langue defquels ces noms doivent paffer. Ces exemples fe pouvoient prendre fur les Ebreux, & les autres peuples d'Orient, dont les langues font des dialectes de l'Ebraïque; fur les Grecs qui ont rapporté dans leurs écrits tant de noms propres, tirez de la Perfe, des Indes, de l'Egypte, & de l'Afrique, des regions du Nord, de l'Italie, & de l'Occident; & fur les Romains, qui dans les Hiftoires de leurs guerres, qu'ils ont portées jufqu'aux extrémitez du monde connu de leur tems, ont habillé à la Romaine les noms des lieux & des perfonnes dont ils ont parlé. C'étoit fur ces modéles que les Savans de ces derniers fiécles devoient donner la forme Latine aux noms qu'ils exprimoient. Ils y auroient remarqué que l'ufage le plus univerfellement fuivi par tous ces peuples, a été, ou de rapporter les noms entiers fans aucun changement, ou de les accommoder au génie de leurs langues, leur en donnant feulement l'inflexion & la terminaifon, fans avoir aucun égard à leur fignification. Cela paroît par le livre que Saint Jerôme a fait de l'Interprétation des noms Ebraïques de la sainte Ecriture : qui nous apprend deux choses ; & de quelle maniére ces noms étrangers s'écrivoient & se prononçoient de son tems dans la langue Latine ; & quelle étoit leur signification littérale. Cette même maniére de les écrire & de les prononcer a été suivie dans la Vulgate, & dans les anciens Peres Latins. Les Grecs se sont donné un peu plus de liberté en les accommodant à leur langue, qui est beaucoup plus maniable que la Latine. Par exemple, ils ont nommé Ναβουχοδονόσορος celui qui est nommé dans le texte Ebreu *Nebucadnetsar*, selon la ponctuation qui y a été attachée par les Rabbins, & qui est peut-être différente de la prononciation ancienne, qui a été suivie par les Septante. Mais les Romains dans la latinisation des noms propres étrangers, suivoient constamment la méthode de n'y changer que l'infléxion & la terminaison, que demandoit le génie de leur langue. Quand ils ont cité *Platon*, dont le véritable nom Grec étoit Πλάτων, ils n'y ont point fait d'autre changement, que de lui donner la terminainaison latine *Plato*, sans avoir aucun égard au mot πλατύς, d'où il est formé, qui signifie *large*. Quand ils ont latinisé les noms de *Pyrrhus*, & d'*Epicure*, qui sont en Grec Πύῤῥος & Ἐπίκουρος ils se sont contentez de leur donner la forme Romaine, en les appellant *Pyrrhus* & *Epicurus*; sans faire aucune réflexion sur leurs significations de *Rufus*, & d'*Adjutor*. En latinisant les noms d'*Alexandre* & de *Periandre*, ils ont quitté la terminaison Grecque d'Ἀλέξανδρος & de Περίανδρος, pour prendre la Latine *Alexander*, & *Periander*. Ils ont suivi cette méthode sans variation jusqu'aux tems de la barbarie & de l'extinction des Lettres.

Les noms prirent alors diverses formes, sans être assujettis à aucune régle certaine, chacun suivant en cela son goût. Je rapporterai ici par ordre les genres de latinisation les plus usitez, & je commencerai par ceux qui se contentant de latiniser leurs noms propres, conserverent & représenterent leurs surnoms tels qu'ils les avoient reçûs de leurs peres, sans aucun changement. Comme *Alexander de Halès*, Précepteur de Saint Thomas, *Johannes Man-*

deville, Barthelmy Glanville, Guillelmus Ockan, Conradus de Lichetnau, Johannes Duns, Nicolaus de Clemangis, Nicolaus Triveth, Johannes Gerson.

D'autres, faute de surnom, ont pris en surnom le nom propre de leur pere. Cela étoit nécessaire dans les familles qui n'avoient point de surnom, pour distinguer les personnes & les reconnoître : *Jean fils Pierre, Thomas fils Guillaume.* Il se trouve encore en France quelques familles sans surnom, où les enfans prennent pour surnom le nom propre de leurs peres. Il y en a beaucoup de semblables dans le Nord. Il n'y a guére plus de 150 ans que la plûpart des Suédois n'avoient point de surnoms. De-là viennent ces noms de familles si fréquens en Angleterre, & dans les Pays-bas : *Janßon, fils de Jean ; Thomson, fils de Thomas ; Vvillamson, fils de Guillaume ; Janßen, fils de Jean ; Fraßen, fils de François.* Cet usage de prendre en surnom le nom de son pere, est fort ancien. Des Grecs il a passé aux Romains, & de-là dans l'Occident, & jusqu'à ces derniers siécles. Lorsqu'on a eu besoin de latiniser ces surnoms, on les a mis au genitif : *Johannes Chri-*

?ophori ; *Petrus Raymundi* ; *Francifcus Mayronis* ; *Francifcus Martini* ; *Johannes Maronis* ; *Gulielmus Guarronis*, Anglois, Cordelier, qui fut Precepteur de Scot ; *Gulielmus Duranti* ; *Gerardus Odonis*, General des Cordeliers. Les familles de *Nicolaï* & de *Fabri* portoient originairement les noms de *Nicolas*, & *Le Fevre*. Voyez les origines de Ménage. Ces sortes de surnoms n'ont pas toûjours été tirez des noms des peres, mais quelquefois d'autres parens, ou de quelques amis : comme *Petrus Damiani*, ainsi nommé, parce que Damien son frere lui avoit tenu lieu de pere dans son enfance. De même qu'Eusebe de Cesarée prit en surnom le nom de son ami Pamphile, & voulut être appellé *Eusebius Pamphili*.

Souvent les surnoms ont été tirez du nom de la patrie, en leur donnant la forme d'adjectifs patronymiques. De-là sont venus *Gulielmus Parifienfis*, *Vincentius Lirinenfis*, *Gulielmus Brito*, *Otho Frifingenfis*, *Lambertus Schafnaburgenfis*. Mais souvent sans en faire un adjectif, on s'est contenté de marquer le nom de la patrie avec une préposition : *Gilbertus de Hollandia*, *Dominicus de Flandria*, *Henricus de Haffia*; & ces trois célèbres Cordeliers, *Conrad*, *Pierre* & *Jean*, tous trois portant le surnom *de Saxonia*. On a plus souvent mis la préposition aux noms des lieux de moindre considération, d'où la dénomination a été tirée : *Gulielmus de Nangiaco*, Guillaume de Nangis ; *Jacobus de Vitriaco* ; *Thomas à Kempis*, surnom qu'on lui a donné préférablement à celui de *Malleolus*, qu'il avoit de naissance ; *Gualterus de Constantiis*, Gautier de Coutances ; *Jacobus de Voragine*, ainsi nommé d'un bourg de la Ligurie, qui portoit ce nom, auteur de la Legende Dorée ; *Johannes de Imola* ; *Robertus de Monte*.

A ces surnoms patronymiques il faut joindre ceux qui sont tirez d'une seigneurie, d'un fief, d'une possession, d'une demeure : *Petrus de Casa*, *Johannes de Ligneriis*, *Gaufredus de Trano*, *Lambertus de Legia*, *Raimundus de Agiles*, *Leoninus de Porta Sancti Petri*, *Johannes de Novoburgo*, *Johannes de Garlandia*, *Gulielmus de Rubruquis*, *Jacobus de Belvisio*, *Adrianus de Veteribusco*, *Johannes de Vineta*, *Petrus de Vineis*, *Paulus de Castro*, *Alanus de*

Rupe, *Johannes Balbi de Janua*, c'est-à-dire *Jean Balbi de Genes*; & non pas *Jean de la Porte*, comme il été nommé par M. de Caseneuve. *Johannes de Sacrobosco*, ce qui est une traduction du nom de sa patrie *Holivvod*, bourg de la Province d'*York*.

Les qualitez corporelles, les inclinations, les professions, les événemens extraordinaires de la vie, ont fait la matiére la plus ordinaire des surnoms, le *Grand*, le *Gras*, le *Blanc*, le *Roux*, le *Brun*, le *Veneur*, le *Vaillant*, le *Courtier*, le *Masson*, l'*Ecuyer*, le *Cavalier*, le *Charpentier*, le *Laboureur*, le *Doux*, le *Beau*, le *Joli*, le *Maistre*. Ces surnoms se traduisoient souvent en Latin, *Dionysius Exiguus*, *Johannes Climacus*, *Johannes Jejunator*, *Hermannus Contractus*, *Petrus Comestor*, *Vvalafridus Strabo*, *Symeon Sylita*, *Symeon Metaphrastes*, *Marius Mercator*, *Olaus Magnus*, *Hugo Candidus*, *Petrus Crinitus*, *Richardus Victorinus*, *Potho Prumiensis*, *Rodolfus Agricola*, *Dominicus Niger*, *Jacobus Faber*, *Joachimus Camerarius*, *Godofredus de Fontibus*, *Henricus Bonicollus*, *Raymundus de Pennaforti*, *Johannes de Deo*, *Hubertus de Bonocurso*. Il est pardonnable aux deux *Scaliger*, pere, & fils, d'avoir porté ce nom de figure Latine, au lieu de celui *Della Scala*, qui étoit le surnom des Princes de la maison de Veronne, d'où ils prétendoient être sortis. Ils avoient trouvé ce nom ainsi latinisé long-tems auparavant par les Historiens de Verone. Les noms de *Quodvult Deus*, à qui S. Augustin a adressé son livre des Héresies, & de *Deo-gratias*, à qui il a adressé son autre livre *De cathechizandis rudibus*, sont des Traductions grossiéres de noms Africains & barbares, qui nous sont inconnuës.

De toutes ces sortes de latinisations de noms, & de surnoms, la seule véritablement Romaine, est celle qui a été pratiquée par les anciens Romains, retenant le nom étranger tout entier, sans avoir aucun égard à sa signification, & sans y rien changer que la terminaison, & les lettres dont la rencontre & l'arrangement ne s'accommodoit pas avec le génie de leur langue. En quoi ils ont suivi l'usage des Grecs, qui rapportant, par exemple, les noms Carthaginois d'*Annibal*, & d'*Asdrubal*, y ont seulement changé la terminaison,

& les ont appellez Ἀνιβας & Ἀσδρούβας ; & en ont retranché les lettres aſpirées & gutturales, que leur langue ne connoît pas, & que l'on reconnoît dans leurs noms originaux, *Channi-bahal*, & *Chaſtru-bahal*. Les Romains ont retenu ce même uſage dans la latiniſation des ſurnoms, comme ils l'avoient conſtamment ſuivi, même dans les ſiécles les plus groſſiers, dans la latiniſation des noms propres, *Joannes*, *Petrus*, *Jacobus*, & autres ſemblables, qui n'ont varié que dans leur terminaiſon.

Ces exemples devoient ſervir de leçon à Sainte Marthe, lorſqu'en faiſant l'éloge de ces deux illuſtres Poitevines *Deſroches*, mere & fille ; il les a nommées *Rupeæ Piƈtavenſes*; & à M. de Thou, qui a traduit ſi licentieuſement les noms qu'il a exprimez dans ſon Hiſtoire, comme celui de la maiſon d'*Entragues*, par *Interamnas* ; & celui de la famille de *Ménage*, par *Oeconomus* ; que pour rendre cette Hiſtoire intelligible, on a été obligé de traduire la traduction de ces noms. De cette méthode que pluſieurs autres ont ſuivie, ſont venus ces ſurnoms *Petrus Comeſtor*, qui s'appelloit vrai-ſemblablement *le Mangeur*; *Hugo*

Candidus, le *Blanc* ; *Gulielmus Parvus*, *Littk*, c'est-à-dire en Anglois *le Petit*. La famille de *Versoris* étoit nommée originairement *le Tourneur*. Et Jean des Jardins, Medecin de François I. fut nommé en Latin *Hortensius*. Casaubon dans ses premiers ouvrages traduisit son nom en celui d'*Hortibonus*. Mais il ne tarda pas à reconnoître sa faute, & à se nommer comme il devoit *Casaubonus*. De même que ceux qui portoient le nom de *le Maître*, & l'avoient traduit *Magister*, furent corrigez par ceux qui le rendirent plus régulièrement par *Mestræus*.

C'est une autre sorte de traduction de noms, plus grossière encore que la précédente, que celle qui paroît dans les noms suivans, *Gaufredus de Belloloco*, *Petrus de Vineis*, *Richardus de Media-villa*, *Petrus de Bella-pertica*, *Johannes de Rupescissa*, *Bartholomæus de Saliceto*, *Iohannes de Turra-cremata*, *Iohannes de Aqua-veteri*, nom latinisé du Hollandois, & grécisé ensuite du Latin en *Palæonydorus*. C'est ainsi qu'Erasme a traduit son nom Hollandois de *Gerard*, en Latin par le nom de *Desiderius*, & en Grec par celui d'*E-*

rafmus. C'eſt ainſi que *Capnion , Melanchton , Oecolampade,* ont donné cette tournure Grecque à leurs noms Allemans. C'eſt ainſi que le Chancelier *de l'Hôpital* a été traveſti en *Xenius.* C'eſt ainſi que *Bonaventura Vulcanius ,* a voulu quelquefois paroître ſous les noms d'Ευκαιρος Ἡφαιςίων. Et cet exemple a été ſuivi de nos jours par *Perizonius,* Profeſſeur Hollandois. *Chandieu ,* Miniſtre de *Geneve ,* a été plus loin encore , tirant de l'Ebreu ſon nom de *Sadeel.*

Pluſieurs de ceux qui ont mieux entendu la latiniſation des ſurnoms , ont cru l'avoir bien obſervée , en leur donnant ſeulement la terminaiſon Romaine , & traduiſant en Latin le reſte du nom. Ils n'ont peché qu'à demi contre la régle que j'ai établie ; mais ils ont peché bien groſſiérement contre une autre, en formant des noms hybrides , compoſez de pieces rapportées, de termes moitié barbares, & moitié Latins. Je me ſuis ſouvent étonné, en recevant des lettres Latines de Jacques Paumier , Seigneur de Grentemeſnil , écrites de *Vandeuvre ,* qui eſt le nom d'une Paroiſſe proche de Falaiſe , où il demeuoit, & le nom d'un Bourg de la Proince de Champagne, dattées *Vanopera*, à *Vandeuvre*, comme si ce mot eut été composé du terme barbare *Vand*, & du François *Oeuvre, opera*. Ce mot est purement Anglois ; c'est une Seigneurie d'Angleterre, dont le nom se doit écrire ainsi, *Vvendovre*. On a joint à l'Histoire de Mathieu Paris une ancienne Chronique, dont l'Auteur se nomme *Vvendoure de Vvendovre* : & l'Histoire d'Angleterre fait mention d'un Evêque de Rochester, nommé *Richard de Vvendovre*. Quand Scaliger a voulu latiniser le surnom de M. *de la Rochepofay*, chez qui il avoit été élevé, il l'a nommé *Rupipofæus*, traduisant seulement en Latin la premiere partie de ce nom, & laissant l'autre dans son naturel. Ceux qui rendent par le mot Latin *Rupifucaldius*, celui de la *Rochefoucaud*, font la même faute. *Jean de Tourneroche*, Professeur Royal d'Eloquence dans l'Université de Caen, & deux fois Recteur de celle de Paris, qui a signalé son érudition par des ouvrages publics, s'est donné le nom de *Tornorupæus* par une semblable erreur. Celle de Bourbon est moins excusable, ayant

défiguré ce nom en celui de *Vertumfaxus.* Mais celle du Pere Garaſſe, qui ſur de faux avis l'avoit deshonoré par le ſobriquet injurieux de *Tournebroche,* comme ſi c'eut été le véritable ſurnom de ſa famille, n'auroit pas été pardonnable, s'il n'eût reconnu publiquement ſa faute, & ne ſe fût retracté. Ce même Tourneroche, ayant ſi mal réuſſi dans la latiniſation de ſon ſurnom, réuſſit encore plus mal, employant le nom de *Groullart,* comme un mot Latin, de même forme & de même ſon que celui de *Cæſar.* Car dans l'Epitre dédicatoire de ſes Commentaires ſur Perſe, adreſſée à ce Premier Préſident du Parlement de Roüen, il lui applique ces vers d'Horace par une ridicule parodie :
In publica commoda peccem,
Si longuo ſermone morer tua tempora,
Groulart.

Ceux qui par un amour outré & aveugle de l'antiquité, ont corrompu leurs noms propres, & de noms de Saints en ont fait des noms de Payens, ont démenti leur Batême, & deshonoré leur Religion. Comme quand ils ont changé le nom de *Johannes* en *Janus* ; *Janus Laſcaris, Janus Parrhaſius, Janus Cor-*

narius, *Janus Douza*. Un Profeſſeur de Leyde & de Franeker, préféra le nom de *Petreius* à celui de *Petrus*. *Paléarius*, homme ſavant & poli, quitta le nom d'*Antonius*, pour prendre celui d'*Aonius*. S'il n'avoit pas commis de plus grand crime, il n'auroit pas été pendu & brûlé, comme il le fut à Rome, l'an 1566. Sannazar, l'un des plus beaux eſprits d'Italie, dédaignant le nom de *Jacques*, qu'il avoit reçû dans ſon Batême, préféra les noms d'*Actius Syncerus*: ſuivant en cela la mode qui étoit reçûë de ſon tems parmi les gens de Lettres d'Italie, de ſe faire des noms à plaiſir. Cela avoit commencé à ſe pratiquer à Rome quelques années avant Sannazar, où ces changemens de noms ſe faiſoient au Quirinal avec ſolemnité. Ce fut ainſi que l'Hiſtorien *Callimachus Expericus*, ayant quitté le nom de *Philippe*, prit celui de *Callimachus*? Mais le Pape Paul II. peu favorable aux Lettres & aux Lettrez, ne croyant pas que cela ſe fît ſans myſtére, & ſans quelque complot dangereux, employa la priſon & les gênes pour en prévenir les ſuites. Je dois joindre à cette liſte *Gaucher de Sainte Mar-*

the, qui a traduit son nom propre de *Gaucher* en celui de *Scævola*. Il s'est trompé ; le nom propre de *Gaucher* ne signifie point, *qui se sert de la main gauche comme de la droite :* c'est un nom propre du siècle barbare qui a été souvent usité dans ses diminutifs, comme la plûpart des autres noms dans ces tems d'ignorance, *Gauquelin*, *Vauquelin*, & *Vauquelot :* & comme on les trouve exprimez dans les Historiens de Normandie, Guillaume de Jumieges, & Orderic Vital, *Galchelinus*, *Vascelinus*, & *Valquelinus*.

C'a été cette même passion pour l'antiquité, qui a produit dans ces derniers tems toutes ces terminaisons en *ius*, que la plûpart des gens de Lettres ont affecté de donner à leurs noms, à l'imitation des noms de la plûpart des familles Romaines : *Grotius*, *Baudius*, *Cellotius*, *Heinsius*, *Vossius*, *Bigotius*. Il est vrai que cette terminaison convient mieux à ces noms que tout autre. Mais il est vrai aussi qu'on l'a souvent donnée par coûtume, & sans aucun besoin. Puisque les noms de *Muretus*, *Juretus*, *Toletus*, *Doletus*, ont été bien reçûs du public, pourquoi *Chiffletius*,

Brietius, *Mocquetius*, n'ont-ils pas suivi la même régle ? Puisque le nom de *Mercier* a été heureusement rendu en Latin par *Mercerus*, pourquoi le Pere *Vigier*, qui a travaillé utilement à l'édition d'Eusebe, & le Pere *Garnier* qui a travaillé avec succès à celle de Marius Mercator, ont-ils préféré les noms de *Vigerius*, & de *Garnerius*, à ceux de *Vigerus*, & de *Garnerus* ? Pourquoi le Pere *Coſſart* a-t-il mieux aimé se nommer *Coſſartius* en Latin, que *Coſſartus* ; puisque M. de Thou a rendu les noms de *Brulart*, & de *Blanchart*, par *Brulartus*, & *Blancartus* ?

En établissant cette régle, je me condamne moi-même d'avoir pris dans mes ouvrages le nom de *Huetius*. Je dirai seulement pour mon excuse, qu'on me l'a donné avant que je l'aie pris ; & que comme j'étois en commerce de lettres avec des gens savans dès ma premiere jeunesse, & qu'ils me qualifioient ainsi, j'eus cette déférence pour leur exemple & pour leur autorité. Outre que faute de réflexion, il ne me paroissoit pas alors de raison qui dût m'obliger de contrevenir à un usage si universellement reçû.

Jacques Paumier Sieur de Grentemesnil, a préféré le nom de *Palmerius* à celui de *Palmerus*, & à celui de *Palmarius*, que son pere *Julien Paumier* avoit pris dans ses ouvrages. Il allégua plusieurs autoritez pour justifier cette latinisation que j'avois reprise ; mais je ne l'avois pas reprise comme contraire à l'analogie, mais comme contraire à l'exemple que son pére lui avoit donné, & qu'il me sembloit qu'il devoit respecter : de même que Messieurs Dupuy ayant été avertis par Joseph Scaliger que leur pére avoit mal latinisé son nom, en s'appellant *Puteanus*, comme s'il avoit tiré son nom de *puits*, *puteus* ; & non pas de *puy*, *podium* ; & qu'il auroit dû s'appeller régulierement *Podianus* ; ils eurent néanmoins ce respect pour leur pére, de retenir sans changement le nom qu'il leur avoit laissé.

LXX.

Tems de lire les lettres.

Je ne lis jamais mes lettres le soir avant que de me mettre au lit, ni sur le midi avant que de me mettre à table.

On trouve ordinairement dans les lettres bien plus de mauvaises nouvelles que de bonnes; & en les lisant, on se présente à soi-même des matières d'inquiétude, qui troublent le repos & le repas.

LXXI.

Des clairvoies.

Je ne puis goûter la mode des clairvoies, si universellement reçûë en France depuis quelques années. Quand Publicola se réduisit dans une maison ouverte de tous côtez, & exposée aux yeux du public, il ne le faisoit pas par goût, mais dans des vûës politiques de plaire au peuple, & de s'éloigner des maniéres tyranniques des Rois qu'on avoit chassez. Mais les clairvoies d'aujourd'hui sont approuvées, parce qu'on prétend qu'elles donnent aux lieux de l'agrément, du jour, de l'air, & des vûës au-dehors. Tout cela se trouvera au milieu d'une campagne, si l'on veut y établir sa demeure sous une tente. Si les clairvoies vous laissent le plaisir de voir ce qui se passe au dehors, elles vous laissent aussi l'importunité d'être vû, en quelque

que état que vous foyez, de tous ceux qui font audehors : elles vous tiennent dans la contrainte & dans le refpect que l'on doit au public, & elles vous tiennent malgré vous en habit décent, & en pofture régulière, & vous privent des commoditez de la retraite, & des douceurs de la folitude. Qui eft la Dame affez hardie pour ofer fe produire en cornette & en deshabillé dans fon jardin, qui ne fera féparé du grand chemin de Paris à Verfailles, que par une clairvoye! On croit être bien clos chez foi, & dans une parfaite fûreté, fous la défenfe d'une barriere de fer : & on ne fonge pas que les cent ouvertures de cette clôture vous privent de cette fûreté, & que vous avez cent portes ouvertes fur vous, qui laiffent une libre communication du dehors avec le dedans, & vous expofent au pillage.

LXXII.

Des jardins à la mode.

Je n'approuve pas plus les jardins à la mode que les clairvoyes. J'entens ces jardins découverts, qui confiftent en grandes & larges allées fablées en efpaliers, en parterres, parez seulement de quelques compartimens délicats, marquez par des filets de boüis, & bordez de quelques fleurs,& de quelques arbres nains, & où à peine peut-on distinguer l'été de l'hyver. M. le Nostre que l'on cite pour auteur de cette sorte de jardinage,&qu'on prétend qu'il rapporta d'Italie, l'appliqua véritablement aux jardins du Roi, mais il ne l'appliqua pas seule, car il joignit les allées couvertes, les bois taillis, les arbres de haute tige, les pallissades, & les ombrages verds. La plûpart des particuliers n'ayant ni assez de terrain, ni assez de bien pour donner à leurs jardins tous ces ornemens, & les entretenir, n'en ont pris que les parterres, qui demandent peu de tems & peu de frais, mais où la promenade est interdite le long du jour, & où les Dames soigneuses de leur teint, n'oseroient paroître qu'après le coucher du soleil. Le Pere Rapin ne l'entendoit pas ainsi, & il avoit laissé des leçons bien differentes dans son agréable Poëme des Jardinages ; & si Virgile avoit pû satisfaire le desir qu'il avoit de traiter cette matiere, il ne se seroit pas contenté de donner des préceptes pour dresser les jardins fruitiers & les potagers ; mais à l'imitation de ce bon vieillard Cilicien, qu'il avoit vû à Tarante, & dont il décrit si agréablement le soin & l'industrie, il auroit décrit dans ses vers quels plaisirs donnent les grands arbres, tout stériles qu'ils sont, par leur verdure, par leurs ombrages, & par leur décoration.

LXXIII.

Causes de la décadence des Lettres.

Une des principales causes de la décadence des Lettres, est à mon avis le trop grand soin que l'on a pris de les faire fleurir : de sorte que les nouveaux moyens dont on s'est avisé pour rendre les hommes savans, leur ont été un obstacle à le devenir. Dans la renaissance des Lettres, la difficulté de les apprendre en augmentoit le desir, & excitoit la diligence des studieux. On avoit alors peu de secours : l'Imprimerie n'avoit pas encore multiplié les livres à l'infini. Il falloit lire les ouvrages des anciens dans des Manuscrits, souvent mal-aisez à déchifrer ; ceux que l'impression donnoit au public, y paroissoient dans une forme simple & destituez de tous ces accompagnemens méthodiques, qui en rendent l'ufage; aifé de traductions, de préfaces, d'avertiffemens, de divifions, de notes, de commentaires, & de tables. Les Grammaires & les Dictionaires qui font les clefs de l'érudition, étoient alors fort rares. Ces premieres impreffions étoient groffiéres, & n'attiroient pas les Lecteurs par leur agrément. Les Livres imprimez & manufcrits étoient d'une extrême cherté. Ceux qui pouvoient furmonter tant d'obftacles, en profitoient pour eux-mêmes; & ce ne fut qu'après une longue étude, & de fréquentes réflexions, qu'on fongea à fecourir les ftudieux. On vit pourtant fortir de ces épaiffes ténébres, les Petrarques, les Pics de la Mirandole, les Politiens, les Erafmes, les Budées; fans parler de tous ces excellens hommes que la barbarie des Turcs fit fuir de la Gréce en Italie, & qui y rapporterent l'amour & le goût des Lettres; & de tant d'autres dont Paul Jove nous a laiffé les éloges. On ne fauroit trop loüer ceux qui voulant faire part à leurs contemporains, & à leurs defcendans, des biens qui leur avoient coûté tant de veilles, ont cherché à abreger & à applanir les chemins des sciences. Mais le succès de leur travail a été trop heureux, & une bonne cause a produit un très-mauvais effet, la facilité des études en a produit le relâchement, & on s'est arrêté à la fausse érudition qui est au pied de la montagne, pour s'épargner la peine de monter au sommet, où l'on trouve la véritable érudition. Tant d'abregez, tant de nouvelles méthodes, tant d'indices, tant de Dictionaires ont rallenti cette vive ardeur, qui faisoit les savans; & l'on a crû savoir sans étude, ce que l'on croyoit être assûré de pouvoir apprendre par un médiocre travail. Toutes les sciences se réduisent aujourd'hui principalement en Dictionaires, & on ne cherche plus d'autres clefs pour les pénétrer. Qui est présentement la Dame *virtuose* ? Qui est le jeune Magistrat ? Qui est même le Regent novice, qui ne croit pas pouvoir aller de pair avec les savans du premier ordre, après s'être muni d'un bon Moréri, dont les compilateurs ne seroient pas reçûs dans le second ?

LXXIV.

Les bons Juges de la poësie sont plus rares que les bons Poëtes.

Dans mon petit Traité *De l'origine des Romans*, j'ai avancé un paradoxe, contre quoi personne n'a pourtant reclamé. J'ai dit que les bons Juges de la poësie sont plus rares que les bons Poëtes, & j'en avois fait demeurer d'accord M. de Segrais, à qui cet ouvrage étoit adressé. Le mot de poësie est fort général, & il s'étend depuis l'Epigramme, le Madrigal, & la Chansonnette, jusqu'au Poëme Epique : & depuis les vers Burlesques jusqu'aux Odes du genre le plus sublime. Pour juger de tous ces genres de poësie, il faut en connoître la nature & les régles : & combien peu de gens y a-t-il qui les connoissent ? Mais quand ils les connoîtroient, cela ne suffiroit pas pour être bons Juges de la poësie. Il faut en avoir le goût & le génie, que l'étude ne donne point, & qui est un pur don de la nature. Et comme Horace a dit, que celui-là seul mérite le nom de Poëte, *cui mens divinior*, il faut dire le même du bon

Juge de poësie. Non-seulement l'élévation naturelle du génie y est nécessaire, mais il faut encore avoir une finesse & une délicatesse d'oreille, qui peut se perfectionner, quand on la tient de la nature, mais qui ne s'acquiert point quand on en est privé. Comme on voit des gens doüez d'ailleurs d'un excellent esprit, mais qui n'ont aucun sentiment pour la musique; tel que Lipse se reconnoît avoir été; tel qu'on dit qu'a été Malherbe; & tels que nous avons connu Ménage & Segrais; il en est d'autres aussi qui sont insensibles à l'harmonie des vers. Au lieu que ceux à qui la nature a accordé ce talent, se sentent ébranlez, & presque transportez au récit des vers nombreux, & sonores, s'il m'est permis de me servir de ce terme. De même que deux cordes qui sont à l'unisson, quand on touche l'une, & que l'on en tire un son, on s'apperçoit que l'on tire le même son de l'autre corde que l'on ne touche pas. J'abandonne aux femmes & au vulgaire le jugement des Madrigaux, des Chansonnettes, & des Epigrammes; quoique l'Epigramme ait aussi ses régles, mais de peu d'étenduë. Et comme aujourd'hui parmi nous la galanterie a rendu les femmes arbitres du mérite des choses qui dépendent, non-seulement des sens, mais aussi de l'esprit, elles abusent du droit qu'on leur laisse usurper ; & du plus bas genre de la poësie, qui est de leur ressort, elles s'élévent au plus sublime, qui demande avec les talens naturels le secours de l'étude & de la méditation, dont elles sont entiérement dépourvûës ; & elles entraînent à leur suite ceux qui après leur avoir abandonné leur cœur, les font maîtresses de leur esprit. C'est de-là pourtant que dépend la fortune poëtique : & malheur à ceux qui, faute d'avoir fait ces réflexions, ont travaillé à acquerir l'approbation publique par des poëmes Epiques. Ils en devoient faire encore une autre, non moins essentielle & capitale, sur le génie présomptueux de notre nation ; & outre sa présomption, vif, impatient, ennemi du travail, incapable d'une attention & d'une application suivie & constante, telle que la demandent les grands poëmes. A peine peut-on s'élever à la sublimité de l'Ode, & soutenir sa longueur. C'est ici le pays & la saison des Triolets & des Madrigaux ;

& l'on ne se guinde pas jusqu'au Sonnet, sans effort : & qui pourra les terminer par quelques conclusions fines & picquantes, que l'on appelle pointes, celui-là emportera sans contredit *ces belles feuilles toûjours vertes, qui gardent les noms de vieillir.* Ceux qui n'ont point le sentiment de la belle poësie, en ont renfermé toutes les régles dans celles de la versification. Une cadence rude, une césure mal jointe, une rime peu heureuse, un terme hazardé, ruinent un ouvrage, estimable d'ailleurs, plein de beaux tours, d'élévation, & d'harmonie. C'est sur ces régles que les prix se distribuent dans ces Tribunaux de Normandie, que l'on appelle Palinods. A ce compte les poësies de Fracastor, & celles même de Malherbe, y auroient eu du dessous, puisque l'on trouve dans le premier des fautes de quantité, & dans le second tous ces défauts que Chevreau y a remarquez. Pour derniere preuve de mon paradoxe. Que les bons Juges de poësie sont plus rares que les bons Poëtes, je me servirai du témoignage de Malherbe & de Corneille pour les convaincre dans leur propre cause. Le premier donnoit la préférence à Stace sur tous les Poëtes Latins ; & j'ai ouï l'autre de mes oreilles avec étonnement la donner à Lucain sur Virgile. J'ajoûterois encore Brebeuf, que j'ai vû dans le même sentiment, s'il ne me paroissoit plus digne du nom d'excellent versificateur, que de grand Poëte.

LXXV.

Lequel est préférable de l'emploi d'un Prédicateur, ou de celui d'un homme savant ?

Dans une conversation que j'eus un jour avec quelques Jesuites, on tomba sur la comparaison du mérite des Savans & de celui des Prédicateurs, savoir lequel de ces deux emplois est préférable & le plus estimable. Le Pere Brossamin, célébre par son érudition, & par son talent dans la Prédication, qui étoit présent, prit le parti des Prédicateurs, & moi celui des gens de Lettres. Le Pere Bourdaloüe survint au fort de la dispute. Son autorité & le succès extraordinaire de ses Prédications, firent pancher la balance vers le parti contraire au mien. On n'oublia rien de tout ce qui se pouvoit alleguer de part &

d'autre. On représenta la sainteté du ministere apostolique des Prédicateurs, la conversion des ames, l'instruction des peuples ; à quoi l'on ajoûta le fruit présent & certain de ce laborieux emploi, dont on est payé ; pour ainsi dire, en argent comptant, par les applaudissemens du public, & par l'empire que l'éloquence donne sur les ames ; récompense bien plus flâteuse, &, si on la regarde avec des yeux mondains, bien plus noble & bien plus éclatante que la vaine & sombre occupation d'un Savant, enseveli dans la pouslière & dans l'obscurité d'un cabinet, uniquement occupé de lui-même, & inutile au monde. J'opposai à ces considérations les raisons suivantes ; que ces gens obscurs sont les maîtres des Prédicateurs, & leur apprennent ce qu'ils doivent dire, & leur fournissent la matiére de leurs discours ; qu'ils ne bornent point leurs travaux au peuple d'une Ville, ni au succès d'une Dominicale ou d'un Carême, ni aux loüanges passageres de peu de jours ; qu'ils portent leurs vûës jusques dans les siécles à venir, qu'ils parlent à toutes les nations, & que dédaignant la multitude, ils n'adreffent leurs écrits qu'aux gens habiles & intelligens. J'appuyai mes raisons par des exemples : Vous avez eu parmi vous, leur dis-je, dans ces derniers tems deux hommes illuftres, l'un par la Prédication, l'autre par son grand savoir : je veux dire le Pere Caftillon, & le Pere Petau : je vous fais juge lequel des deux a le plus servi l'Eglise, & le plus fait d'honneur à votre Compagnie. A peine se souvient-on aujourd'hui du Pere Caftillon ; sa réputation ne lui a guére survêcu, & tout le bien qu'il faisoit a fini avec lui. Toutes les écoles de Théologie de la Chrétienté retentissent du nom du Pere Petau, écoutent & profitent de ses leçons, & il continuera d'éclairer l'Eglise jusqu'à la consommation des siécles.

LXXVI.

Les Prédicateurs deviennent souvent déclamateurs, même dans le langage ordinaire, & dans l'usage de la vie.

Ce ftile façonné & figuré de la Chaire que les Prédicateurs sont obligez d'employer dans leurs discours, pour persuader & toucher leurs auditeurs, leur devient presque naturel, par le fréquent usage, & la longue habitude, s'ils ne sont sur leur garde pour l'éviter. Ils oublient le langage ordinaire : les expressions simples sont pour eux basses & rampantes, & ils donnent à tous leurs discours des tours étudiez & un air de déclamation. Un des plus fameux Prédicateurs de ces derniers tems, & qui s'est élevé par la Prédication, & avec qui j'ai été lié d'une étroite familiarité pendant plusieurs années, étoit Prédicateur par tout sans s'en appercevoir. Il répandoit sa Rhétorique jusques dans ses plus simples billets ; & les ordres qu'il donnoit à ses gens, & les discours qu'il tenoit dans son domestique, étoient des enthymêmes, des chries, & des apostrophes. Le pere de l'éloquence Romaine n'est pas tombé dans ce défaut : car encore qu'il reconnoisse lui-même qu'il avoit passé sa vie dans l'étude & la pratique de l'éloquence, il est pourtant demeuré si bien maître de son stile, qu'il a sçû l'accommoder aux diverses matiéres qu'il a traitées ; & quand il écrit familiérement à son ami Atticus, ou à Tiro son affranchi, on reconnoît toûjours sa même élegance, & ses mêmes graces, mais rien de cette hauteur, & de cette véhémence qu'il déploie contre Verrès, & contre Antoine.

LXXVII.

Point d'ouvrage plus difficile pour un homme de Lettres, que l'interprétation de la sainte Ecriture.

De tous les ouvrages de Litérature qu'un homme savant peut entreprendre, il n'y en a point qui demande tant de talens, & une si grande étenduë de savoir, que l'interprétation de la sainte Ecriture. La connoissance parfaite de la langue Ebraïque & de la Chaldaïque y est absolument nécessaire. Il faut un grand usage de l'histoire ancienne, sacrée & profane, & principalement de l'histoire des peuples de l'Orient. Il en faut savoir exactement la Géographie, & la nécessité en paroît par tant de dissertations que l'on a faites sur la situation du Paradis terrestre, & sur la dispersion des nations après la confusion des langues. Il faut être consommé dans la lecture des Peres, des auteurs Ecclésiastiques, des

Chronologues, & même des Rabbins. Il ne faut manquer d'aucun des Interprétes qui ont couru la même carriere dans laquelle on veut entrer. Il ne faut pas être novice dans les matiéres de la Phyſique, & l'on ſent ce beſoin quand on lit tant de diverſes recherches des choſes de la nature traitées dans la ſainte Ecriture, les unes ſur les plantes, les autres ſur les pierreries, & quelques-unes ſur les animaux. Comment ſe démêlera-t-on de tant de diverſes leçons dans l'ancien & dans le nouveau Teſtament, ſans être long-tems exercé dans la Critique ? & comment peut-on poſſeder la Critique, ſans être ſouverainement intelligent dans la Grammaire ? Le fondement de toute l'entrepriſe doit être une étude longue, exacte, & profonde de la Religion, & de la ſaine Théologie, & non-ſeulement de la dogmatique, tant ſcholaſtique que poſitive, mais encore de la myſtique, & de la ſpiritualité. Il faut ſuppoſer avant toutes choſes les talens naturels de l'eſprit, néceſſaires à la conduite d'un tel ouvrage ; beaucoup de pénétration pour creuſer la profondeur des ſens myſtérieux & cachez ; beaucoup de discernement pour savoir faire un bon choix, dans la diversité des sens & des opinions, & bien prendre son parti ; beaucoup de modération & de sagesse, pour être en garde contre les apparences & les vraisemblances, & éviter la précipitation ; & une fermeté modeste, mais sûre, contre le poids de l'autorité. Si l'on examine sur ces régles le caractére des Interprétes des livres sacrez, qui sont aujourd'hui le plus en vogue, on en trouvera peu, & peut-être aucun, qui n'ait manqué de quelqu'une des parties essentielles à ce haut & saint emploi.

LXXVIII.

De l'origine de la rime.

Il n'est pas aisé de savoir d'où nous est venu l'usage des vers rimez, dont nous ne voyons point de traces certaines dans les Poëtes, & les anciens Poëtes Latins. Il est bien certain que nous prenons plaisir naturellement à cette convenance des sons, soit dans le chant, soit dans les paroles, & qu'elle nous flatte l'oreille ; & quand elle se présente d'elle-même dans nos discours, nous la recevons volontiers, & elle nous plaît, qu'il n'y paroît point d'affectation. Les Ebreux n'ont pas été infenfibles à ce plaifir, & l'ufage en eft eftimé fort ancien parmi eux. Lorfque les femmes d'Ifraël voulurent célébrer la victoire que David venoit de remporter fur Goliath, elles récitoient des chanfons compofées fur la mefure des vers trochaïques rimez. Un favant homme de ce tems (1) a entrepris de prouver que les Pfeaumes de David font compofez de vers rimez. On remarque dans les Proverbes de Salomon, ch. 9. v. 2. 3. & ch. 16. & 17. quelques cadances rimées, qui n'ont pas été l'effet du hazard. Et nous trouvons (2) dans Ifaie, dans Jeremie, & dans Ezechiel, en quelques endroits, de certaines confonances, & des jeux de mots que ces Prophétes paroiffent avoir employez comme des ornemens de leurs difcours : comme dans l'imitation que Jeremie 48. 43. a faite de ce paffage d'Ifaie, 24. 17. où il s'eft joué fur la rencontre de ces trois mots, פח & , פחד , פחת. Les Grecs ont fenti l'agrément de cette confonance,

(1) Biblioth. univerf. tom. 9. p. 219.
(2) Ifa. 5. 7. & 24. 17. & 25. 6. Jerem. 48. 43. Ezech. 9. 4.

mais les Orateurs l'ont bien plus recherché que les Poëtes. Gorgias Sicilien y excita les Athéniens par son exemple, & l'affecta ouvertement dans ses harangues. Isocrate son imitateur, qui ne composoit les siennes, que pour y pratiquer en son particulier les régles de l'éloquence, & non pas pour l'usage public, s'étudia soigneusement à les embellir de ces gentillesses, comme il l'avouë lui-même. Mais ceux qui avoient le goût de la véritable éloquence, Denys d'Halicarnasse, entre autres, & Plutarque, ont condamné cette affectation, comme une puérilité. Cicéron l'a condamnée avant eux, l'attribuant particulierement aux Sophistes. L'exemple d'Isocrate fut un écueil à ses sectateurs, qui croyoient avoir atteint à sa perfection, quand ils avoient orné leurs harangues de rimes & de cadences mesurées. Le Poëte Lucile ne leur pardonne pas ces niaiseries ; & Aulugelle qui a rapporté ses paroles, s'en est mocqué encore plus âprement que lui, & avec raison ; car ils recherchoient avec une étude badine, ce qui étoit parti d'Isocrate sans affectation. Quoique ces jeux semblassent pardonnables à un Poëte de théatre, qui doit chercher à plaire au peuple, Plutarque néanmoins ne les pardonne pas à Aristophane. D'où il paroît que cette inclination se trouvoit déja dans Athénes, avant qu'Isocrate se fût porté à l'imitation de Gorgias : & il ne faut pas s'en étonner, puisque la source en est dans la nature même de l'homme, qui se plaît à l'harmonie, à la cadence, au nombre, & à la mesure. Je ne m'arrête point à ces vers rimez que l'on a remarquez dans Homére, & dans Hesiode, qui s'y sont trouvez sans dessein, & sans préméditation. Pour les Romains on a été si bien persuadé qu'ils n'aimoient pas les vers rimez, que l'on a cru (3) que Virgile dans ce vers de la huitiéme Eglogue,

Cum canibus timidi venient ad pocula damæ,

a donné le genre masculin au mot *dama*, pour éviter la consonance qu'il auroit euë avec *timida* : quoique cette preuve soit mal fondée, puisque Virgile dans un autre endroit, *Georg. l. 3. v.* 539. a donné le même genre, & la même épithete à *damæ*, où il auroit pû le joindre impunément au feminin.

(3) Vide Casaub. in Pers. sat. 1.

Quintilien, l. 8. c. 3. p. 592. traite de puerilité cette consonance recherchée ; & l'auteur du Traité des causes de la corruption de l'éloquence, ch. 26. méprise fort ces fredons. Et cependant Seneque, parmi les autres défauts de son stile frelaté, s'est encore abandonné à celui des consonances & des jeux de mots, & des annominations. Ainsi il ne faut pas s'étonner si Neron son disciple prit ce même goût, & composa ces vers rimez, dont Perse s'est moqué dans ses satyres ; & il faut encore moins s'étonner si Rome, à l'exemple du Prince, se porta alors si volontiers à la poësie rimée. Elle n'y étoit pourtant pas inconnuë auparavant, mais elle n'étoit pratiquée que dans les campagnes, & par des gens grossiers, lorsqu'ils chantoient ces anciens vers que l'on nommoit Saturniens, dont le principal agrément, si l'on en croit (4) Servius, consistoit dans la rime. Le peuple même de la Ville, dans les occasions de joye, & lorsqu'il agissoit avec liberté, se portoit volontiers à la rime ; comme dans les acclamations, par lesquelles le peuple expliquoit son approbation, & le plai-

(4) Servius, in Georg. II, 386.

fir que lui donnoient les spectacles ; & celles que les soldats faisoient dans leurs victoires, & à l'honneur de leurs Generaux, étoient rimées & mesurées. Mais cette humeur rimeuse se déploya bien plus licentieusement dans le déclin de l'Empire, & les Auteurs (5) Chrétiens, qui écrivirent dans le quatriéme & le cinquiéme siécle de l'Eglise, s'y abandonnerent sans retenuë.

Ce ne fut pas pourtant à l'imitation des Romains, que les Africains devinrent si grands rimeurs. Ils suivirent en cela leur génie, comme tant d'autres peuples, naturellement amateurs de l'harmonie, de la consonance, & de la cadence. Mais les Africains s'y livrerent plus que les autres, & c'est en cela principalement que se reconnoit le stile Africain. Aucun d'entre eux ne s'y est plus signalé que S. Augustin. On voit à la tête des ouvrages qu'il a écrits contre les Donatistes une espéce de cantique, qui porte le titre de Pseaume. Il roule sur la mesure des vers Trochaïques, mais sans aucun égard à la quantité des syllabes : il a seulement recherché, quoi-

(5) Pasquier, liv. 7. ch. 1 cite Sidonius Apollin. Symmaque, & Cassiodore.

que peu exactement, la consonance & la rime. Il a mis à la tête un vers intercalaire, qui se trouve presque toûjours répété au bout de douze vers; & il lui a donné à peu près la forme de nos chants royaux & de nos ballades : enforte que ce genre de poëſie ne différe de la poëſie Françoiſe que dans le ſeul langage.

Les Carthaginois auroient pû apprendre des Africains l'uſage de la rime. Dans ces vers Puniques que Plaute a inſerez dans ſon Penule, Selden (6) a cru avoir trouvé une rime entre le premier & le ſecond vers, ſans avoir pouſſé plus loin ſa recherche, ſuppoſant le reſte ſemblable. Mais ceux qui ont anatomiſé ces vers plus curieuſement, n'y ont rien apperçû de tel.

Les Arabes ne furent pas moins touchez des agrémens de la rime que les Africains ; & on reconnoît que Mahomet en compoſant ſon Alcoran, a été plus attentif à terminer ſes periodes par des conſonances, qu'à la liaiſon des matiéres qu'il a traitées. Nous voyons des poëmes de cette nation, ou compoſez de vers rimez entre eux, ou ſur une ſeu-

(6) Selden, de Dîs Syr. Proleg. cap. 2.

la rime. Leur langue, qui est fort sententieuse, & réduit volontiers sa morale en proverbes, a coûtume, pour leur donner plus de cours, de les renfermer sous les loix de la rime. Quand les Arabes, animez de cet esprit, passerent en Afrique, & la trouverent possedée de la même passion, ce ne fut pas merveille, si, passant en Europe, ils la lui communiquerent : car, comme je l'ai dit dans un (7) autre livre, il ne paroît pas que les ouvrages rimez eussent cours dans l'Europe avant le passage de Taric en Espagne l'an de J. C. 712 ; & depuis ce tems-là l'Europe commença à fourmiller de rimeurs, & principalement la Provence, dont les Poëtes qu'on nommoit Troubadours, instruisirent les Toscans dans cet agréable exercice. On voit par les Proses de Saint Thomas, quel progrès il fit dans l'Italie. L'Eglise ne dédaigna pas de recevoir ces ornemens dans ses chants, & dans ses prieres. Les Italiens reconnoissent que la rime leur vint des Provençaux. Mais elle leur vint encore de France par la Sicile, losqu'elle fut conquise par les François Normans.

(7) Dans l'origine des Romans, p. 19.

Pour l'Espagne, elle avoit déja eu d'autres maîtres en cet art, les Africains & les Arabes. Telle fut la source des vers Leoniens, ainsi nommez de Leon, Poëte, Chanoine de Saint Victor de Paris, qui vécut sous Loüis le Jeune, & Philippe Auguste, vers l'an 1154. Jules Scaliger (8) ignorant l'origine de ce nom, en propose une très-impertinente, pour avoir le plaisir de la refuter. Il suppose premierement que l'on ne donne le nom de Leonins qu'aux vers dont la cesure rime avec la terminaison, & non aux vers dont les terminaisons sont semblables ; en quoi il est convaincu d'erreur par les vers même du Poëte Leon, qui sont rapportez par Pasquier, liv. 7. ch. 2. & bien plus par l'Ecole de Salerne, où l'on trouve dès l'abord des vers de l'une & de l'autre espece : & par les diverses combinaisons de rimes, que l'on remarque, & dans les Proses de Saint Thomas, & dans les poëmes rimez, Latins, & François, qu'il a plû aux Poëtes d'inventer. Scaliger suppose de plus qu'on les a nom-

(8) Poet. lib. 2. cap. 29. Voyez Pasquier, liv. 7. ch 2. Du Cange, *Gloss. lat.* Ménage, Etymol. au mot *Leonins.*

mez Leonins, comme si par ce nom l'on avoit voulu faire entendre que la même proportion se trouve entre la premiere partie du vers & la derniere, qu'entre le ventre du lion & sa queuë: ce qui est absurde de toute absurdité.

Je ne voudrois pas assûrer que les Allemans ont appris de nos François l'art de rimer. Il faut nous souvenir de notre origine, qui est Germanique ; & nous pouvons aussi-bien avoir apporté cet art d'Allemagne, que l'y avoir communiqué. Il faut aussi nous souvenir que la nature porte les peuples les plus sauvages à l'amour de la consonance, de la cadence, & de la mesure : & nous apprenons d'ailleurs par des témoins contemporains des enfans de Charlemagne, que les Allemans affectoient (9) la sonorité de la rime dans tous leurs discours, & dans tous leurs ouvrages, soit en prose, soit en vers, prenant plaisir à s'expliquer harmonieusement. Ce même amour de la rime peut bien avoir été inspiré par la nature dans le fond du Nord ; mais néanmoins ce genre de poësie réglé, dont le principal artifi-

(9) Fauchet, de la Poës. Franc. l. 1. ch. 3. & 7.

ce consiste dans la rime, y est assez récent. C'est en vain que pour prouver l'antiquité des vers rimez dans le Nord, on allegue ces anciennes inscriptions Runiques, que l'on voit encore aujourd'hui sur les rochers de Dannemarc. Vvormius qui les a étudiées & expliquées si savamment, n'y reconnoît point de rimes, puisqu'il assure (10) lui-même que la rime n'est pas ancienne chez les Danois. Ainsi je ne puis assez m'étonner, qu'un homme aussi éclairé que le Chevalier Temple, ait pu (11) se figurer que le mot de *Rime* ait été corrompu du mot de *Rune*. La nouveauté de la rime paroit encore chez les Islandois, peuple sorti des Norwegiens, voisins des Danois. Car encore que cette peuplade soit assez récente, la rime y est pourtant encore plus récente.

Tandis que la rime Leonine s'emparoit de la poësie Latine, elle se répandoit, comme j'ai dit, dans toutes les langues vulgaires de l'Europe, comme elle s'étoit déja répanduë dans toute l'Asie, & dans toute l'Afrique, où tous

(10) Vvormius, Literar. Runic. p. 165. & 176.
(11) Temple, œuvres mêlées, 2. part.

les peuples, comme à l'envi, s'étoient montrez sensibles à cette gentillesse, & avoient fait voir par leur consentement unanime, qu'ils avoient apporté cette inclination de leur naissance, & que ce goût leur venoit bien moins de l'imitation, ou de l'institution, que de la nature.

LXXIX.

Des obstacles de l'érudition.

On s'étonne qu'il y ait si peu de Savans, & moi je m'étonne qu'il y en ait tant. Quand je considére tout ce qui doit concourir pour faire un homme savant, il me paroît que c'est bien plus l'ouvrage du hazard, que de la préméditation & du dessein. Je ne prétens pas autoriser l'ignorance, ni favoriser la décadence où les lettres sont tombées : mais au contraire les avantages de la véritable érudition sont si grands, qu'en remontrant la difficulté de parvenir au sommet de cette âpre montagne, où Cebès l'a placée, je prétens plûtôt exciter & encourager ceux que le travail pourroit effrayer, que de les rebuter, & que de relâcher leur activité, & leur industrie, en grossissant les obstacles qu'il faut surmonter. Pour faire un homme savant, les talens de la nature sont premierement nécessaires ; la solidité du bon sens, la vivacité de l'esprit, & la fidelité de la mémoire ; une santé ferme dans un corps vigoureux ; une humeur constante, égale, & uniforme ; une persévérance à l'épreuve des années ; un désir insatiable d'apprendre, & un attachement invincible à l'étude. Tous ces avantages de la nature seront inutiles, s'ils sont destituez des biens de la fortune. Un homme né dans la servitude, dans la pauvreté, *cujus conatibus obstat Res angusta domi*, qui manque du nécessaire, est forcé de penser à l'acquerir préférablement à toute autre pensée. Il faut songer à vivre, avant que de songer à vivre agréablement & honorablement : il faut songer à la vie commode, avant que de songer à l'étude. D'ailleurs nous naissons sujets à la volonté de nos parens ; ils disposent sans nous consulter, de nous, de nos emplois, de nos professions, & de nos divers genres de vie, selon leurs interêts, & selon leurs vûës, sans connoître & sans examiner nos talens. Dans

la disposition que les peres font de leurs
enfans, on n'en voit aucun qui choisisse pour eux la profession des Lettres.
Ils les font étudier par coûtume, &
pour les rendre propres aux emplois de
la vie civile, mais non pour en faire
des gens savans. Ce choix ne peut venir que des enfans mêmes, & ils ne sont
portez à le faire, que par une violente
inclination de la nature, qui les rend
insensibles aux avantages de la fortune,
aux biens, aux honneurs, & aux plaisirs, sans se laisser entraîner par la force de la coûtume, & par l'autorité des
exemples qui les portent ailleurs. Il faut
qu'ils se frayent eux-mêmes une route
presque nouvelle, & qu'ils renoncent à
tous les appas du monde. C'est ce qu'Horace a exprimé si véritablement & si
noblement dans cette belle Ode, dont
Jules Scaliger préféroit la gloire de la
composition à la Couronne d'Arragon.
Quiconque, dit Horace, sera regardé
en naissant par les Muses, d'un œil favorable, il méprisera les Couronnes des Jeux
Olympiques des Grecs, & des triomphes
des Romains, & leur préférera les délices
d'une retraite studieuse, & d'une savante solitude. Il faut de plus un grand

I iij

courage pour résister aux accidens de la vie, capables d'interrompre les douceurs de son étude, aux nécessitez publiques, aux guerres, aux maux de l'état, aux maladies, aux procès, aux pertes, aux persécutions des envieux, aux incommoditez des mauvais voisins, à quoi leur humeur pacifique, & leur vie retirée les expose plus que les autres. Quand un homme de cette trempe se sera consacré aux Lettres, qu'il ne cherche sa récompense que dans les Lettres mêmes, & dans sa propre vertu ; qu'il chante pour lui & pour les Muses, & que du haut de cette sainte montagne, où la vraie érudition a placé sa demeure, il regarde le reste du monde avec compassion, & avec un grand mépris des erreurs & des vaines occupations du vulgaire.

LXXX.

Hirondelles de Suède passent l'hiver sous la glace.

Les hirondelles de Suède, aux approches de l'hiver, se plongent dans les lacs, & y demeurent endormies & ensevelies sous la glace, jusqu'au retour du printems. Alors étant réveillées par la chaleur nouvelle, elles sortent de l'eau, & reprennent leur vol ordinaire. Pendant que les lacs sont gelez, si l'on casse la glace en certaines places qui paroissent plus noires que les autres, on trouve des amas d'hirondelles, froides, endormies, & demi-mortes. Que si on les retire, & qu'on les échauffe entre les mains, ou devant le feu, elles commencent à donner de nouveaux signes de vie ; elles s'étendent, elles se remuent, & ne tardent pas à s'envoler. Le peuple grossier se persuade que l'eau des lacs de Suéde, a la vertu de convertir en hirondelles les feüilles qui tombent des arbres en automne. En d'autres lieux elles se retirent dans des cavernes, & sous des rochers. Entre la ville de Caen & la mer, le long de la riviere d'Orne, nous avons beaucoup de ces cavernes, où l'on a quelquefois trouvé pendant l'hyver, des pelotons d'hirondelles suspenduës à la voute, en forme de grappes. Il y a long-tems que l'on a remarqué la même chose en Italie : car Pedo Albinovanus, dans l'élegante Elegie, qu'il a écrite sur la mort de Mécénas, propose comme une marque de l'hiver, la retraite des hirondelles dans les rochers :

*Conglaciantur aquæ, scopulis se condit hirundo,
Verberat egelidos garrula vere lacus.*

LXXXI.

Origine du nom des Alpes.

Le nom des Alpes ne vient point de leur blancheur, comme plusieurs des anciens & des modernes l'ont assûré : il vient de leur hauteur. Isidore, Servius, & Philargyrius, disent (1) que le mot *Alpes* en langue Gauloise, signifie *de hautes montagnes*: mais dans les restes de la langue Gauloise, qui sont venus jusqu'à nous, on en trouve aucunes traces de ce nom & on en trouve cependant de répanduës dans la plûpart des langues anciennes. Car on en trouve chez les Indiens dans le nom d'*Elephas*, montagne située près du fleuve Hydaspe : nom qui a bien pû aussi être donné à l'Elephant, le plus gros & le

(1) Isidor. libr. 14. cap. 8. Serv. & Philarg. in Virgil. Georg l. 3. v. 474. & Æneid. libr. 10. v. 13.

plus grand de tous les animaux terreſtres. On en trouve chez les Gaulois dans le nom du géant *Albion*, qui fut tué par Hercule ; & chez les Ethiopiens dans leurs montagnes, qui portent le même nom d'*Alpes*; & chez les Grecs, dans le nom d'*Alphius*, montagne d'Etolie; & vers la Sicile, dans le nom du géant *Alpus* tué par Bacchus. Le nom d'*Olympe* vient de la même origine, & a été donné à pluſieurs hautes montagnes, tant de la Gréce, que de l'Aſie, de Chypre, & de la Panchaie, proche de l'Arabie ; & le nom d'*Albe*, commun à pluſieurs Villes de l'Europe, toutes ſituées ſur des montagnes ; car comme Strabon (2) l'a remarqué, on nommoit indifféremment les Alpes *Alpia*, & *Albia*. On ne peut pas douter que le nom d'*Albion*, qui a été donné à la partie la plus ſeptentrionale de la grande Bretagne, ne vienne de la même ſource.

(2) Strab. lib. 4. p. 202.

LXXXII.

Comparaison de Virgile avec Théocrite, Héfiode, & Homére.

Virgile s'eſt déclaré imitateur de Théocrite dans ſes Eglogues :
*Prima Syracoſio dignata eſt ludere verſu,
Noſtra nec erubuit ſylvas habitare Thalia.*
Il a imité ouvertement Héſiode dans ſes Georgiques :
Aſcræumque cano Romana per oppida carmen.
Et il a imité Homére dans ſon Enéide : l'Odyſſée dans les ſix premiers Livres, & l'Iliade dans les ſix derniers. Dans l'uſage que j'ai fait de ces quatre Poëtes, les comparant les uns aux autres, Théocrite m'a paru ſupérieur à Virgile dans le genre Bucolique. J'ai été vivement touché de ſes graces, & il m'a ſemblé avoir fidellement repréſenté cette aimable ſimplicité des bergers, ſoutenuë d'un naturel heureux, & occupée des plus agréables objets que préſente la nature, & ſachant en faire un délicieux & judicieux uſage. Virgile a bien ſçû pro-

fier de l'excellence de ce modéle, particuliérement dans sa huitiéme Eglogue,
que je préfére de bien loin à toutes les
autres. Les agrémens de Théocrite
avoient si fort flatté mon humeur cham-
pêtre, que pendant plusieurs années de
ma jeunesse je ne laissois pas passer un
mois de Mai, qui étoit mon mois fa-
vori, & pour lequel j'aurois donné les
onze autres mois de l'année, sans l'é-
gayer d'une nouvelle lecture de Théocrite. Mais ce que Virgile a perdu avec
Théocrite, il l'a regagné avec Hésiode, dont l'antiquité, & la curiosité des
matiéres qu'il a traitées, ont fait selon
mon sens le principal mérite : au lieu
que Virgile a répandu à pleines mains
dans ses Georgiques tous les agrémens,
dont le genre didactique de la poësie
est susceptible, & qui ont mérité, à cet ouvrage le titre que Scaliger lui a donné, en
l'appellant *absolutissimum opus*. La comparaison d'Homére & de Virgile n'est
pas si aisée. Homére a l'avantage de
l'invention, non-seulement dans l'argument & la matière de l'Iliade & de l'O-
dyssée, dont il ne paroît pas avoir trouvé beaucoup de traces dans l'histoire,
mais encore dans l'ordonnance & la

constitution du poëme Epique. C'est, à mon avis, une loüange bien singuliére pour Homére, & qui le relève bien au-dessus de tous les autres Poëtes, que lorsqu'Aristote s'est appliqué à chercher la nature de l'Epopée, & à en former & fixer des régles sûres & justes, toute sa méditation & tout son bon esprit ne lui en ont point fourni de meilleures que celles qu'Homére avoit inventées & suivies, & qu'il a proposé ses ouvrages comme de parfaits modéles. Joignez à cela cette fécondité intarissable, & cette varieté infinie d'évenemens, de caractéres, d'images vives, nettes, placées dans un beau jour, & arrangées sans confusion. Mais Dieu n'a pas donné à tous le discernement de ces beautez. Il faut avoir joint à l'élevation du génie, beaucoup de réflexions sages, dépoüillées de présomption & de prévention, & sur-tout une grande connoissance de l'antiquité & de la différence des mœurs des siécles passez au nôtre, pour ne rappeller pas inconsidérement Homére au Tribunal des modernes. Virgile selon sa sagesse & son bon sens a bien sçû faire cette distinction. Il a ajusté au génie de son siécle, ce qu'il a emprunté d'Homére, & il s'eſt abſtenu du reſte, non pas comme défectueux, mais comme ſuranné, hors de ſaiſon, & éloigné des maniéres de ſon tems. Et c'eſt la régle que doivent ſuivre ceux qui dans nos jours ſe propoſéront Virgile pour modéle. Ils ne l'imiteront pas, quand ils le verront faire tuer impitoyablement par Enée, Turnus proſterné & demandant la vie. Ils ſe ſouviendront que cette rigidité convenoit au ſiécle de Virgile, & à l'humeur fiére des Romains, qui faiſoient quelquefois mourir de ſang froid dans leurs priſons des ennemis vaincus, après les avoir traînez en triomphe. Cette conduite paroîtroit barbare dans nos mœurs, & ſeroit blâmée dans un Poëte modérne. Mais pour finir cette comparaiſon d'Homére & de Virgile, je donne à Homére la préférence de l'invention & de la fécondité ; & à Virgile celle du choix & de la diſpoſition judicieuſe des matiéres, & du ſtile plus correct & plus châtié.

LXXXIII.

Preuve de la vérité de l'explication que j'ai donnée dans ma Démonstration évangélique, du commencement du huitiéme Chapitre d'Isaïe.

Lorsque j'ai vû l'explication que j'ai donnée dans ma Démonstration évangélique, du célébre passage d'Isaïe, qui se trouve à la tête du huitiéme Chapitre, attaquée par quelques Théologiens Protestans, gens zélez à la vérité, mais d'un zéle qui n'est pas selon la science, & qui n'a pour guide que la prévéntion & l'opiniâtreté ; je n'ai pas laissé de me défier de moi-même, & je me suis représenté de sang froid ce que j'en avois écrit dans l'ardeur de l'invention, y apportant un esprit nouveau, & refroidi par un intervalle de plusieurs années. Non-seulement je me suis confirmé dans mon ancienne opinion, mais je me suis étonné qu'il se trouvât encore des gens assez entêtez, pour vouloir fermer les yeux à la lumiére d'une vérité si claire. Je ne rapporterai pas ici ce que j'en ai dit assez au long ; mais étant réduit en peu de paroles, peut-être se fera-t-il mieux sentir, & aura-t-il un effet plus promt & plus vif. Voici les paroles du Prophéte : *Et Dieu me dit, Prend un grand livre, & écris dedans du stile d'homme. Maher-schalal-chas-baz. Et je pris pour témoins fidelles Urie & Zacharie. Et j'approchai de la Prophétesse, & elle conçût, & elle enfanta un fils. Et Dieu me dit, Appelle son nom Maher-schalal-chas-baz.* Si l'on explique ces paroles à la maniére ordinaire de tous les Interprétes, c'est-à-dire au pied de la lettre, & que par ces termes de *grand livre*, de *stile*, & d'*écrire*, on entende l'action ordinaire d'écrire, il est clair que l'on ne peut tirer aucun sens raisonnable de ce passage, car voici à quoi il se réduit : Dieu me commanda d'écrire dans un livre ces paroles, Maher-schalal-chas-baz, & je fis un enfant à ma femme que je nommai de ce nom. Où est l'exécution du commandement que Dieu a fait au Prophéte ? l'a-t-il oublié ? l'a-t-il méprisé ? & quel rapport a l'action du Prophéte à ce commandement ? Voilà un commandement formel & précis sans exécution de l'action commandée ; & voilà au contraire l'exécution d'une autre action qui n'a point été commandée. D'ailleurs, n'eſt-il pas viſible que l'épithéte de *grand*, qui eſt donnée à ce *livre*, n'y a été ajoûtée que pour faire entendre autre choſe qu'un livre ordinaire ? Falloit-il un grand livre pour écrire un nom ſeul ? Que veut dire de plus ce *ſtile d'homme* ? N'eſt-ce pas exprimer preſque en propres termes τὸ ἀῤῥενικὸν μόριον ? S'il ne s'agiſſoit que d'écrire un mot, à quoi bon y appeller des témoins ? Toutes ces difficultez s'évanoüiſſent, ſi l'on prend ces paroles dans un ſens figuré & métaphorique, & que l'on entende l'action de la génération: Dieu me commanda, dit le Prophéte, d'engendrer un enfant, & de le nommer Maher-ſchalal-chas-baz ; je pris des témoins pour la validité du mariage, ſelon l'uſage ; & je le conſommai avec la Propheteſſe ; & je nommai l'enfant qui en ſortit Maher-ſchalal-chas-baz. Ceux qui m'ont repris fort niaiſement d'avoir fait dire des obſcenitez à Iſaie, reprendront donc auſſi le Prophéte Oſée, qui commence ſa prophétie par le récit d'une action bien moins honnête que celle d'Iſaie, qui marque la conjonction légitime du mari & de la femme ; au lieu que celle d'Osée fut avec une femme débauchée & publique, par le commandement de Dieu, d'où il sortit des enfans. Le même Prophéte dans son troisiéme chapitre, rapporte un autre commerce que Dieu lui ordonna d'avoir avec une femme adultére. Il expose ces choses sans détour, & sans figure : mais Isaïe qui étoit un homme poli, & nourri dans la Cour, les enveloppe du voile d'une métaphore, au-delà même de ce que la pudeur exigeoit. C'est ainsi que Salomon déguise ces mêmes actions sous diverses figures, tantôt les appellant des eaux dérobées, tantôt du pain, ou de la viande, ou un manger clandestin. Enfin pour montrer que j'ai pû croire sans trop de hardiesse, que ce *grand livre* d'Isaïe signifie méthaphoriquement une femme, je me servirai de l'autorité de Saint Epiphane, qui disputant contre les Ebionites, prétend que ce *grand livre* d'Isaïe désigne le ventre de la Sainte Vierge ; que ce *stile d'homme*, & cette *écriture* se rapportant en d'autres endroits à l'action conjugale, il le faut entendre ici de l'opération du S. Esprit, dans la conception de Jésus-Christ.

LXXXIV.

L'érudition n'est pas le chemin de la fortune.

Ceux-là se trompent fort, qui étudient dans la vûë de parvenir aux richesses & aux honneurs. Tout le monde connoît le livre qui a pour titre, *De l'infélicité des gens de Lettres* ; mais il n'en a point encore paru qui traitât de leur bonheur. En effet cette vie retirée que demande l'étude, cette inaction, cet éloignement des emplois, cette occupation assiduë, obscure, & secrette, ce recueillement intérieur de l'esprit, toûjours distrait, toûjours abstrait, l'inutilité aux usages communs de la vie, sont des routes directement opposées à celle de la fortune. Démocrite, bien loin d'y aspirer, se creva les yeux, s'il en faut croire l'histoire, pour n'être plus exposé à la vûë des objets, qui pouvoient lui en faire naître l'envie. Epiménide, pour se donner tout entier à l'étude de la nature, renonça à la société des hommes, & se condamna à une retraite de cinquante sept ans. Zamolxis, disciple de Pythagore, s'enferma pendant trois ans dans une caverne souterraine, qu'il s'étoit préparée. Ces grands hommes se tinrent bien dédommagez de la perte volontaire qu'ils faisoient des faveurs du monde, par les plaisirs de l'esprit, plus piquans, plus vifs, & plus nobles que tous les autres plaisirs. Quiconque aura donc été regardé en naissant d'un œil favorable des Muses, il méprisera les applaudissemens du vulgaire, la fascination des richesses, la séduction des honneurs, & il ne cherchera la récompense de son travail, que dans son travail même, & il ne sera, ni rebuté par la longueur qui est infinie, ni dégoûté par la stérilité de ses peines : sa passion au contraire ira en croissant ; & plus ses études lui acquerront de nouvelles connoissances, plus il appercevra l'immensité de celles qui lui manquent, & il redoublera ses soins pour l'acquerir. Ce ne sont point ici de vaines exagerations, j'écris ce que j'éprouve, & ce que j'ai éprouvé pendant tout le cours de ma vie, & si quelque chose me faisoit souhaiter une plus longue vie, ce seroit pour avoir plus de loisir d'apprendre ce que je ne sçais pas. Que si quelques-uns après avoir couru une longue carière, ont reculé au lieu d'avancer, il faut l'attribuer à la caducité de leur âge ; les reſſorts de l'entendement s'étant relâchez, par une trop longue contention. A l'égard de Joſeph Scaliger qui a dit *Scaligerana*, p. 313. que s'il avoit eu dix enfans, il n'en auroit fait étudier aucun, & les auroit envoyez aux Cours des Princes, il a tenu un diſcours bien indigne de ſon éminent ſavoir ; il l'a même démenti par ſa conſtante application à l'étude, dans laquelle il a perſévéré aſſidûment juſqu'à la fin de ſa vie. Mais il croyoit déroger à ſa principauté chimérique, par le genre de vie, où ſon inclination l'avoit porté ; car cette inclination, quoique violente, étoit moindre en lui que ſon extrême ambition. Il ſe trouvoit deshonoré, comme il le dit lui-même, *Scaligerana* p. 317. Il accuſoit la fortune d'aveuglement de ne l'avoir pas fait Souverain ; & il reprochoit inceſſamment à ſon ſiécle dans ſes écrits, juſqu'à en faire mal au cœur à ſes Lecteurs, de ne reconnoître pas la grandeur de ſon mérite, & de ne lui dreſſer pas des autels. Il tenoit de ſon pere cette profonde vanité, qui de Frater Chirurgien, aspirant au degré de Médecin, se fit Cordelier, dans la vûë de parvenir au Cardinalat par cette voye; & ensuite à la Papauté. Mais enfin la fortune n'ayant pas secondé sa noble ambition, & ses justes prétentions, il les modéra, & se contenta de se faire Prince de Verone.

LXXXV.

Jugement de Tacite.

Je ne prétens pas diminuer l'estime que l'on a communément pour le mérite de Tacite, pour sa pénétration dans les motifs des événemens qu'il rapporte, & pour sa prudence politique : je veux seulement en découvrir la source. Il connoissoit la profonde & radicale corruption du cœur humain, & les grands ressors des actions des hommes, qui sont les passions. Il savoit qu'il ne se trouve guéres parmi eux de vertu pure & sans mélange d'amour propre & d'interêt. C'est à ces principes qu'il a rapporté ses raisonnemens & ses conjectures. Et quand il a cherché les causes d'une action, la plus blâmable lui a souvent paru la plus croyable, & il s'est persuadé que pour se tromper moins dans la recherche du vrai, il falloit penser le mal. Cette maxime seroit utile, si l'on en abusoit pas, mais il l'a portée trop loin, & il dérobe souvent par trop de défiance la loüange qui est dûë à la véritable vertu. Nous ne lui ferons pas d'injustice, si nous le traitons comme il a traité les autres, & si nous attribuons ses jugemens à la même cause, à laquelle il a attribué les actions qu'il rapporte, je veux dire à la malignité de l'esprit humain ; & nous ne nous tromperons pas, si nous rejettons sur la même cause la grande approbation qu'on lui a donnée. Il est certain qu'on seroit bien-tôt rebuté d'un perpetuel & fade loüangeur. Le sel de la médisance est un agréable & piquant assaisonnement de la lecture. On a beaucoup loüé Tacite, parce qu'il a rarement loüé.

LXXXVI.

Jugement de Petrone.

De tous les anciens auteurs Latins, il n'y en a guére de plus célébre que Petrone. J'ai dit ailleurs, & je le repéte encore, qu'il doit la meilleure partie de sa réputation à ses obscenitez; & qu'il auroit été moins lû, & moins estimé, s'il avoit été plus modeste. Cette estime lui a attiré tant d'interprétes, qu'il n'y a point d'auteur d'une si médiocre utilité, qui soit chargé de tant de Commentaires. On a ramassé soigneusement tous les passages des anciens, qui font mention de lui. Mais ni ce qu'ils en ont dit, ni ce qui nous reste de son ouvrage, ne nous fait point connoître assez nettement, ni avec assez de certitude, sa patrie, ni le tems auquel il a vécu, ni l'histoire de sa vie. Je ne repasserai point sur toutes ces matiéres, & je ne le pourrois faire sans m'engager dans des répetitions inutiles & ennuyeuses. Je ferai seulement quelques réflexions, qui ont échappé à l'attention de ces savans hommes qui l'ont si diligemment étudié. Il est visible, avant toutes choses, que ces fragmens qui nous restent sont des collections de quelque studieux, qui a ramassé ce qui lui a paru plus digne de remarque, ce qui a été plus conforme à son génie, ou ce qui avoit quelque rapport à ses études. Et en effet si l'on examine ces lambeaux en détail, il n'y en a aucun où l'on ne trouve quelque trait singulier. Peut-être aussi ces morceaux détachez ont-ils été extraits ou de l'ouvrage entier de Perrone, lorsqu'il subsistoit encore, ou de divers auteurs qui les ont rapportez & inserez dans leurs écrits, par quelqu'un qui regrettant la perte de l'original, a voulu conserver ce qui en restoit, & a ramassé & mis ensemble ce qu'il en a pû découvrir. Il peut bien même être arrivé, ce qui est arrivé à tant d'autres excellens livres, que ce Recueil a fait premierement négliger, & ensuite perdre entiérement l'original. Néanmoins puisque Jean de Salisbery, Evêque de Chartres, qui vivoit dans le douziéme siécle, rapporte quelques fragmens, qui ne se trouvent pas dans cette collection, il falloit que tout l'ouvrage subsistât encore alors en son entier, ou qu'il y en eût quelque autre collection plus ample que celle que nous avons : ce que le fragment trouvé de nos jours en Dalmatie semble confirmer. Je n'ai point changé de sentiment sur le jugement que j'ai fait autrefois de son stile, qui ne me paroît ni naturel, ni pur, ni châtié, mais étudié, fardé, frelaté, &

pour

pour a'nfi dire *opéreux*, au delà même de l'altération, qu'avoit déja reçûë l'éloquence Romaine au tems de Neron. Car tout ce que dit Tacite du Petrone, qui vécut fous cet Empereur, & eut part à fa familiarité & à fes débauches, me femble convenir d'une maniere fi univoque à celui dont nous avons les écrits, que l'on ne peut, felon, mon fens, fans quelque efpèce de de temerité, en faire deux perfonnages differens, dont l'un ait vécu fous Neron, & l'autre fous les Antonins, ou même felon quelques-uns, fous Gallien. L'opinion que je fuis a pourtant fes difficultez : fi la Satire de Petrone exiftoit dès le tems de Neron, pourquoi Pline, Quintilien, & Suetone n'en ont-ils rien dit ? & pourquoi plufieurs Auteurs, Diomede, Prifcien, Victorin, & Saint Jerôme l'ont-ils celebrée. Pour moi je ne vois nul inconvenient à dire, & à penfer, que la memoire odieufe de Neron rendit odieux un ouvrage, qui rappelloit le fouvenir de ce monftre, & de fes débauches ; qu'il demeura long-tems caché, jufqu'à ce que le hazard, ou la curiofité de quelque homme de lettres, paffionné pour l'antiquité, le tira des

K

tenebres, & le rendit public. Cela ne paroîtra pas hors de vrai-semblance à ceux qui se souviendront, que beaucoup d'autres ouvrages anciens ont eu le même sort. Quoique l'ouvrage de Petrone ait été une veritable Satire Menippée, & que par consequent il dût porter le titre de Satire, & non pas celui de *Satyricon* qu'il porte, néanmoins le Grammairien Victorin, & les exemplaires qui sont restez de la compilation de ces fragmens, & toutes les éditions lui ont donné ce dernier nom. Ce qui fait voir qu'il y a long-tems que l'on a commencé à confondre les ouvrages Satyriques des Grecs, avec la Satire des Romains.

LXXXVII.

Jugement de Platon.

Dans le cours de mes études, je n'avois garde de laisser à l'écart un Philosophe d'un aussi grand nom que Platon. Quoique je fusse prévenu des loüanges infinies, que lui ont données les anciens & plusieurs modernes, je me suis pourtant tenu sur mes gardes contre cette prévention, & j'ai voulu le connoître par moi même. Je l'ai donc lû d'un bout à l'autre avec toute l'application que demande la subtilité, la profondeur, & l'étenduë de sa doctrine : & le jugement que j'en ai formé, est qu'il est très mal-aisé de former un jugement fixe & certain de ses dogmes : il n'a point de méthode reglée pour traiter les matieres : il ne donne presque aucunes définitions ni divisions ; ou s'il le fait, c'est avec une obscurité affectée, pour ne se point départir de ce grand principe de l'Academie, sur l'incertitude de nos connoissances, & sur la foiblesse de l'esprit humain. S'il n'a donc point eu de méthode, ce n'est pas qu'un genie si élevé ne connût le prix de la méthode, lui qui a si bien entendu l'usage de l'analyse : mais il a cru inutile de raisonner méthodiquement, pour parvenir à des connoissances qui sont hors de la portée de notre esprit. Le défaut de méthode que l'on remarque dans Platon, n'est pas un défaut de Platon, mais un défaut qu'il a trouvé dans notre nature aveugle, plongée dans de si épaisses tenebres, qu'il n'a pas cru que toute l'adresse de la méthode l'en pût retirer. Sa méthode donc est de n en point avoir, & de traiter les questions problématiquement, de faire voir le fort & le foible des diverses opinions, d'exposer toutes les raisons de douter, & de renvoyer son Lecteur plus instruit & plus incertain qu'il n'étoit. Il m'est arrivé souvent, & presque toûjours, qu'après avoir lû quelque grand traité sur une matiere curieuse, soit de morale, ou de politique, lorsque je voulois recueillir le fruit de ma lecture, pour savoir à quoi m'en tenir, en arrêtant mon sentiment sur le sien, je me trouvois rempli d'idées vagues, & de notions confuses, mais qui ne m'étoient d'aucun usage pour mon instruction. Non pas, que ce Philosophe soit indéterminé entre le bien & le mal, entre la vertu & le vice, car il faut au contraire lui donner la loüange d'enseigner une saine morale, & plus conforme à la doctrine Chrétienne, qu'aucun autre Philosophe de l'antiquité : mais il l'enseigne sans affirmation, allant toûjours d'un pas chancelant ; car ses grandes maximes, & ses beaux préceptes sont proposez d'une maniere si douteuse, & avec si peu de fermeté & d'autorité, qu'il semble être prêt de les abandonner à la premiere objection. Et ç'a été, à mon avis, pour pouvoir toûjours demeurer dans son irrésolution, & donner toûjours lieu à la contradiction, qu'il a traité les matieres par dialogues. Il est vrai que le Lecteur en souffre, & que son esprit demeure flottant, sans trouver à quoi s'accrocher. Mais ce n'est pas Platon qui le fait souffrir, il s'en faut prendre à l'Academie. Il faut pourtant avoüer que dans ce balancement particulier à sa Secte, qu'il a voulu observer, il eût pû garder un peu plus d'ordre, & avoir un peu plus d'égard au progrez de l'esprit humain dans l'acquisition de ses connoissances : mais les observations qui y étoient nécessaires, ne se sont faites que dans les années suivantes, lorsque la Philosophie s'est débroüillée, & raffinée, & mieux digerée. Cette maniere de traitter la Philosophie par petites questions & par réponses, *minutis interrogatiunculis, quasi punctis*, pour m'exprimer comme Ciceron, est encore sujette à un autre inconvenient, qui est la multitude de paroles superfluës, peu convénable à la précision & à l'exactitude que demande la recherche de la vérité. Mais cela est en quelque sorte récompensé par la pureté non-pareille de son stile, & par la politesse & l'agrément de ses conversations, qui sont assaisonnées de ce sel Attique, & de cette urbanité fine & élégante, par laquelle Athénes s'est fait distinguer de toutes les autres villes de la Grece. Pour achever enfin cette censure des ouvrages de Platon, il me paroît quelque sterilité d'invention dans la forme presque constante & invariable qu'il a donnée à ses traitez, & dans le choix qu'il a fait de la personne de Socrate, pour le faire auteur de toute sa doctrine, comme Xenophon son condisciple l'a aussi pratiqué. Je veux bien croire que la fréquentation de Socrate lui a élevé l'esprit, & qu'il a profité de ses leçons; mais il n'est pas croyable qu'il n'ait vû que par ses yeux, & qu'il se soit, pour ainsi dire, transformé en Socrate. Il pouvoit produire sur la scene tant de grands Philosophes qui l'ont précédé, Grecs, Scythes, Egyptiens, & dont quelques-uns ont été ses maîtres. On s'ennuie de voir toûjours paroître le même homme, ne changeant jamais de langage & de ton, disputant toûjours par petites questions subtiles, & souvent captieuses, mêlées de dissimulation, & quelquefois de petites railleries, fines à la vérité, & polies, & toûjours accompagnées de quelque dignité, mais non pas toûjours convenables à la majesté de la Philosophie. Je me suis souvent étonné que son bon sens ne l'ait pas empêché de traiter des matieres, dont il n'étoit pas assez instruit ; ou ne lui ait pas fait connoître combien il étoit ignorant, & l'obligation où il étoit de les étudier avant que de les traiter. Lorsqu'il est (1) entré dans l'examen de cette question fameuse de l'origine des noms, sçavoir s'ils sont naturels, ou positifs, il est surprenant qu'après avoir parcouru tant de pays, & entendu tant de divers langages, dont quelques-uns étoient plus anciens que le Grec dans lequel il étoit né, il ait pu se persuader, & même écrire, que les noms Grecs de chaque chose aient été imposez par la nature même ; quoiqu'on sache certainement que la plûspart ont des origines étrangeres, & ont été formez par le commerce des hommes. Pour soûtenir une si absurde opinion, il a pris une voie plus absurde encore, en s'engageant à donner des étymologies des principaux termes de la

(1) Plat. in Cratylo, p. 397. & seq.

langue Grecque, d'une maniere entiérement puérile ; en quoi il a fait paroître une grande précipitation de jugement, & une si profonde ignorance de la langue Grecque, qu'elle ne seroit pas pardonnable aujourd'hui a un maître d'école du dernier ordre. Son exemple cependant à porté coup dans l'avenir, & a induit Varron dans la même erreur, lorsqu'il s'est voulu mêler de rappeler la langue Latine à son origine.

LXXXVIII.

Fidelité d'un Chien.

Dans un village, situé entre Caen & Vire, sur la lisiére du canton, qu'on appelle le Bôcage, un payfan de mauvaife humeur maltraittoit souvent sa femme, en sorte que les voisins étoient quelquefois obligez par ses cris à venir mettre entre eux le hola. Le mari las d'une compagnie qui lui déplaisoit, résolut de s'en défaire une bonne fois. Il feignit de se reconcilier avec elle ; il changea de conduite, & dans les jours de loisir, il lui proposoit des promenades & des parties de plaisir. Un jour d'été, après une grande chaleur, il la mena se reposer sur le bord d'une fontaine, dans un lieu assez sombre & assez écarté. Il fit semblant d'être fort alteré. La clarté de la belle eau, qui étoit devant eux, les invitoit à boire. Il se coucha de son long sur le ventre, & se desaltera à longs traits, vantant la fraîcheur de l'eau, & exhortant sa femme à se rafraîchir comme lui. Elle le crut, & fit ce qu'il venoit de faire. Lorsqu'il la vit en cette posture, il se jetta sur elle, & lui plongea la tête dans l'eau pour la noyer. Elle se debattit violemment pour sauver sa vie: mais elle n'auroit pas été la plus forte, sans le secours de son chien, qui l'avoit suivie, qui l'aimoit, & ne la quittoit point. Il se jette sur le mari, le prend à la gorge, lui fait lâcher prise, & sauve la vie de sa maîtresse.

LXXXIX.

R. Manassé ben Israël.

Rabbi Manassé ben Israël, étoit un Juif du premier ordre, chef de la Synagogue d'Amsterdam. Je l'ai connu particulierément, & j'ai eu de longues & fréquentes conférences avec lui sur les matieres de religion; & c'est de lui dont j'ai parlé dans le commencement de ma Démonstration Evangelique. Il avoit une femme de la famille des Abrabaniels, qui se disoit être de la Tribu de Juda, & descenduë de la branche royale de David, & il en avoit des enfans ; de sorte qu'il se glorifioit d'avoir engendré des neveux au roi David. C'étoit d'ailleurs un fort bon homme, d'un esprit doux, commode, entendant raison, désabusé de plusieurs superstitions Judaïques, & des rêveries creuses de la Cabale. Il avoit acquis par une longue étude, & par une méditation suivie, une grande intelligence de la lettre de la Sainte Ecriture. Son Conciliateur & ses autres ouvrages sont des preuves assûrées de son bon sens, & de son savoir. J'aurois beaucoup profité dans nos entretiens, si j'avois pû les continuer plus long-tems, & si la nécessité où je me trouvai de revenir en France, ne les eût pas interrompus.

Il me conduisit un jour à sa Synagogue avec Messieurs Blondel, Bochart, & Vossius le fils. Il nous plaça dans le banc des Docteurs, qui étoit proche du Tabernacle, où ils resserroient les volumes de la Loi. Ce Tabernacle, qui étoit fait en forme d'une grande armoire, étoit posé sur une estrade, haute de deux pieds, fermée au dessus d'une petite balustrade de pareille hauteur. Comme j'étois fort attentif à toutes leurs cérémonies, il m'arriva de poser & d'arrêter mon pied sans y penser, sur une petite corniche de cette estrade. Toute la Synagogue en frémit d'indignation, comme d'une action qui tendoit au mépris de leur religion. Le bon Manassé m'en avertit aussi-tôt; & la promtitude modeste & soûmise, avec laquelle je retirai mon pied me contenant dans une posture respectueuse, les appaisa, & même les édifia.

XC.

Si le mot Ebreu נזם étoit un ornement du nez.

Monsieur Morin, Professeur des langues Orientales à Amsterdam, & auparavant Ministre à Caen, m'y vint trouver un jour, fort estomaqué d'avoir été repris, comme d'une ignorance, ou d'une nouveauté hardie, pour avoir osé dire que le présent qui fut fait à Rebecca par le serviteur d'Abraham, & qui est appellé נזם en Ebreu, étoit un

K vj

ornement de nez, & non pas un pendant d'oreille. Il me pria d'étudier cette queſtion, de lui en dire mon avis, & de lui ſervir de ſecond dans ſa querelle. Je lui répondis que la queſtion ne m'étoit point nouvelle, & que dans les lectures que j'avois faites des Saints Livres, il me ſembloit l'avoir aſſez examinée, ſans que j'euſſe beſoin d'une plus grande recherche : qu'il m'avoit donc paru que le mot נזם ſignifioit quelquefois un pendant-d'oreille, mais que quelquefois il ſignifioit auſſi un ornement des narines : que ceux qui le nioient n'avoient pas lû avec aſſez d'attention tout le chapitre 24. où cette legation du ſerviteur d'Abraham eſt rapportée: que s'ils l'avoient fait, ils auroient remarqué, qu'il dit lui-même en propres termes, *Gen.* 24. 47. qu'en offrant ce נזם à Rebecca, il le mit ſur ſon nez, c'eſt-à-dire en la place où il devoit être. Il déſigne cette place par le mot אף, qui ſignifie proprement & premierement *le nez.* C'eſt ce qu'entend Iſaïe 3. 20. lorſqu'il appelle cet ornement un נזם *de nez.* Ce même mot en conſéquence de cette premiere ſignification, en a une autre qui marque *la colere*, parce que le nez eſt le ſiége de la colere, témoin ce que

dit Théocrite du Dieu Pan, ϰ̀ȷ οἱ ἀεὶ
ϑεμεια χολὰ ποτὶ ῥινὶ κάϑηται, *la colere*
réside toûjours dans son nez. Et il signifie en troisiéme lieu tout le visage, prenant une partie pour le tout. Mais ce
qui décide entierement la question, c'est
le passage du Livre des Proverbes, 11.
22. où Salomon compare une belle femme sans conduite à un pourceau qui a
un Nezem d'or באף *au nez ;* car on ne
peut pas dire que ce pourceau porte cet
ornement sur son visage ou à ses oreilles.
Ezechiel parle encore plus précisément,
16. 12. & distingue le Nezem des pendants-d'oreille, lorsque parlant de la
part de Dieu à la Ville de Jerusalem, il
lui dit : *J'ai mis pour vous parer* אל-אפך
נזם *Nezem sur vôtre nez,* & *des pendants*
à vos oreilles. L'interprete Symmaque
traduit le mot נזם par celui d'ἐπιῤῥίνιον.
Saint Augustin, *Quæst. in Genes.* dit que
cette coûtume étoit en usage parmi les
femmes de Mauritanie. Elle l'est encore aujourd'hui (1) en Perse, en Arabie,
en Ethiopie, & en plusieurs lieux de
l'Asie & des Indes, non seulement entre

(1) Suivant le témoignage, que m'en a
rendu le Pere Martin Jesuite, Missionnaire des
Indes, le 2. Août 1715.

les femmes, mais encore entre les hommes. Elle a même passé en Europe, & a été pratiquée en Bulgarie.

XCI.

Méthode défectueuse des nouveaux Grammairiens, par leur briéveté affectée.

Le Pere Mambrun Jésuite, qui m'a enseigné la Philosophie pendant trois ans, & dont la mémoire m'est précieuse, fut le premier qui me donna le goût de la langue Arabe : & pour m'y initier, il me fit présent de la petite Grammaire de Thomas Erpenius, qui porte le titre de Rudimens. Ce fut cet Erpenius, qui excita l'amour de cette langue, & qui la fit fleurir. Il en fit profession dans l'Academie de Leyde, & y établit à grands frais une Imprimerie très élégante de la langue Arabe, d'où sont sortis plusieurs Livres fort utiles. Jacques Golius vint après lui, & fut chargé de la même fonction, & ne porta pas moins loin la literature Arabique. J'ai connu particuliérement ce dernier. C'étoit un homme rempli d'une candeur, & d'une douceur aimable ; & je lui rends ici avec plaisir un témoignage de reconnoissance, pour l'affiftance officieufe qu'il me rendit à Leyde, dans une dangereufe maladie, dont je fus attaqué. M. Bochart avoit été difciple d'Erpenius, & vantoit fort fon érudition. Elle paroît dans ces Rudimens dont j'ai parlé, & dans fa Grammaire, & fes autres ouvrages. Je ne fçais pas quelle étoit fa méthode dans l'exercice de fa profeffion, ni quel art il apportoit à l'inftitution de fes difciples : mais fi l'on en peut juger par ces Rudimens, fon grand favoir lui étoit nuifible : car comme il poffedoit cette langue à fond, & qu'elle n'avoit aucune difficulté pour lui, il jugeoit de fes difciples par lui-même, & croyoit qu'ils devoient l'entendre à demi-mot. Il s'eft donc expliqué fi laconiquement, & s'eft rendu fi avare de fes paroles, qu'il eft tombé dans des ambiguitez, & des obfcuritez prefque infurmontables à cet abord. *Brevis effe laboro, Obfcurus fio.* Ce défaut lui eft commun avec la plufpart des Grammairiens de ces derniers tems, qui ont écrit fur les langues favantes; mais nul ne l'a pouffé fi loin que lui. En quoi, & lui, & ceux qu'il a imitez, prennent une route toute contraire à celle que demande la raifon : car comme il s'agit d'applanir les difficultez, que porte avec soi chaque nouvelle langue que l'on enseigne, il me semble qu'il ne faut point épargner les paroles, pour rendre les préceptes clairs & faciles ; & qu'il vaut mieux pécher en répétitions superfluës, qu'en retranchant rien de celles qui sont nécessaires pour la parfaite intelligence. Autrement on redouble les difficultez, & l'on ajoûte à celles qui sont inseparables de la Grammaire, la méthode mal entenduë du Grammairien.

XCII.

Cause de l'effet que produit le Soleil dans l'été sur les feuilles & sur les fruits, après une pluie médiocre.

Dans le tems de l'été, lorsqu'après quelques jours de beau tems, pendant la chaleur du jour, il survient quelque orage, accompagné d'une pluie legere & médiocre, & que le Soleil paroît immédiatement après, reprenant sa force ordinaire, il brûle les feuilles & les fleurs, sur lesquelles la pluie est tombée, & ôte l'esperance des fruits. Le peuple de Normandie, & de quelques autres Provinces de France, appelle cet accident *Brouiture*, &, dans le langage ordinaire, dit que les arbres & les plantes qui en font frappées, ont été *Brouies*. Le terme d'*Uredo*, qui se trouve dans Ciceron, exprime fort proprement la brûlure, que l'ardeur du Soleil produit alors sur les fleurs & sur les feuilles, qui est toute pareille à celle qu'un fer brûlant y auroit pu faire, si on l'y avoit appliqué. Les Naturalistes ont cherché la cause d'un si étrange effet, & n'ont rien dit dont un esprit raisonnable se puisse contenter. Celle que je vais proposer, quoique nouvelle, me paroît non seulement certaine, mais même indubitable. Dans les jours sereins de l'été, il est visible qu'il s'assemble sur les feuilles & sur les fleurs, comme par tout ailleurs, un peu de poussiere, quelquefois plus, quelquefois moins, élevée par le vent. Quand la pluie tombe sur cette poussiere, les goutes se ramassent ensemble, & prennent une figure ronde, ou approchante de la ronde, comme nous voyons qu'il arrive souvent dans nos maisons, sur des planchers poudreux, lorsqu'on y répand de l'eau pour les balayer. Or ces boulles d'eau, ramasfées fur ces feuilles & fur ces fleurs, tiennent lieu de ces verres convexes, que nous appellons miroirs ardents, & produisent le même effet qu'y produiroient des miroirs ardents, fi on les en approchoit. Que fi la pluie eſt groſſe, & dure long-tems, le Soleil furvenant ne produit plus cette brûlure ; parce que la force & la durée de cette pluie a abbatu toute la pouſſiere qui arrondiſſoit les goutes d'eau ; & les goutes perdant leur figure, en quoi confiſtoit leur vertu brûlante & cauſtique, s'étendent, & fe répandent fans aucun effet extraordinaire.

XCIII.

Vie paſtorale & militaire des Tartares & des Turcs.

Les Turcs & les Tartares font deſcendus de ces anciens Scythes, fi renommez dans les Hiſtoires, & ont retenu leur eſprit feroce, & une partie de leur genre de vie inculte & fauvage. Ces Scythes étoient *Nomades* pour la pluſpart. Leur vie paſtorale étoit une difpofition prochaine à la vie militaire : car ils étoient toûjours en campagne, toûjours errans, toûjours à cheval, ou fur des chariots couverts pendant la nuit de quelque legere tente; ne fe chargeant point d'autre équipage que du néceffaire; menant une vie frugale, & fe contentant pour leur nourriture des alimens qui fe trouvoient devant eux, ou des fruits des arbres, du lait, du fang, ou de la chair de leurs chevaux. Si cette conduite ne leur fourniffoit pas les delices de la vie, elle les exemptoit auffi des foins qui les accompagnent. Ils n'avoient point befoin des meubles qui en font la commodité, & l'ornement de nos maifons; couchant dans leurs chariots, ou fur des tapis étendus par terre. Ces mêmes tapis leur fervoient de fiéges & de tables. Quelques cruches, & quelques pots de terre, étoient toute leur batterie de cuifine. Il eft aifé de croire que des gens de cette humeur ne s'appliquoient guere à la lecture, ni à l'écriture. Que fi néanmoins la néceffité les forçoit d'avoir entre eux quelques écrivains, qui puffent dreffer des mémoires & des regiftres de leurs noms, de leurs familles, & de leurs nations, de leurs troupeaux, & des noms de leurs demeures, & de leurs pâturages; des

feuilles ou des écorces d'arbres leurs fervoient de papier ; la pointe d'un cou-
teau, ou d'une fléche, ou une épine
dure & pointuë leur servoit de plume ;
& leur main gauche leur servoit de table, pour soûtenir l'écriture de la droite. Pour cuire la chair de cheval qu'ils
mangeoient dans leurs regales, ils la
coupoient par tranches assez minces,
qu'ils couchoient entre le dos & la selle
de leurs chevaux ; la chaleur du corps
de l'animal les cuisoit ; & ils les assaison-
noient de la sueur qui en dégoutoit. Les
Turcs & les Tartares, qui sont sortis
d'eux, retiennent encore beaucoup de
leurs manieres. Le retranchement de
toutes ces commoditez que nous recher-
chons, les endurcit au travail, & les défend du luxe, qui est la peste des bonnes mœurs, & des états. Les anciens
Perses l'éprouverent, lorsqu'étant amol-
lis par une grande opulence, & une longue prosperité, ils ne purent soûtenir l'effort d'une poignée de Macedoniens, nation pauvre, qui retenoit des mœurs rigi-
des, & qui étoit, par sa pauvreté, vaillante
& belliqueuse. Ce fut ce même luxe, qui
ayant relâché le courage & la discipline
des Chinois, les fit succomber à l'in-

sion des Tartares qui y regnent aujourd'hui.

XCIV.

Les Poles sont les lieux du monde les plus éclairez.

C'est un paradoxe, & pourtant une verité constante, que le Septentrion, qui dans l'Ebreu, le Grec, le Latin, & le François, tire son nom de la noirceur, de l'obscurité, & des ténebres, est pourtant le lieu du monde le plus éclairé. J'ai dit dans quelqu'un (1) de mes ouvrages, que les anciens croyoient que le Septentrion étoit couvert d'épaisses tenebres ; que Strabon dit qu'Homere par le mot de ζόφος a entendu le Septentrion ; & que l'on sçait que ce terme ζόφος signifie proprement *obscurité, tenebres*. Suivant cette opinion Tibulle, *Paneg.* ad *Messal.* parlant du Sepremtrion, dit : *Illic & densa tellus abjconditur umbrâ.* Les Arabes appellent l'Ocean Septentrional, *la mer tenebreuse*. Les Latins ont donné le nom d'*Aquilo*, au vent de Septentrion, parce qu'*Aquilus* signifie *noir* ; & les Fran-

(1) Demonstr. Ev. Prop. IV. cap. 8. §. 14.

çois l'ont nommé *la bife*, du mot François *bis*, qui fignifie *noir*.. Les Cimmeriens, felon l'opinion des anciens, vivoient dans les tenebres, parce qu'ils étoient placez près du Nord. Et cependant, contre ces préjugez, il n'y a point de lieux au monde qui jouïffent plus long-tems de la lumiere, que le Pole Arctique & le Pole Antarctique. Dans la Zone Torride, & principalement fous la Ligne, la nuit fuit immediatement le coucher du Soleil, fans aucun crépufcule fenfible ; & les peuples qui y habitent, ont précifément leurs fix mois de jour, & rien davantage. Le crépufcule commence, & va en augmentant, à mefure que les lieux s'éloignent de l'Equateur, & s'approchent du Pole. La raifon s'en trouve dans l'Optique, qui enfeigne que les rayons de lumiere tombant obliquement fur un milieu diaphane, fouffrent une réfraction plus ou moins grande, felon le plus ou le moins de l'obliquité de leur incidence. Or les rayons du Soleil tombant perpendiculairement fous la Ligne, il ne s'y fait point de réfraction ; & il s'en fait une très-grande fous les Poles, & par conféquent un long crépufcule, c'est-à-dire une longue lumiere. J'en fis l'épreuve étant en Suéde, qui est un pays approchant du Pole; car j'écrivois à minuit sans chandelle, deux heures après le coucher du Soleil. Ces Hollandois, qui en l'année 1596. ayant tenté de passer au Cathay par le Détroit de Waigats, furent arrêtez (1) par le froid & par les glaces à la Nouvelle Zemble, au 77. degré de latitude, furent fort étonnez, lorsqu'ils virent, que la nuit de trois mois qui leur survint, commença beaucoup plus tard, & finit beaucoup plûtôt, qu'ils ne l'attendoient, & qu'elle ne devoit commencer & finir selon les regles de l'Astronomie. A cette longue lumiere il faut encore ajoûter l'Aurore boreale, c'est-à-dire, cette lumiere, égale à celle de la pleine Lune, qui paroît pendant les nuits sereines, au commencement de la nouvelle Lune, dans les regions Septentrionales, la Groenlande, l'Islande, & la Norwege, & qui porte même quelquefois ses rayons bien avant vers le midi. Gassendi, dans la vie de Peyresc, *liv.* 3. & la Peirere, dans sa Relation du Groenlande ont décrit assez exactement ce Phéno

(1) Bergeron, des Navigat. §. II. p. 64.

mene : & j'ai remarqué dans l'Histoire de Gregoire de Tours, *liv*. 8. *chap*. 27. qu'il n'étoit pas inconnu de son tems.

XCV.

Xénophon, sa Cyropédie. Harangues des Historiens.

J'avois fort negligé la langue Grecque dans mes premieres études, & la Poësie avoit fait ma principale application. Après ma sortie du College, je ne fus pas long-tems sans reconnoître ma faute ; & pour la reparer, je commençai l'étude de cette langue par la lecture des poëtes Grecs, & je la continuai par la lecture des autres Auteurs, à l'imitation de Scaliger, suivant ce qu'il en rapporte dans ses Epîtres : mais néanmoins sans prétendre égaler la promtitude avec laquelle il se vante d'avoir couru cette carriere, & que je croirois n'être qu'une pure ostentation. Après la lecture de tous les Poëtes Grecs, & de leurs Scholiastes, Xénophon fut un des premiers Auteurs de prose que j'attaquai. Je commençai par la Cyropedie, que je reconnus aussi-tôt pour une Histoire faite à plaisir, dont les principaux faits sont véritables, mais le détail & les ornemens factices. Je remarquai aussi, que ce titre de Cyropédie, est le titre du premier livre de cet ouvrage, & non pas de l'ouvrage entier : ainsi qu'il est arrivé à quelques autres livres, comme à celui de l'Imitation de Jesus-Christ. Xenophon étoit Athénien, disciple de Socrate, & compagnon d'école de Platon. Ainsi il ne faut pas s'étonner s'il a été harangueur & dialogiste. Dans le tissu de la Cyropédie, il entre bien plus de harangues & de dialogues que de narrations. Dans les états démocratiques & aristocratiques, l'éloquence avoit un grand pouvoir dans le maniment des affaires ; & comme elle donnoit beaucoup d'autorité à ceux qui la possedoient, on exerçoit les jeunes gens à l'acquerir dès les prémieres années. Ainsi tous les Magistrats étoient Orateurs, & par cette voie les Pericles, & les Demosthénes se sont élevez aux dignitez à Athénes; & les Historiens Thucydide & Xenophon n'ont perdu aucune occasion de se faire honneur de ce talent par les frequentes harangues qu'ils ont inserées dans leurs Histoires; joüant en même tems deux personnages

L

fort differens, d'Orateurs & d'Historiens; & ne faisant pas réflexion qu'ils confondoient des fonctions qui n'ont nul rapport, & qui s'exercent par des regles entierement distinctes. C'est ce qui fait que leurs Lecteurs desireux d'apprendre des événemens curieux & interessans, arrangez selon l'ordre des tems, au lieu d'en pouvoir attraper la suite, se trouvent arrêtez au milieu de leur course, & détournez de leur chemin, pendant que ces Ecrivains perdant le fil de l'histoire, s'écartent & s'égarent dans les plaines de la Rhétorique. J'expose ici les sentimens que mon experience m'a donnez, & le secret reproche que j'ai fait à mon Historien, lorsque m'étant engagé dans la lecture de quelques recits interessans, je me suis trouvé tout d'un coup dépaysé, & qu'au lieu de satisfaire ma curiosité empressée, on m'a fait prendre le change, & que mon Auteur, *Rogatus de cepis, respondet de alliis*. Je ne conteste pas le merite de plusieurs de ces harangues, mais ce merite est d'un autre genre, & n'a rien de commun avec le merite de la narration que je cherchois. Les harangues obliques sont plus supportables que les harangues directes, & retiennent plus de la nature de l'histoire. Elles sont quelquefois nécessaires, pour faire connoître les motifs d'une action. Souvent même elles sont véritables, quand un chef de guerre, ou un Magistrat, a fait prendre quelque resolution importante par ses remontrances : mais elles doivent être employées rarement & sobrement. Dans le recueil qu'a fait Henri Etienne des harangues des Historiens Grecs & Romains, on voit d'un coup d'œil quels ont été les plus grands harangueurs. Les harangues d'Herodote sont en grand nombre, mais courtes & pardonnables à un Asiatique, qui, comme les peuples de ce pays-là, étoit naturellement discoureur. Thucydide, & Xenophon, parmi les Grecs ; Salluste & Tite-Live parmi les Latins, se sont abandonnez à leur demangeaison de haranguer, & ont surpassé tous les autres. La grossiereté des Thébains, & l'austerité des Lacedemoniens, jointe à l'inclination naturelle qu'ils avoient à s'exprimer en peu de paroles, n'ont pas donné entrée chez eux à l'éloquence.

XCVI.

Passage obscur d'Isaïe, expliqué. Figure des anciennes clefs.

Dans le Prophéte Isaïe, 21. 22. Dieu promet à Eliacim de mettre la clef de David sur son épaule. Les Interpretes se tourmentent fort sur l'explication de ce passage, ne comprenant pas comment une clef peut être portée sur l'épaule; ce qui ne convient nullement aux clefs dont nous nous servons aujourd'hui. Leur embarras cessera, quand ils sauront que dans les premiers siécles on se servoit de certaines grandes clefs courbées, portant un manche d'yvoire ou de bois. Ces clefs s'inseroient dans les trous des portes, & en les tournant d'un côté, ou d'un autre, on avançoit ou on repoussoit le verrou, pour ouvrir ou fermer la porte. Cela paroît clairement par le témoignage d'Homere, lorsqu'il dit, *Odyss.* 21. que Penelope voulant ouvrir un garde-meuble, prit une clef de cuivre, bien courbée, emmanchée d'yvoire. Sur quoi Eustathius remarque que cette sorte de clefs étoit ancienne, differente des clefs percées de plusieurs trous, qui sont venues depuis, & qu'on se servoit de ces anciennes encore de son tems. Le poëte Ariston dans l'Anthologie , *liv. 7.* donne à une clef l'epithete de βαθυκαμπῆ, c'est-à-dire , *qui a une ample courbure.* Ces clefs courbées avoient la figure d'une faucille , & étoient δρεπανοειδεῖς, selon Eustathius. Cette connoissance m'a servi à l'intelligence d'un passage d'Aratus , où il dit que les étoiles dont est composée la constellation de Cassiopée, représentent une clef. Tous les anciens Interpretes d'Aratus veulent que cette constellation représente une clef Laconique ou Carique, c'est-à-dire une clef percée de plusieurs trous , & à peu près semblable à celles dont nous nous servons aujourd'hui. En quoi ils ont été suivis par Scaliger & par Saumaise, quoiqu'il n'y ait nul rapport, ni nulle convenance entre les étoiles de Cassiopée , & une clef Laconique. Mais j'ai fait voir à l'œil dans mes Remarques sur le poëte Manile, *liv. 1. v. 355.* que ces étoiles représentent parfaitement la figure de ces anciennes clefs courbées. Or ces clefs ne se pouvant pas aisément porter à la main, à cause de leur figure incommode, on les portoit sur l'épaule ; comme nous voyons que nos moissonneurs portent encore aujourd'hui sur l'épaule leurs faucilles jointes & liées ensemble. Callimaque dans son Hymne à l'honneur de Cérès, dit que cette Déesse ayant pris la figure de Nicippé sa Prêtresse, portoit une clef κατωμαδίαν, comme qui diroit *superhumeralem*, propre à être portée sur l'épaule. Ce qu'on ne peut pas dire, ni penser des clefs laconiques. Cela étant bien entendu, le passage d'Isaïe devient clair, lorsque Dieu dit par sa bouche, qu'il mettra la clef de David sur l'épaule d'Eliacim.

XCVII.

Fonctions des Juges & des Avocats, entierement opposées.

Dans le jugement des procez, les fonctions de Juge & d'Avocat sont entierement opposées. Le Juge travaille à découvrir la vérité : l'Avocat travaille à la cacher, ou à la déguiser. Le Juge cherche le milieu, qui est le siége de l'équité : l'Avocat cherche les extrémitez. Le Juge doit être sévére, rigide, & inflexible : l'Avocat doit être souple, pliant, accommodant, entrant dans les sentimens de son client, épousant ses interêts. Le Juge doit être constant, uniforme, invariable, marchant toûjours sur une même ligne : l'Avocat doit prendre toutes sortes de formes. Le Juge doit être sans passions : l'Avocat s'étudie à les exciter, & tâche de paroître passionné lui-même pour la cause qu'il défend. Le Juge doit tenir la balance droite & dans l'équilibre : l'Avocat jette des poids dans la balance pour la faire pancher. Le Juge est armé du glaive ; l'Avocat tâche de le désarmer.

XCVIII.

D'où vient la richesse des langues.

La richesse des langues vient de leur étendue. Plus elles renferment de peuples, plus elles sont abondantes. Chaque peuple ayant ses coûtumes, ses modes, & ses inclinations particulieres, & chaque region ayant ses biens propres & naturels, il a fallu des termes particuliers pour les exprimer, qui ont passé dans la langue générale. Les Grecs ayant subjugué les Perses, & une partie des Indes, & ayant envoyé de grandes colonies vers l'Occident, vers le Midi, leur langue prit un accroissement infini, & parvint à cette fecondité, & à cette beauté que nous y admirons. La langue Latine vint ensuite, & par les conquêtes des Romains, qui leur soûmirent presque tout le monde connu, elle devint, pour ainsi dire, la langue universelle: n'y ayant point de peuple dans la vaste étenduë de leur domination, qui n'eût besoin de l'apprendre pour son propre interêt. L'Empire des Sarasins, qui s'étendit depuis l'extrémité de l'Espagne, jusqu'à la côte Orientale de la mer Caspie, & occupa de grands pays vers le Midi, l'Arabie, l'Egypte, & l'Afrique, produisit dans la langue Arabe une prodigieuse abondance. Ces trois Empires, les plus vastes qui nous soient connus, ont aussi rendu leurs langues les plus fecondes de toutes celles dont la memoire s'est conservée jusqu'à nous.

XCIX.

Maximes de la Rochefoucaud.

Lorsque M. de la Rochefoucaud composa ses Maximes, Madame de la Fayette qui y avoit bonne part, me les communiqua, & voulut savoir ce que j'en pensois. Quoiqu'elle me parût prévenuë d'une grande admiration pour le merite d'un ouvrage, qui entroit si intimement dans le fond, & dans les replis du cœur humain, & en découvroit les plus secrets mouvemens déguisez par notre amour propre, & exprimoit ses découvertes par des tours nouveaux & polis : je ne lui déguisai point mon sentiment, & je lui dis nettement que la plufpart de ces maximes me paroissoient entierement fausses, jusqu'au titre même de *Maximes* qu'on leur avoit donné. Que l'on n'appelloit Maximes que des véritez connues par la lumiere naturelle, & receuës universellement de tout le monde ; au lieu que les propositions contenues dans cet ouvrage étoient nouvelles, peu connues, & découvertes par la meditation & les réflexions d'un esprit penetrant & clairvoyant. Qu'au lieu de les qualifier Maximes, il eût été bien plus convenable de les appeller *Réflexions morales*. La suite me fit voir que mon avis avoit été goûté, car les nouvelles copies ne parurent plus que sous ce titre. J'ajoûtai que la plufpart des propositions en détail ne me paroissoient pas plus véritables que le titre ;

que quand on attribuoit à l'homme en général tous ces sentimens secrets, cet exterieur fardé, ces inclinations dépravées, & cette perversité, cela ne se pouvoit entendre, que de la nature humaine consideree en elle-même ; ce qui en ce sens est très-éloigné de la vérité ; que l'homme de sa nature étoit droit, juste, & vertueux ; que sa raison même & sa lumiere naturelle, le portoit au bien, & l'éloignoit du mal ; que quand il se laissoit corrompre par le vice, il sortoit de son naturel, il tomboit dans l'aveuglement, quittoit son chemin, & s'égaroit : de sorte que tout ce déréglement que M. de la Rochefoucaud croit avoir découvert en l'homme, sont les vices de l'homme corrompu & perverti, &, pour ainsi dire, deshumanisé, mais non pas de l'homme dans sa pure nature, se maintenant dans son véritable état & véritablement homme.

De plus, cette recherche même des défauts de l'homme corrompu, que l'Auteur a faite avec tant de sagacité, n'est pas faite avec assez d'équité : il ne fait pas toûjours justice à cet homme qu'il condamne, & il le veut faire passer pour plus corrompu qu'il n'est, interprétant avec beaucoup de prévention, & un peu de malignité, & tournant en mauvaise part des inclinations & des actions innocentes. Il ne songe pas qu'il y a divers degrez de corruption dans l'homme corrompu, que *Nemo repente fuit turpissimus*; & suivant ce faux paradoxe des Stoïciens, qu'un homme coupable d'un seul péché, & entaché d'un vice, est coupable de tous, il ne fait nulle distinction entre les crimes les plus atroces; entre les hommes pécheurs par fragilité & par foiblesse, & les scelerats même les plus endurcis.

Enfin, il paroît que l'Auteur impute souvent un vice à l'homme, non pas tant parce qu'il l'apperçoit véritablement en lui, que pour ne pas perdre une expression élégante, ingenieuse, & nouvelle, qu'il a trouvée pour former son accusation, & s'énoncer. Et si l'on observe cet ouvrage de près, on trouvera dans plusieurs articles que l'expression n'a pas été inventée par l'accusation; mais que l'accusation a été inventée pour y faire entrer l'expression.

C.

Du Canon de la sainte Ecriture, & des Canons particuliers de quelques-unes des parties dont elle est composée.

Rien n'est plus ordinaire chez les interpretes des Livres Sacrez, que de parler du Canon de la Sainte Ecriture, & de distinguer les livres qui ont été reçûs dans le Canon, de ceux qui en ont été exclus, & de faire des conjectures sur l'Auteur du Canon; mais aucun d'eux n'a traité cette matiere à fond, & n'a apporté des preuves legitimes & convaincantes de son opinion. Cependant la matiere est importante, & merite bien une serieuse application. Je l'y ai donnée (1) autrefois, & j'ai fait part au public de mes réflexions. Sans y entrer donc de nouveau, il me suffira de remarquer présentement, qu'avant que de faire la collection & le Canon général de toutes les parties dont la Bible est composée, il a été nécessaire de faire un Canon particulier de chacune des parties qui entrent dans cette composition, lorsque ces parties étoient composées elles-mêmes de plusieurs autres parties.

(1) Démonstr. Ev. Prop. IV.

Avant que de donner place dans le Canon général au Pentateuque, on a été obligé de fixer le nombre des livres de Moyse qui le composent.

Le Psautier étant composé de plusieurs Pseaumes, il a fallu en déterminer le nombre, avant que de l'admettre dans le Canon général; & non seulement leur nombre, mais encore leur arrangement, & l'ordre qu'ils tiennent entre eux. Cela paroît clairement par le discours que fit Saint Paul dans la Synagogue d'Antioche de Pisidie, où citant un passage de l'Ecriture, il dit, *Act.* 13. 33. qu'il étoit pris du second Pseaume.

Je trouve de plus la preuve de ce que j'avance, dans l'Ecclesiastique de Jesus fils de Sirach, au quarante-neuviéme chapitre, où il fait un dénombrement de plusieurs des Auteurs Sacrez, & les arrange suivant l'ordre qu'ils tiennent entre eux dans l'Ecriture, & que Saint Jerôme a marqué dans son Prologue général. Et le Martyr Saint Etienne, en citant des paroles du Prophéte Amos, 5. 25, 26. dit, qu'elles se trouvent dans le livre des Prophétes, c'est-à-dire dans le livre des douze petits Prophétes, du nombre desquels est Amos. Ce qui marque l'antiquité, & l'autorité de ces Canons particuliers, qui sont renfermez dans le Canon général.

CI.

Isopsépha.

Jacques Paumier, Sieur de Grentemesnil, a signalé dans ses écrits l'érudition qu'il avoit acquise par une longue étude, dans les lettres Grecques & Latines. Sa réputation me fit rechercher son amitié, quoiqu'il fût déja dans un âge avancé & respectable, & approchant de la vieillesse, & que je fusse à peine sorti du College. Il me reçut, non-seulement dans son amitié, mais encore dans sa confidence; & dès la premiere visite que je lui rendis dans sa maison de campagne, il s'expectora avec moi, & me communiqua tous les ouvrages qu'il tenoit en réserve dans son cabinet. La reconnoissance m'oblige de rendre témoignage du profit que je tirai de ce commerce. Le mariage qu'il contracta ensuite avec une fille riche & âgée lui ayant fait quitter la campagne, nous nous trouvâmes voisins à Caen, & à portée d'entretenir une étroite & agréable société literaire. Un jour il me pria par un billet de lire avec attention le douziéme chapitre du sixiéme livre de l'Anthologie, qui est intitulé ἰσόψηφα, & de m'appliquer particulièrement à cette Epigramme, qui s'y rencontre:

Εἷς περὶ ἕνα ψήφοισιν ἰσάζεται, οὐ δύο
δοιαῖς,

Οὐ γὰρ ἐπὶ στέγα τὴν δολιχογραφίην.

A quoi il m'avoüoit qu'il ne comprenoit rien. Je lui obéïs, & je me rappellai premierement dans la memoire ce que j'avois lû dans Artemidore, *liv.* 3. *chap.* 34. & *liv.* 4. *chap.* 26. que les Grecs appelloient ἰσόψηφα les mots dont les lettres, selon l'estimation de leur valeur numerale, faisoient le même nombre. Je me souvins aussi que Muret dans ses diverses leçons *liv.* 14. *chap.* 13. avoit expliqué la signification de ce mot. Après avoir examiné ensuite, & cette Epigramme, & tout ce Chapitre, je remarquai que Leonide en étoit l'Auteur, & je fis réflexion que dans le quarante-quatriéme chapitre du premier livre de l'Anthologie, il est fait mention de ce même Leonide, par lequel on dit que les distiques sont faits égaux en valeur de nombre, δίστιχα γὰρ ψήφοισιν ἰσάζεται

Cela me servit à l'intelligence de l'Epigramme proposée, & je parvins enfin à en pénétrer le sens avec une entiere certitude. Ce Leonide abusant de son esprit, s'amusa à faire des vers *isopsephes*. Les anciens Grammairiens par une curiosité puérile avoient recherché les vers *isopsephes* d'Homére, comme on l'apprend d'Aulugelle *liv.14.chap.6.* Ce qu'Homere avoit fait par un pur hazard, Leonide le fit à dessein. Il composoit des Epigrammes de quatre vers, avec un tel art, que les deux premiers vers étoient *isopsephes* aux deux derniers. Par exemple, dans la premiere Epigramme de ce chapitre, qui commence par ces mots, ϑύει σοι τόδε γεάμμα, la valeur numerale des lettres du premier distique, fait le nombre de 5699; & les lettres du second distique valent autant. Si quelqu'un a assez de loisir & de patience, pour faire un pareil essai dans les quatrains suivants, il trouvera le premier distique *isopsephe* au second. Mais dans l'Epigramme qui me fut proposée, & que j'ai rapportée ci-dessus, & qui n'est que de deux vers, Leonide n'a pas opposé ni comparé distique à distique, puisqu'il n'y a qu'un distique, mais il a opposé vers à vers,

& les a faits de valeur égale ; & si l'on en fait le calcul, on trouvera que chacun d'eux forme le nombre de 4111. Il est étonnant que Brodeau, le docte commentateur de l'Anthologie, & Henri Etienne, *Thes. Ling. Gr. in* ἰσόψηφα, se soient si fort éloignez du véritable sens, dans l'interpretation de cette Epigramme, dont l'intelligence est maintenant aisée. En comparant un vers à un vers, c'est-à-dire, en comparant le premier vers de cette Epigramme au second, on trouvera qu'il lui est égal, & forme le même nombre ; & non pas en comparant deux vers à deux vers, comme dans les Epigrammes précedentes; car cela est trop long, & j'aime maintenant la brieveté.

C I E.

Egeria Nympha, paupertatis symbolum.

Ces entretiens secrets & nocturnes de Numa second roi de Rome avec la nymphe Egerie, ont été traitez de fable par tous les Romains, & de fable sans ombre de vérité. Ils ont cru que ce Prince l'avoit controuvée, pour acquerir de l'autorité & de la creance parmi ses sujets, & pour faire recevoir ses loix sans résistance, comme lui ayant été dictées par cette divinité ; par un artifice semblable à celui dont on dit que se sont servis plusieurs autres legislateurs, Zoroastre, Minos, Lycurgue, Zaleucus, pour donner crédit à leurs loix. Mais il y a dans cette fable plus de vérité que l'on n'a cru, & elle merite plûtôt le nom d'allegorie que de fable ; car si l'on en développe la véritable signification, on y découvrira un grand sens, & un mystere plein de grande utilité pour la regle des mœurs. Egerie est le symbole de la pauvreté, comme le nom même le montre ; car *Egeria* a été dite pour *Egenia*, mot derivé du verbe *egere*, qui signifie *être dans la pauvreté*. Aruns neveu du premier Tarquin, s'étant trouvé sans aucun bien, fut surnommé *Egerius*, c'est-à-dire *le pauvre*, *l'indigent*. *Ab inopia Egerio inditum nomen*, dit Tite-Live, *lib. 1. cap.* 34. Les anciens ont marqué cette pauvreté de Numa par la vaisselle (1) de terre, dont ils disoient qu'il se servoit, & qui étoit fort agréable aux Dieux.

(1) Cic. Parad. & Fragm. Juvenal. Sat. VI. 34.

Ils rapportent à ce sujet que pour exciter les Romains par son exemple à une pareille temperance, il les invita de venir voir de quels meubles sa maison étoit parée; & que n'y ayant rien vû que de fort pauvre, il les pria de souper chez lui ce même jour, comme pour leur faire connoître que la pauvreté des mets de sa table répondoit à la simplicité de ses meubles: mais que les Dieux voulant faire honneur à sa vertu, firent que sa maison parut ornée de meubles magnifiques, & sa table couverte d'un grand nombre de mets délicats, dont il les regala splendidement. Quand Numa disoit donc, qu'il aimoit Egerie, & qu'il en étoit aimé, & qu'il apprenoit d'elle le culte des Dieux & les cérémonies de la religion, & l'art de regner, & de faire de bonnes loix; il vouloit dire que sa pauvreté, & le mépris qu'il faisoit des richesses, l'avoient éloigné du luxe & de la débauche, & lui avoient inspiré l'amour de la sagesse, de la retraite, & de l'étude. Et cet amour de l'étude à fait dire (2) à quelques autres que cette Egerie étoit une des Muses. Or les Philosophes ont posé le mépris des richesses, pour un des

(2) Dionys. Halic. lib. 2.

grands principes de leur morale ; & il y a long-tems que Petrone a dit: *Bonæ mentis soror est paupertas* ; & Seneque rapporte (3) qu'un certain Démetrius, homme de merite, disoit à un homme riche, fils d'un affranchi, que pour s'enrichir il falloit renoncer au bon sens. Quoique l'ignorance & la credulité des Romains fussent grandes du tems de Numa, comme il est aisé de le reconnoître par tout ce que l'on a debité de la vie de Romulus, ils eurent néanmoins de la peine à ajouter foi à ce que Numa disoit de sa familiarité avec Egerie : mais un Prince d'un esprit rafiné & délicat, tel qu'étoit sans doute Numa, put bien par son adresse, à la faveur de la superstition, faire recevoir ses loix. Mais si, dans cet âge de simplicité, les Romains furent assez dupes pour recevoir la fable d'Egerie, il ne faut pas s'imaginer que leurs descendans aient persévéré dans cette erreur. Ils n'ont parlé (4) de ce commerce de Numa & d'Egerie, que comme d'une fable faite à plaisir. Mais aucun d'entre-eux n'a pénétré le sens

(3) Quæst. natur. lib. 4. Præf.
(4) Cic. de Legib. lib. 1. Dionys. Halic. lib. 2.

mysterieux de cette allegorie, & n'a eu le moindre soupçon, que la nymphe Egerie, ses entretiens nocturnes avec Numa, les leçons, & les conseils qu'elle lui donnoit, signifiassent la pauvreté, & l'utilité qu'il en retiroit, pour s'instruire dans la connoissance des Dieux & de la religion, & dans la science du gouvernement de son état.

CIII.

L'amour est une maladie du corps, & se peut guerir par le secours de la Medecine.

L'amour n'est pas seulement une passion de l'ame, comme la haine & l'envie; mais c'est aussi une maladie du corps, comme la fiévre. Elle est dans le sang & dans les esprits, qui s'allument & s'agitent extraordinairement, & on pourroit la traiter méthodiquement par les regles de la medecine, pour la guerir. Je crois que l'on en pourroit venir à bout par de grandes sueurs, & de copieuses saignées, qui emportant avec l'humeur ces esprits enflammez, purgeroient le sang, calmeroient son émotion, & le rétabliroient dans son état naturel. Ce n'est pas une simple conjecture ; c'est une opinion fondée sur l'experience. Un grand Prince, que nous avons connu, atteint d'une amour violente pour une Demoiselle d'un grand mérite, fut contraint de partir pour l'armée. Tant que son absence dura, sa passion s'entretint par le souvenir, & par un commerce de lettres fort frequent & fort regulier, jusqu'à la fin de la campagne, qu'une maladie dangereuse le réduisit à l'extrémité. On proportionna les remedes au mal, & on mit en usage tout ce que la medecine enseigne de plus efficace. Il reprit sa santé, mais sans reprendre son amour, que de grandes évacuations avoient emporté à son insçu. Car se persuadant d'être toûjours amoureux, & ne l'étant plus que de mémoire, il se trouva froid & sans passion auprès de celle qu'il croyoit encore aimer. Chose pareille arriva à un de mes amis intimes, qui ayant été délivré d'une fiévre longue & opiniâtre par une espece de crise, qui consista en sueurs, il se trouva délivré en même-tems d'un amour importun & incommode, dont il étoit tourmenté depuis long-tems. De sorte que, lorsqu'après sa guérison il voulut reprendre son même train de galanterie, & continuer ses soins amoureux, il ne sentit plus ses anciens empressemens, & fut étonné de ne reconnoître plus en lui qu'indifference & que langueur, au lieu de sa vivacité & de sa tendresse passée.

C I V.

Tous les Anciens n'ont pas cru que la Zone-Torride fût inhabitable.

On est bien revenu de l'opinion des anciens sur l'état de la Zone-Torride qu'ils croyoient inhabitable, à cause de son extrême chaleur, *Quarum (1) quæ media est, non est habitabilis æstu.* On sçait présentement le contraire, & on éprouve dans toute l'étenduë de la Zone-Torride, que la demeure y est commode & saine, que la chaleur y est temperée, & que la terre y est fertile. Cependant tous les anciens n'ont pas été dans cette erreur, & Strabon, *liv.* 2. atteste qu'Eratosthene & Polybe, auteurs célébres, ont cru que la Zone-Torride étoit temperée. Il est vrai que la raison, qui, selon Strabon, a déterminé Polybe à ce sentiment, est ridicule. Il s'est ima-

(1) Ovid. Met. lib. 1.

giné que la partie de la terre, qui est sous l'Equateur, étoit plus élevée que toutes les autres, parce que dans un globe fuspendu par un axe qui le traverse par ses deux poles, il semble que la partie la plus élevée soit celle du milieu; & que les nuages qui étoient chassez du Nord au Sud par les vents Etésies, rencontrant ces terres élevées, & y étant arrêtez, se résolvoient en pluies, qui temperoient la chaleur. Mais il devoit savoir que dans tout globe, toutes les parties de la superficie étant également éloignées du centre, sont également hautes.

Le même Polybe est tombé dans une seconde erreur, qui a pourtant été commune à la plufpart des anciens, lorsque cherchant la cause du débordement du Nil, ils l'ont attribué à ces nuages, poussez du Septentrion au Midi par les Etésies. On sçait presentement que la force du Soleil est si grande dans toute la Zone-Torride, lorsqu'il est vertical, qu'il attire puissamment les vapeurs de la terre, & qu'elles se résolvent en pluies. De sorte que cette saison, qui sembleroit devoir être la plus ardente, & produire un été brûlant, forme au contraire une espece d'hyver pluvieux, qui rafraîchit l'air, l'air, & cause les débordemens des rivieres. Il faut cependant qu'Eratosthene ait changé de sentiment sur cette matiere : car Heraclide dans ses Allegories d'Homere, rapporte la description des Zones, qu'il a faite en vers, où il parle de la Torride, comme d'une region aride, sablonneuse, & toûjours brûlée par les rayons du Soleil.

CV.

Explication de la dixiéme Epigramme de Catulle.

On peut reconnoître avec quelle précipitation Joseph Scaliger traitoit les questions de literature, par l'explication qu'il a donnée de la dixiéme Epigramme de Catulle. Ce poëte nouvellement revenu de Bithynie, où il avoit accompagné le Préteur, qui y étoit allé commander, parla dans une compagnie où il se trouva, de l'état de cette Province, & du peu de profit qu'il avoit fait à ce voyage, à cause de l'humeur interessée & mal-faisante du Préteur. Une Dame qui étoit présente, lui répondit en ces termes :

At certe tamen, inquiit, *quod illic Natum dicitur esse, comparasti Ad lecticam homines.*

Scaliger au lieu de ces paroles, *Natum dicitur esse,* prétend qu'il faut lire, *Natum dicitur ære.* Et sur cet *ære* il étale une érudition fort inutile, & tout-à-fait hors de propos. Il prétend que ceux qui accompagnoient les Proconsuls dans les Provinces, faisoient deux sortes de profit ; l'un provenant de l'emploi qu'ils avoient dans la Province ; l'autre de leur industrie ; & que ce dernier s'appelloit *æs natum.* Il applique cette exposition au passage de Catulle, & paraphrase ainsi les paroles de cette dame : Si vous n'avez rien gagné dans l'exercice de votre emploi, du moins avez-vous fait un assez grand profit par votre savoir-faire, & votre industrie, & avez vous acquis une assez grosse somme de cet argent, qu'on appelle *l'argent né,* pour en avoir pû acheter huit porteurs pour porter votre litiere. Cette exposition a si fort flaté la critique de Scaliger, qu'il l'a répétée dans ses notes sur Manile, *liv.* 3. *v.* 127. C'est chercher du mystere là où il n'y en a point, & embrouiller un passage, au lieu de l'éclaircir : &

celui-ci n'avoit aucun besoin d'éclaircissement, étant très-clair. Cette dame dit à Catulle, quelque peu de profit que vous ayez rapporté de Bithynie, du moins en avez-vous ramené sans doute des porteurs de litiere, dont la premiere invention & le premier usage vient de ce pays-là. *Lecticarum usum primi dicuntur invenisse Bithyni.* Ce sont les paroles du Scholiaste de Juvenal, *Sat.* 1. *v.* 121. qui pour preuve ajoûte celles-ci de Ciceron : *Nam una haud mos est Bithyniæ regibus vehi lectica, id est octophoro.* Ce passage de Ciceron est tiré de sa cinquiéme oraison contre Verrès ; mais non pas corrompu comme ici, & qu'il faut ainsi rétablir : *Nam ut mos fuit Bithyniæ regibus, lectica octaphoro ferebatur.* Juvenal (*Sat.* 9. *v.* 142.) parle encore en ces termes des litieres de son tems :

Et duo fortes
De grege Mœsorum, qui me cervice locatâ
Securum jubeant clamoso insistere Circo.

Voici des porteurs de litiere venus de la Mœsie, d'où sont descendus les Mysiens d'Asie, voisins de la Bithynie. J'avois déja fait cette observation dans mes notes sur Manile, en l'année 1679. & alors de tous les Commentateurs de Ca-

M ij

tulle, que j'avois vûs, & qui font en grand nombre, aucun n'avoit donné la véritable interprétation de ce paffage, tout clair qu'il eft. Cinq ans après il parut un Commentaire d'Ifaac Voffius fur ce même Poëte, dans lequel il l'explique felon fon véritable fens. Mais ce qu'il dit de l'origine des litieres, qu'il fait venir des Indes, ne s'accorde pas avec ce qu'en dit ici Catulle, qui en attribuë l'invention aux Bithyniens. Cette diverfité fe peut néanmoins concilier, en difant que les paffages de Catulle, de Ciceron, & du Scholiafte de Juvenal, ne doivent pas s'entendre des litieres en général, mais feulement de celles qui étoient portées par huit hommes, & qu'on appelloit Octaphores.

CVI.

Le bois de Bréfil n'a pas tiré fon nom de la Province du Bréfil, mais la Province a tiré fon nom de celui du bois.

Je me trouvai un jour dans une compagnie de gens de lettres, où l'on parla de l'origine du nom du bois de Bréfil, & perfonne ne douta que ce nom ne vînt de la province du Bréfil, où ce bois vient en abondance. Lorsque je m'opposai à ce sentiment, & que je soûtins au contraire, que le bois de Brésil ne tiroit point son nom de la province du Brésil, mais que la province avoit tiré son nom de celui du bois, je fus traité d'esprit contrariant & rebours, & qui cherchoit à se distinguer par la nouveauté de ses opinions. Je repliquai que mon opinion, pour être nouvelle, n'en étoit pas moins véritable ; que je ne demandois point de grace sur cela, mais que j'esperois que l'on me feroit justice ; que j'avois Barros Portugais pour mon garant, qui dans son Recueil, *Decad. 1. liv. 5. chap. 2.* dit expressement que le pays du Brésil a tiré son nom du bois de Brésil ; qu'à cette autorité j'en avois encore une autre bien plus forte à ajoûter, & hors de toute contradiction ; savoir celle du Rabbin David Kimchi, qui dans son commentaire sur le livre des Paralipomenes, & dans son livre des Racines, dit que le bois appellé dans l'Ecriture *Algummim* est le même qu'on appelle *Brésil* : d'où il s'ensuit que le bois de Brésil étoit donc ainsi nommé dès le tems de ce Rabbin qui est beaucoup plus ancien que celui de la découverte du Brésil.

CVII.

Quelle est la cause qui rend contagieuses quelques maladies, les autres ne l'étant pas?

Ni les Naturalistes, ni les Medecins ne nous ont enseigné quelle est la cause qui rend contagieuses quelques maladies, plûtôt que tant d'autres qui ne le font point. La goute, la gravelle, l'epilepsie, l'apoplexie, ne se communiquent point entre les hommes par la fréquentation : la peste au contraire, la dyssenterie, le flux de sang, l'une & l'autre verole se repandent aisément, deviennent populaires, & font de grands ravages par leur contagion. D'où vient cette difference qui produit de si terribles effets? Je crois en appercevoir une cause, qui, bien qu'assez peu apparente, ne m'en semble pas moins vrai-semblable. Je puis dire en général, que toutes les maladies contagieuses produisent des vers contenus dans des abcez, des charbons, des pustules au dehors ou au dedans du corps, les unes plus, les autres moins, & de natures differentes. Je n'examine point maintenant la cause de la production de ces vers, mais l'effet est ordinaire, & constant, & souvent visible. Or on sçait que ces sortes de vers, par une révolution qui leur est naturelle, se changent en moucherons. Cela se fait en peu de tems, & en une quantité infinie. Et si-tôt que ces moucherons se peuvent servir de leurs aîles, ils ne tardent pas à prendre l'essor & à s'envoler. Alors se répandant de tous côtez, & entrant dans les corps des hommes par la respiration, ils y portent le même venin qui les a engendrez, & y communiquent la corruption d'où ils sont sortis. De-là vient qu'on se sert quelquefois utilement dans de grandes contagions, de feux allumez en divers lieux, par lesquels on croit purger l'air. On le purge en effet, mais non pas de la maniere qu'on s'imagine, en le raréfiant, & changeant sa constitution ; mais en brûlant & consumant ces moucherons volants, dont l'air est rempli, & qui attirez par la lueur du feu, s'y vont brûler, comme les papillons à la chandelle. Une cause toute contraire produit encore le même effet, je veux dire la gelée, qui tue & détruit ces insectes, sinon totalement, au moins en la plus grande partie : car quelquefois la quantité en est

M iiij

si grande, que plusieurs échapent à la rigueur du froid, & entretiennent la contagion ; comme il arriva à la peste noire, qui désola le Dannemarc, & les pays voisins, il y a quelques siécles.

CVIII.

Des Tétraples, Héxaples, & Octaples d'Origene.

Ceux qui ont traité la Critique de la Sainte Ecriture, ont été fort partagez sur les Héxaples d'Origene, dont Saint Jerôme, Saint Epiphane, & d'autres Peres de l'Eglise ont si souvent parlé. Ils n'ont pas seulement parlé de ses Héxaples, mais encore de ses Octaples, & de ses Tétraples. On sçait que chaque page de ce Recueil étoit divisée en plusieurs colonnes ; & que dans la premiere étoit décrit le Texte Ebreu de la Sainte Ecriture, en Lettres Ebraïques; dans la seconde étoit le même Texte Ebreu, décrit en caracteres Grecs; dans la troisiéme, la version d'Aquila; dans la quatriéme, la version de Symmachus ; dans la cinquiéme, la version des Septante; & dans la sixiéme, la version de Theodotion. C'est de ces six colonnes que ce

Recueil a pris la dénomination d'Héxaples. Ces six colonnes étoient suivies d'une septiéme, & d'une huitiéme, qui contenoient deux autres éditions Grecques, trouvées par Origene, l'une à Hiericho, & l'autre à Nicopolis, qui ayant été ajoûtées aux précédentes, au lieu d'Héxaples en firent des Octaples. Mais ces dénominations d'Héxaples & d'Octaples sont renduës fausses par une septiéme version Grecque, qui remplissoit une septiéme colonne, & produisoit des Enneaples. De plus les Peres parlant quelquefois de ces versions de Hiericho, & de Nicopolis, que l'on appelloit la cinquiéme, & la sixiéme édition, disent en termes exprès, qu'elles se trouvoient dans les Héxaples; d'où il s'ensuit que les Héxaples avoient plus de six colonnes. Comme ils nomment aussi quelquefois Octaples le Recueil, où il semble qu'il n'y avoit que six colonnes. De sorte que l'on trouve quelquefois des Héxaples à huit colonnes, & des Octaples à six colonnes; démentant les uns & les autres la signification de leur nom. Je crois être le premier qui ai débrouillé cette confusion, en faisant voir que ces deux dernieres versions ne contenoient pas tous les livres de la Sainte Ecriture, mais seulement ceux qui étoient écrits en vers. On avoit même ajoûté dans quelques exemplaires des Héxaples une septiéme édition, qui ne contenoit que le Psautier. Cela étant bien entendu, il est aisé de comprendre, que l'on a donné le nom d'Héxaples & d'Octaples au même Recueil, mais à differens égards. Il a été nommé Héxaples par rapport aux livres de la Sainte Ecriture, qui ne se trouvoient que dans les six premieres colonnes; & non dans la septiéme, ni dans la huitiéme, qui contenoient les versions de Hiericho & de Nicopolis. Il a été nommé Octaples, par rapport aux livres de la Sainte Ecriture, qui se trouvoient, non-seulement dans les six premieres colonnes, mais encore dans les deux suivantes, savoir les livres qui ont été écrits en vers. On auroit pu même les nommer Enneaples, par rapport au livre des Pseaumes, qui se trouvoit seul dans la neuviéme colonne. Il ne faut donc pas s'imaginer que les Héxaples & les Octaples aient été deux sortes de Recueils distincts & séparez. Ce n'étoit qu'un seul & même Recueil, portant des noms differens pour differentes causes, & à divers égards.

Pour les Tétraples, ce fut un Recueil séparé que fit Origene après les Héxaples, qui ne contenoit que les verfions d'Aquila, de Symmachus, des Septante, & de Theodotion, & qui étant déchargé de deux textes Ebraïques, & des verfions de Hiericho & de Nicopolis, étoit d'un ufage bien plus commode que les Héxaples, & que l'on pouvoit avoir à moindres frais.

CIX.

Quelle est la posture la plus naturelle à l'homme, d'être debout, d'être assis, d'être couché, ou de marcher.

Ce n'est pas, ce me semble, une curiofité frivole, que de rechercher quelle est la posture la plus naturelle à l'homme, & aux autres animaux, d'être debout, d'être affis, d'être couché, ou de marcher. On ne peut pas dire que ce soit d'être debout, car cet état paroît être violent, puifqu'il caufe bien-tôt la lassitude, & que nous ne voyons point d'animal, qui après avoir été debout pendant quelque tems, ne s'affoie volontiers, ou ne se couche pour se repofer. Si l'on dit que ce soit d'être affis, cela n'est pas soûtenable, puisque très-peu d'animaux, & presque aucun, soit terrestre, soit volatile, ou aquatique, ne se mettent en cette posture, hors l'homme, le singe, le chien, & le chat. Le coucher semble être destiné pour le sommeil de l'animal, ou pour le soulager, & lui rendre ses forces, quand le travail, ou la maladie, ou sa foiblesse naturelle les lui ont ôtées. De plus, aucune de ces trois situations, d'être debout, d'être assis, ou d'être couché, ne peut être appellée naturelle, puisqu'elle détruiroit la nature, si elle duroit long-tems, car l'animal ne peut satisfaire à ses besoins sans mouvement. Le marcher est donc nécessaire pour l'entretien de la vie : mais c'est une action violente, qui épuise bientôt les forces, & ne peut être d'une longue durée. On ne peut pas dire cependant qu'aucune de ces postures ne soit pas naturelle, car on n'en peut imaginer aucune autre, & il seroit absurde, de toute absurdité, de dire que l'animal n'ait aucune posture qui lui soit naturelle. Je prens donc le parti opposé, & je dis que ces quatre postures lui sont naturelles successivement, & selon ses besoins, & dans des tems differens. Il se tient na-

turellement debout, quand il est plein
de santé, d'esprits, & de force. Il s'af-
sied volontiers, quand quelque occupation doit l'arrêter long-tems, pour prévenir la fatigue par la commodité qui
se trouve dans cet état. Le sommeil nécessaire à la vie, & quelquefois la grande lassitude & l'épuisement des forces,
l'invitent à se coucher, comme au moyen
le plus promt & le plus aisé pour se rétablir. Enfin les nécessitez indispensa-
bles de la vie le forcent à se remüer de
tems en tems, & à se donner du mouvement. D'ailleurs, la conformation du
corps de l'animal, nous sert à comparer ces postures, & à en reconnoître l'u-
sage. L'homme étant debout, tout son
corps qui paroît tranquille, est pourtant
dans l'action. Les muscles, les tendons,
& les nerfs, depuis les pieds jusqu'à la
tête, à la réserve des bras & des mains,
sont tendus pour le soûtenir avec fermeté. Quand il est sur son séant, les pieds,
les jambes, & les cuisses se reposent; mais
la partie superieure du corps agit encore, quoiqu'avec moins de contention.
Toutes les parties du corps sont en repos
dans le coucher: quoique nous éprou-
vions qu'un long coucher dans une mê-

me situation, nous lasse, & nous oblige de nous tourner, & de changer de posture, pour donner un cours libre & égal aux esprits dans les parties sur lesquelles le corps avoit posé, & d'où ils avoient été exclus par la compression. Et c'est pour cette raison qu'en quelque posture que se mette l'animal, quelque commode qu'elle soit, il en est bien-tôt las, parce que dans cette posture le cours des esprits ne se fait pas également dans toutes les parties, & que celles qui en reçoivent moins qu'il ne leur en faut, souffrent de ce retranchement une espece de douleur que l'on appelle lassitude. Mais dans le marcher, toutes les parties du corps étant dans un travail continuel & violent, il se fait une si grande dissipation d'esprits, particulierement dans les parties qui servent au marcher, que la nature seroit bientôt épuisée, s'ils n'étoient réparez par le repos.

CX.

Comparaison d'Alexandre, d'Annibal, de Scipion, & de Cesar.

Quand Minos rendit entre Alexandre, Annibal, & Scipion, le jugement qui est rapporté dans Lucien, sur la préférence de ces trois grands Capitaines, & qu'il donna l'avantage à Alexandre, le second rang à Scipion, & le dernier à Annibal, je n'aurois pas été de son avis, non plus que de celui d'Appien, qui en a fait le même jugement dans le livre qu'il a écrit des guerres des Romains en Syrie. Il paroît qu'ils ont jugé du mérite de ces Généraux par le succès de leurs entreprises, & les suites qu'elles ont euës ; & non pas, comme ils le devoient, par leurs actions considerées en elles-mêmes, par les conjonctures & les dispositions des choses & des tems. S'ils avoient fait réflexion là-dessus, ils auroient dû, selon mon sentiment, préferer Annibal, donner le second rang à Scipion, & le troisiéme à Alexandre. Je ne parle que des qualitez militaires : car si on les regarde par leurs qualitez personnelles, Scipion me semble avoir été le plus honête-homme des trois, par sa sagesse, par sa moderation, & par toute la conduite de sa vie. On voit dans Alexandre plusieurs traits d'un excellent naturel, d'une noble generosité, & d'une vertu heroïque, mais défigurée par une excessive brutalité, par une impetuosité, & des emportemens enormes, par une folle & ridicule vanité, & par l'extravagance de ses desseins. On reconnoît dans la conduite d'Annibal le genie feroce, & défiant de sa nation, éloigné de toute humanité, peu fidelle à ses traitez, & à ses promesses. Mais je n'examine point ici quelles ont été leurs qualitez morales. Je fais seulement attention sur leurs vertus militaires : & en cela je donne de bien loin la préference à Annibal. Il fit la guerre aux plus vaillans hommes, aux troupes les mieux disciplinées, & au plus puissant état, qui fût alors dans le monde connu : étant déja maître & victorieux du sien. N'ayant pas encore atteint l'âge de vint-cinq ans, il fut déclaré Généralissime des armées de Carthage. En trois ans, il se rendit maître de l'Espagne, il franchit les Pyrenées, il se fit jour au travers des Gaules, il battit tout ce qui s'opposa à son passage, & passa le Rhône à la vuë, & malgré l'opposition des Gaulois ; il perça les Alpes à la tête de son armée avec une audace & une adresse, dont on n'avoit cru qu'Hercule capable avant lui. Il passa sur le ventre dans une infinité de combats aux armées Romaines, commandées par des Chefs experimentez, & d'une valeur confommée, fans recevoir prefque aucun revers. Il porta la guerre & la terreur jufqu'aux portes de Rome ; & quoique fort foiblement affifté par fes compatriotes, envieux (1) de fa gloire, il trouva moyen de fe maintenir pendant feize ans dans le pays ennemi. S'il en fortit, il le fit volontairement, & fans y être contraint par la force, mais feulement pour obéïr aux ordres des Carthaginois qui le rappelloient. S'il a perdu une bataille contre Scipion, il l'a perduë contre les Romains, le peuple le plus aguerri qui fût alors. Et qui eft le Capitaine qui n'ait jamais effuyé de revers dans une longue fuite de guerres ? Une feule bataille perduë efface-t-elle la gloire d'une infinité d'autres gagnées ? Il eft-vrai que cette victoire fut très-éclatante, parce qu'elle mit fin à la feconde guerre Punique ; non pas tant par la perte qu'y firent les Carthaginois, que par leur barbarie, & la ferocité de leur gouvernement, qui ne permit pas à Annibal de prendre les mefures néceffaires pour reparer cet échec. Ces rois d'Afie, Antiochus &

(1) Vide Cornel. Nep. in Hannibale.

Prusias, chez qui il se réfugia, souffrirent-ils la moindre perte, tant qu'il se mêla de leurs affaires, & que leur esprit défiant & peu sûr ne le força pas de songer à sa propre sûreté ? Quand Scipion se mocque donc d'Annibal dans Lucien & dans Appien, d'avoir osé se préferer à lui, par qui il avoit été vaincu, il ne me semble pas raisonner conséquemment, puisqu'un seul événement ne suffit pas pour faire la décision de leur different. Quant à Alexandre, je ne le mets qu'au troisiéme rang. A la fleur de son âge il se trouva chef d'une armée de braves Macedoniens, aguerris par Philippe son pere ; mais pauvres, qui ne connoissoient point les douceurs de la vie, & qui habitoient un terroir ingrat & sterile. Il étoit maître absolu de son Etat, & de ses troupes, ne dépendant que de sa propre volonté, pour entreprendre, pour conduire, & pour soûtenir la guerre. Il attaqua un ennemi amolli par les délices, & par une longue prospérité ; & des peuples méridionaux, naturellement lâches par la chaleur de leur climat, & toûjours inferieurs en valeur & en vigueur aux gens du Nord. Alexandre étoit veritablement brave de sa personne, intrepide, & determiné, mais téméraire & inconsideré ; brave en soldat, mais non en capitaine; par son naturel, mais non pas par sa raison, & ne faisant pas un legitime usage de sa valeur pour le bien de son armée & de ses sujets. Que si dans la comparaison de ces grands Capitaines nous faisions entrer Cesar, de quelque côté qu'on le considerât, on le trouveroit sans doute fort superieur, & on reconnoîtroit que les siécles passez ne nous fournissent point d'exemple d'un si grand concours de vertus, & que Cesar a été le plus grand effort de la nature.

CXI.

Antiquité des Orgues.

Les Orgues dont on se sert dans nos Eglises pour entretenir le chant & répondre au chœur, sont un si bel instrument, & d'une si excellente invention, que je m'étonnois autrefois qu'ils n'eussent pas été autant célébrez par les anciens, qu'ils me sembloient le meriter ; & je croyois aisément ce que j'avois ouï dire, qu'il n'étoit point connu en France avant Louïs le Debonaire, & qu'un

Prêtre Italien y en avoit enseigné l'usage & la fabrique, qu'il avoit apprise à Constantinople. Je savois que quelques-uns le faisoient remonter jusqu'au tems de Charlemagne, & même de Pepin. Je savois aussi que vers l'an de notre Seigneur 657. le Pape Vitalien, en réformant le chant de l'Eglise Romaine, y avoit joint (1) les orgues, pour le soûtenir & l'embellir. C'est tout ce que je savois, mais je fus bien surpris lorsque je lus dans le Commentaire de Saint Augustin sur le quatriéme verset du Pseaume cent-cinquantiéme, que le nom d'Orgue étoit un nom général, qu'on donnoit à tous les instrumens de musique ; mais que l'usage avoit restraint la signification de ce mot au grand instrument, que l'on appelle des Orgues, dans lequel on fait entrer le vent par des soufflets; qu'il ne croit pas néanmoins, qu'il faille prendre en ce sens le mot d'*Organum* dans ces paroles du verset, *Laudate eum in chordis & organo* ; parce qu'encore que le mot d'Orgues s'attribuë en général à tous les instrumens de musique, les Grecs donnent un autre nom à l'instrument, où

(1) Platin. in Vitalian. Fauchet, liv. 5. ch. 13.

l'on se sert de soufflets; & que le nom d'orgues ne lui est attribué que par l'usage de la langue Latine. Isidore dans ses Origines, *liv.* 3. *ch.* 20. a copié ce passage presque en mêmes termes. Saint Augustin avoit dit à peu près la même chose sur le Pseaume 56. sçavoir que le nom d'Orgue convient à tous les instrumens dont on se sert pour le chant ; & non pas seulement à celui où l'on fait entrer le vent par des soufflets. Si ce Pere avoit eu recours au texte Ebreu dans ce passage du cent-cinquantiéme Pseaume, il auroit trouvé le mot de עוגב, auquel ces observations ne conviennent point. Cassiodore a aussi décrit nos orgues en peu de mots *lib.* 1. *Epist.* 45. en loüant cet art, qui fait *organa extraneis vocibus insonare, & peregrinis flatibus complet, ut musica possint arte cantare.* Et l'Empereur Julien en a fait une description exacte dans une épigramme que l'on trouve dans l'Anthologie, *lib.* 1. *cap.* 86. La passion étoit si grande de son tems pour entendre ces instrumens, qu'Ammien Marcellin, *lib.* 14. *cap.* 6. se plaint qu'ils faisoient abandonner l'étude des sciences. Il y avoit pourtant déja long-tems que l'on connoissoit à Rome les instrumens de musique, dont le chant s'excitoit par le vent. Témoin cet agréable poëme de *Copa*, que son élégance a fait attribuer à Virgile, où l'on voit que la musicienne faisoit entrer le vent dans ses chalumeaux, par le moyen d'un souflet qu'elle avoit sous le bras, & qu'elle faisoit agir. Dans les instrumens hydrauliques l'eau remüoit l'air, au lieu de souflet. Cornelius Severus dans son *Ætna* en a fait une exacte description. Et quoique l'on ait fait deux especes d'instrumens des pneumatiques, & des hydrauliques; dont les premiers joüoient par l'inspiration & l'action des souflets, & les autres par l'action de l'eau; il est certain néanmoins que les uns & les autres étoient pneumatiques, étant inspirez par le vent. Et Heron d'Alexandrie dans ses Pneumatiques, y a traité des hydrauliques, comme appartenants aux pneumatiques. Ce Heron vivoit du tems de Ptolomée Evergete, roi d'Egypte. Quand Suetone a dit que Neron *Organa hydraulica novi & ignoti generis circumduxit*, il n'a pas voulu dire qu'ils fussent inconnus à Rome avant Neron; mais il a voulu dire que ceux de Neron étoient d'une nouvelle invention. C'étoient ces hydrauliques de nouvelle fabrique, qu'il vouloit produire au peuple aux jeux publics, comme Suetone le dit un peu après. Heliogabale, un des dignes successeurs de Neron, aima comme lui ces hydrauliques; & Alexandre Severe, son cousin, & son successeur, eut la même inclination. Claudien, qui vint quelque tems après, nous en a laissé (1) cette élégante description :

Et qui magna levi detrudens murmura tactu
Innumeras voces segetis moderatur aëna ;
Intonet erranti digito, penitusque trabali
Vecte laborantes in carmina concitat undas.

Cet arrangement même, que l'on observe dans les tuyaux d'orgue de grandeur successivement inegale, a été representé & figuré dans une épigramme d'Optatianus Porphyrius, qui vivoit du tems de Constantin. Cette épigramme qui est rapportée dans le Recueil d'Epigrammes anciennes de Pithou, est composée de vers de longueur inegale, croissans successivement. Ce qui quadre avec ces paroles

(1) De Mallii Theodori Consulatu, v. 315.

de l'ancien Scholiaste de Juvenal, *Sat.* 8. *v.* 107. *Tunica Gali utuntur in sacris, in modum organi decrescentibus virgulis purpureis.*

CXII.

Si les concerts des Anciens se chantoient en parties ?

Ce commentaire de Saint Augustin sur le cent-cinquantiéme Pseaume, que j'ai allegué dans l'article précédent, est conçu en des termes qui m'ont fait penser à une question bien plus importante sur les concerts des anciens : savoir s'ils étoient composez de parties differentes, comme ils le sont aujourd'hui, faisant entendre en même tems des sons & des tons differens, mais consonans ; ou si les concerts étoient composez d'un seul & même ton, mais chantez par des voix differentes, les unes aiguës, les autres grosses & graves, mais toutes chantant le même ton : & pour m'exprimer par les termes reçus aujourd'hui, savoir si lors qu'une des voix chantoit, par exemple, la note *Sol*, une autre chantoit en même tems la note *Mi*, pour faire une tierce ; ou la note *Ut*, pour faire une quinte.

quinte. Cette queſtion a été propoſée par de ſavans hommes comme douteuſe: & quelques-uns ont cru pouvoir expliquer tous les paſſages des anciens, qui ſemblent établir les concerts en parties, en les appliquant aux concerts faits à l'uniſſon, ou tout au plus à l'octave. Voici comme Saint Auguſtin s'exprime: *Chordis fortaſſe ideo addidit organum, non ut ſingulæ ſonent, ſed ut diverſitate concordiſſima conſonent, ſicut ordinantur in organo. Habebant enim etiam tunc ſancti Dei differentias ſuas conſonantes, non diſſonantes; ideſt conſentientes, non diſſentientes: ſicut fit ſuaviſſimus cantus ex diverſis quidem, ſed non inter ſe adverſis ſonis.* Seneque, *Epiſt.* 84. a parlé fort nettement de ces concerts en ces termes: *Non vides quam multorum vocibus chorus conſtet? Unus tamen ex omnibus ſonus redditur. Aliqua illic acuta eſt, aliqua gravis, aliqua media. Accedunt viris fœminæ; interponuntur tibiæ; ſingulorum illic latent voces, omnium apparent. De choro dico, quem veteres Philoſophi noverunt. In commiſſionibus noſtris plus cantorum eſt, quam in theatris olim ſpectatorum fuit: cum omnes vias ordo canentium implevit, & cavea æneato-*

r.bus cincta est; & ex pulpito omne tibiarum genus, organorumque consonuit, fit concentus ex dissonis. Et dans un autre endroit : *Doces me quomodo inter se acutæ & graves voces consonent ; quomodo nervorum disparem reddentium sonum fiat concordia.* Ce son agréable, qui naît de ces differens accords, est proprement appellé *dissona suavitas* par Martianus Capella, *liv.* 9. Et comme s'exprime Nonius : *Multis diversa canentibus, unus efficitur sonus.* L'Auteur du livre *De mundo*, attribué à Aristote, en a parlé, (*cap.* 5.) très-clairement en ces termes : *La musique mêlant ensemble les sons aigus & les graves, les longs & les brefs en des voix differentes, produit une seule harmonie.* Et dans le chapitre suivant : *Comme dans un chœur*, dit-il, *lorsque le premier chantre a entonné le chant, tout le chœur des hommes, & quelquefois aussi des femmes, y répond en des voix differentes, les unes plus aigues, & les autres plus graves, en composent un concert harmonieux.* Puisque la Musique d'alors composoit son harmonie de sons graves, & aigus, longs & brefs, chantez par des voix differentes, lorsque le son grave étoit long, & que l'aigu étoit bref, il

falloit de nécessité que les accords chan-
geassent ; & que ce qui étoit, par exemple, un unisson, devint une quinte, ou
un autre accord. Quand Ovide parlant
d'Orphée, *Metam.* 10. s'est ainsi expliqué :
>*Ut satis impulsas tentavit pollice chor-*
> *das,*
>*Et sensit varios, quamvis diversa so-*
> *narent,*
>*Concordare modos.*

Peut-on expliquer en un autre sens que
de notre symphonie, ces accords con-
cordants, quoique composez de sons differens entre eux ? Tout cela nous represente si précisement les diverses parties
dont nos concerts sont composez, que
si nous voulions les décrire à des gens
qui ne les connoîtroient pas, nous ne pour-
rions pas nous en expliquer autrement.
Et il se trouve cependant des gens assez opiniâtres, pour soûtenir que cette
diversité de sons ne marque pas une diversité de notes, mais une diversité de
voix aigues, moyennes, & graves, en-
tonant toutes les mêmes notes, chacune
selon sa disposition naturelle ; comme il
arrive dans nos Eglises, lorsque le Cler-
gé, & le peuple, les jeunes & les vieux,

chantans un même Pseaume, les voix sont differentes, mais on n'entend qu'un seul & même chant ; & c'est à ce sens-là qu'ils ajustent les passages que j'ai citez. Ils pourroient appuyer leur opinion sur ce qu'encore aujourd'hui la musique en parties est inconnuë à tout l'Orient, & que jusqu'à présent nos Musiciens n'ont pu la leur faire goûter. Les Chinois ne chantent point à plusieurs parties, non plus que dans toute (1) l'Asie ; & cette Musique ne leur plaît point. Or il ne paroît pas croyable, que si cette Musique étoit aussi ancienne dans l'Occident, que ces passages que j'ai rapportez semblent le persuader, elle n'eût aussi été réçûë dans l'Orient. Mais puisque nos Européens qui frequentent la Chine, & Siam, depuis si long-tems, ne la leur peuvent faire goûter ; faut-il s'étonner que leur repugnance, qui n'a pu être vaincuë jusqu'à présent après tant de tentatives inutiles, ne l'ait pas été dans les siécles passez ? D'autres ont reconnu (2) quelques accords dans les concerts

(1) Voyez Trigaut, de la Chine, liv. 1. chap. 4. Alvarez Samedo, Hist. de la Chine, p. 78. la Loubére, Relat. de Siam, part. 2. chap. 12.
(2) Voyez Perraut sur Vitruve, liv. 5. ch. 4.

des anciens, mais non pas toutes les parties que nous recevons dans les nôtres. Ils n'y admettent qu'une seule partie, soûtenuë de quelques faux bourdons de la quinte & de l'octave, suivant l'usage pratiqué dans les cornemuses & dans les vïelles. Mais le discours que fait tenir Ciceron à Scipion l'Afriquain, en parlant en songe dans le ciel à son petit-fils, me semble décider entierement la question. Quel est cet agréable son, dit Scipion le jeune, qui remplit mes oreilles ? Question pareille à celle que Seneque le Tragique (3) fait faire à Hercule entendant l'harmonie du ciel. Scipion répond à son petit-fils en ces termes : *Hic est qui intervallis conjunctus imparibus, sed tamen pro rata portione distinctis, impulsu & motu ipsorum orbium conficitur ; qui acuta cum gravibus temperans, varios æquabiliter concentus efficit ...... & natura fert, ut extrema ex altera parte graviter, ex altera parte acuta sonent. Quam ob caussam summus ille quidem stelliferi cœli cursus, cujus conversio est concitatior, acuto & excitato movetur sono ; gravissimo autem hic lunaris atque infimus ...... Illi autem octo cursus, in quibus eadem vis*

(3) Senec. Herc. œt. Act. 4. v. 1434.

est duorum Mercurii & Veneris, septem efficiunt distinctos intervallis sonos. On ne peut pas croire que Ciceron dans ce passage ait entendu parler du mouvement journalier des cieux. Car si ces sept sons, differens seulement en grosseur, avoient tous marqué la même note, en quoi auroit consisté cet agrément, qui flattoit si doucement les oreilles ? Si sept violons de grandeurs differentes, à commencer par la poche, jusqu'à la basse de viole, se mettoient tous à joüer en même tems, & continuement, une même note ; peut-on s'imaginer qu'il en revînt quelque plaisir à l'auditeur ? On ne peut donc pas douter que Ciceron n'ait entendu les mouvemens propres & particuliers de chaque ciel. Or ces mouvemens étant fort inégaux, & par la difference des sons graves & aigus, que Ciceron leur attribuë, & par la difference des tems, on ne peut pas concevoir qu'une si grande diversité n'ait produit qu'un même son : Ciceron disant au contraire que ces sons sont differens, à proportion des intervalles des Cieux, *septem efficiunt distinctos intervallis sonos.* Et en parlant de ce son en général, qui étoit composé de tous les autres sons, il dit qu'il est *intervallis conjunctus imparibus, sed tamen pro rata portione distinctis.* Ce qu'il n'auroit pas pu dire, s'il avoit parlé d'un seul & même son.

CXIII.

De la Critique, & de l'abus que l'on en a fait.

Quand j'entrai dans la carriere des études pour faire mon cours de literature, je reconnus que dans l'opinion commune le souverain degré du merite literaire consistoit dans la Critique, c'est-à-dire dans cette partie de la Grammaire, qui s'occupe à rétablir dans sa premiere intégrité le texte des anciens Auteurs, & à le purger des changemens que l'ignorance, ou la précipitation des copistes, ou la corruption des originaux, causée par la longueur des années, ou par la dent de la vermine, y ont apportez. Pour rémedier à ces maux, on prenoit deux voies : ou de consulter les plus fidelles & plus anciens exemplaires, & y conformer les plus recens, & les plus dépravez; ou, lorsque ce secours manquoit, d'user de conjectures, pour restituer l'ancienne leçon dans sa pureté. Les jeunes gens, qui songeoient donc à se faire du nom dans les lettres, travailloient à se pourvoir de bons exemplaires, pour y collationner les éditions les plus recentes. Ils entreprenoient pour cela de grands voyages, & n'épargnoient point la dépense, pour s'enrichir de ces trésors de l'antiquité; & celui qui avoit eû le bonheur de rapporter chez lui ces riches dépouilles, il avoit un gage assuré d'un des premiers rangs du Parnasse. Par cette voie les Gruters, & les Saumaises; & avant eux les Politiens, les Scaligers, les Murets; & après eux Isaac Vossius, & Nicolas Heinsius, & plusieurs autres, sont devenus dans leurs jours les princes des belles lettres. Ceux à qui cet aide manquoit, ils avoient recours à leur propre industrie, & ils employoient leur esprit & leur érudition, pour discerner les endroits qui avoient besoin de correction, & pour les restituer en leur entier.

C'est à cet art que l'on a donné le nom de Critique, dont on fait Aristote le premier inventeur, & il a été pratiqué par plusieurs savans hommes, jusqu'à Aristarque, qui a vécu sous Ptolémée Philometor, roi d'Egypte, & dont le nom a passé à tous ceux qui ont suivi le même emploi. Les Romains ont eu aussi leurs Critiques, aussi bien que les Grecs, & voici de quelle maniere Quintilien en a parlé, liv.1. chap. 4. *Scribendi ratio conjuncta cum loquendo est, & enarrationem præcedit emendata lectio, & mistum his omnibus judicium est : quo quidem ita severe sunt usi veteres Grammatici, ut non versus modo censoria quadam virgula notare,& libros qui falso viderentur inscripti, tanquam subditios submovere familia permiserint sibi, sed auctores alios in ordinem redegerint, alios omnino exemerint numero.* Valerius Probus, dont Suétone a fait l'éloge dans son livre des illustres Grammairiens, s'appliqua à cette unique partie de la Grammaire qui s'occupe à corriger les anciens exemplaires. Ceux qui s'adonnoient à ce travail, soit de collationner les anciens Auteurs sur les originaux, ou de les corriger suivant leurs propres lumieres, avoient coûtume de marquer leur nom à la fin de ces Ouvrages, pour servir de certificat aux lecteurs de l'examen qui en avoit été fait. Eusebe & Pamphile mirent leurs noms au bas des ouvrages d'Origene, qu'ils avoient examinez : & c'est d'un pareil travail que vient ce *Galliopius recensui*, que l'on trouve à la fin des Comedies de Terence. Julius Celsus s'étoit donné le même soin pour les livres de Cesar ; & le Rhéteur Sallusté, pour ceux de Tacite. Ciceron même ne dédaigna pas (1) de donner ses soins pour rétablir l'ouvrage de Lucrece dans sa pureté. Dans ces derniers tems, depuis le rétablissement des lettres, les savans, comme j'ai dit, firent un point capital de cet exercice. Après une si longue ignorance, ce soin étoit nécessaire pour guerir les plaies, que la barbarie avoit fait souffrir aux bonnes lettres : & il faut savoir gré à ceux qui ont travaillé à leur rendre une partie de leur premiere splendeur. Je l'ai fait moi-même dans mes besoins, mais avec beaucoup de timidité & de retenuë.

Mais ce travail, quoique nécessaire dans l'usage des lettres anciennes, m'a toûjours paru bas, & peu digne de l'estime qu'il s'est attirée, & de l'application d'un esprit noble & élevé. Je n'ai jamais fait grand cas d'une étude, qui fait consister le souverain dégré de l'érudition dans des conjectures hazardées

(1) Euseb. Chron. Vossius, de arte Gramm. 1. 6.

sur quelques mots mal entendus, ou dans le changement de quelques lettres mal arrangées. J'appelle ces Critiques les sarcleurs du champ de la literature. Que si je me trouve quelquefois obligé d'être sarcleur de mon propre fonds, je veux que la culture que j'y donne m'en fasse manger les fruits.

La bassesse de cet emploi n'est pas seulement ce qui m'en a dégoûté. La hardiesse effrenée des nouveaux Critiques a été principalement ce qui m'en a rebuté. Au lieu de remedier au mal, & guerir les parties gangrenées, ils ont souvent infecté les plus saines & les plus entieres. Ils ont fait dire aux anciens ce qu'ils n'avoient jamais pensé; leurs corrections ont dégénéré en corruptions, & le remede a été pire que le mal. Et ceux qui ont cru se signaler davantage dans cet art, ont causé le plus grand desordre. Il n'est pas croyable avec quelle témérité Joseph Scaliger, qui crut en son tems s'être acquis par cette voie le titre de Prince de la literature, a défiguré les anciens auteurs qui ont passé par ses mains. Je l'ai fait voir incontestablement dans ses Commentaires sur Manile, abîme d'erreurs & de faussetez. Saumaife a été plus moderé, quoique souvent licentieux, & abufant de fon favoir, de fon efprit, & de fa reputation. Je puis donner pour exemple d'un fage critique Jean Frideric Gronovius, qui à une profonde érudition, & beaucoup de penetration & de fagacité, a joint une rare modeftie, & une grande circonfpection. Dans un commerce étroit de literature que j'ai eu pendant plufieurs années avec M. Bochart, nous avons eu fouvent des differends fur cette matiere, comme fur beaucoup d'autres. Il s'étoit fait une habitude fi fréquente de ces interpolations, qu'il appelloit reftitutions, qu'en voulant faire honneur à fon efprit, & à fon favoir, il faifoit fouvent tort à fon jugement. On en pourra juger par les exemples fuivants. Il fut confulté un jour par fon ami M. de Brieux fur le fens d'un paffage de Servius, dans fon Commentaire fur la cinquiéme Eglogue de Virgile, où il met entre les caracteres de la figure d'Appollon, *Gryphenæum, quod & terrenum numen oftendit.* Il ne balança point à reformer le mot *Gryphenæum* en celui de *Grypæëtum*, & il foûtint fa conjecture par une longue differtation, curieufe à la vérité, & fort applaudie par tous ſes admirateurs, mais néanmoins portant à faux : car M. Sarrau ayant conſulté les anciens manuſcrits, manda qu'ils portoient ces paroles, *Grypen, quæ cum etiam terrenum numen oſtendit.* Je fus fâché pour l'amour de M. Bochart, de voir une ſi grande levée d'érudition, qu'il avoit étalée dans ſa réponſe, renduë inutile par ces importuns manuſcrits. On allegua une autrefois dans l'Academie de Caen, ce paſſage des Bacchides de Plaute, où un Pedagogue parlant du fouët qu'on donne à un écolier, qui ne dit pas bien ſa leçon, s'explique ainſi: *Fieret corium tam maculoſum, quam eſt nutricis pallium.* Cela s'entend aſſez de ſoi-même ; car on voit clairement qu'il compare les marques que le fouët laiſſe ſur la peau d'un jeune écolier, à celles qu'un enfant par ſes ordures laiſſe ſur la robe d'une nourrice. C'eſt en ce ſens que Phénix, nourricier d'Achilles, lui reproche dans Homére, qu'étant enfant il lui avoit ſouvent gâté ſa robe. Et c'eſt en ce même ſens qu'Eraſme (2) en a fait un adage. Mais un Critique de cette Academie ayant propoſé une diverſe leçon de ſon invention ſur ce paſſage,

(2) Chiliad. 3. Cent. 1. Adag. 60.

qui n'en avoit point besoin, & ayant conjecturé que Plaute pouvoit avoir écrit, *quam est meretricis pallium*; parce que les robes des femmes publiques étoient peintes de fleurs, & de diverses couleurs; M. Bochart se crut en droit de conjecturer comme un autre. Ainsi, à l'assemblée suivante, il nous apporta une très-savante & très-absurde diatribe, pour nous convaincre qu'il falloit lire dans cet endroit de Plaute, *quam est natricis pallium*: rapportant les taches de la peau de l'écolier foüetté, aux mouchetures de la peau du serpent nommé *Natrix*. Je pourrois rapporter plusieurs autres traits de la critique de ce grand homme, mais je finirai par ce troisiéme, auquel je dois prendre un plus particulier interêt. Il m'envoya prier un jour de lui prêter mon exemplaire de l'Anthologie, où se trouve un petit poëme de Paulus Silentiarius sur les bains Pythiens de Bithynie, qui ne se rencontroit point dans le sien. Il ajoûtoit qu'on le consultoit sur l'intelligence d'un passage de ce poëme, où ces bains sont comparez à ceux de Medie, & de Perse, en ces termes :

οἶδεν, φίρεν τοιαῦτ' ἀ-

τιτανία, μηδία,
 χ περσική πιτάκη.

Là difficulté confiſtoit à ſavoir ce que c'eſt que cette πιτάκη. Il me pria par ce billet de lire ce poëme en le lui envoyant, & de lui dire mon avis ſur ce πιτάκη. Je lui envoiai le livre, il lut le poëme, & n'entendit rien à la ſignification de ce mot. Un autre homme que lui, l'auroit avoué ingenument, mais un tel aveu ne convenoit pas à un critique du premier ordre. Il coupa le nœud qu'il ne pouvoit délier, & en banniſſant ce πιτάκη incommode, il lui ſubſtitua πακτυκὴ, qui eſt le nom d'une petite region de Perſe. Cette penſée étoit ſpecieuſe, & il ne lui manquoit que d'être véritable ; car je lui fis voir que *Pittace* & *Sittace* ſont la même choſe que *Pſittace*, ou *Pſittacene*, region de Perſe, qui a donné le nom de *Pſittacus* au perroquet : la premiere lettre de ce nom, étant la lettre double Ψ, compoſée d'un P, & d'une S, & ſe réſolvant en ces deux lettres; & de *Pſittacene*, & *Pſittace*, faiſant *Sittacene*, & *Sittace*, & *Pittace*. Cela ſe confirme ſans contredit, par le livre d'Ariſtote des Merveilles, d'où Paulus Silentiarius a tiré toute la matie-

τὸ de ſon poëme. ἴσι δὲ, dit-il, ᾗ ἐν μη-
δίᾳ, ᾗ ἐν ψιπλακίῳ τῆς σιροίδος πυρὶ και-
όμῳα.

CXIV.

Antiquité des Jets-d'eau.

Lorſque M. Perraut ſe conſtitua juge entre les anciens & les modernes, & entreprit de donner à notre ſiécle la préference ſur les ſiécles anciens, dont il n'avoit qu'une très-mediocre connoiſſance; & qu'il me communiqua les ouvrages qu'il preparoit ſur cette matiere; je fis tous mes efforts pour le retirer d'une entrepriſe, qui étoit au-deſſus de ſa capacité, & que je prévoyois ne devoir pas tourner à ſon avantage. Je lui alleguai diverſes raiſons, aſſez fortes pour devoir l'arrêter, mais je lui cachai la principale, qui étoit ſon inſuffiſance, & le peu d'uſage qu'il avoit de l'antiquité qu'il attaquoit; à quoi tout ſon bel eſprit ne pourroit pas ſuppléer. En me remontrant ſouvent les avantages qu'il attribuoit à notre ſiécle, ſur les ſiécles paſſez, les jets-d'eau de Verſailles, que nous avions devant les yeux, lui ſervirent de preuve pour établir ſon paradoxe, comme une nouvelle invention de ces derniers tems, qui étoit d'un si grand ornement pour nos maisons, entierement inconnu à nos devanciers. J'étois tout récent alors des observations que j'avois faites sur le poëte Manile ; & j'avois encore present à l'esprit cet endroit du livre quatriéme, *v.* 162. où rapportant les inclinations que donne le signe du Verseau, à ceux qui naissent sous son ascendant, il dit qu'il s'adonnera à la conduite des eaux, & à détourner leur cours pour les faire aller vers le ciel, & arroser les astres :

Ipsaque conversis aspergere fluctibus astra.

Ce qui ne se peut entendre que des jets-d'eau ; non plus que cet endroit de Pline le jeune que je lui indiquai (*lib.* 5. *Epist.* 6.) *Fons egerit aquam & recipit ; nam expulsus in altum in se cadit ; junctisque hiatibus & absorbetur & tollitur.* Il me souvint aussi que Cassiodore écrivant à Boëce, & loüant sa profonde intelligence dans les Mathematiques, & pricipalement dans cette partie qui regarde les Mechaniques, *Facit aquas,* dit-il, *ex imo surgentes, præcipites cadere.* J'ajoûtai à cela ce qui est encore plus exprès, & entierement démonstratif, que les anciens n'ignoroient pas cette propriété de la nature, de faire remonter les eaux, après leur descente, à la hauteur de leur source ; & de l'équilibre que les eaux qui remontent, gardent avec celles qui descendent, par l'égale compression de l'air, qui se fait dans les deux extrémitez de leur course, & à la tête, & à la queuë. Ce que Vitruve & Palladius n'ont pas ignoré, & que Pline a expressement marqué, *liv. 31. chap. 6.* disant que les eaux *subeunt altitudinem exortus sui* : & que comme c'est de ce balancement & de ce contrepoids, que dépend tout l'artifice des jets-d'eau, il n'y a pas d'apparence que les anciens ayant connu cette cause, en aient ignoré un si surprenant effet. J'aurois pû lui en fournir beaucoup d'autres preuves ; mais je crus que cet échantillon pourroit suffire, pour le faire revenir de son entêtement, & de ses fausses idées.

CXV.

De loco Origenis super typico & symbolico corpore.

Les Protestans de France, sectateurs de la doctrine de Calvin, ont crû tirer un grand avantage contre le dogme Catholique de la realité du Corps de Jesus-Chrift dans le Sacrement de l'Eucharistie, du paſſage d'Origene, où parlant de ce Corps, il l'appelle *Corps typique & symbolique*. Pouvoit-il, diſent nos adverſaires, exclure plus nettement la realité du Corps de Jeſus-Chriſt de ce Sacrement, qu'en diſant qu'il n'y eſt preſent que par image, & qu'il eſt abſent en effet ? qu'il n'y eſt que figuré & repreſenté ; & non pas réel & véritable ? C'eſt ainſi qu'Aubertin, & tous ceux de ſa ſecte, ont entendu ce paſſage, & l'ont fait valoir ſelon toute l'étenduë de leur zele, & de leur prévention. Sixte de Sienne *Biblioth. lib. 6. Annot. 66.* a cru que ce paſſage avoit été altéré par les Hérétiques. Genebrard & le Cardinal du Perron en ont attribué la dépravation à Eraſme qui l'a traduit: Bellarmin, ſans avoir recours à ce ſoupçon, a montré que ce paſſage peut recevoir un ſens orthodoxe, & il lui donne une explication Catholique. Pour moi, ayant en main le texte Grec, j'ai été obligé de rendre témoignage à la bonne foi d'Eraſme, & de reconnoître la ſincerité de ſa traduction, & de la juſtifier des imputations de

Genebrard & du Cardinal du Perron. J'ai donc pris la même voie que Bellarmin, & j'ai tâché de faire voir par une explication nouvelle & differente de la sienne, mais incontestable, que ce passage ne contient rien qui ne soit conforme à la doctrine Catholique, & entierement contraire aux fausses idées des Calvinistes. Je dis donc que les termes de *typique* & de *symbolique* ne signifient pas, comme ils le prétendent, *figuré, representé, qui n'existe que par image, & non pas réellement*; mais *figuratif, representatif, qui n'exclud pas la realité*. De sorte que quand Origene a appellé le Corps de Jesus-Christ, dans le Sacrement de l'Eucharistie, *corps typique & symbolique*, il n'a pas voulu dire *corps figuré & representé, n'existant que par image, & non pas réellement*: mais corps veritable, existant réellement, mais portant la figure d'autre chose. Puisqu'on ne peut donner de meilleur interprete des pensées d'un auteur que l'auteur lui même; cette question ne peut être mieux décidée, ni par une explication plus sure & plus authentique, que par celle d'Origene lui-même. Or je soûtiens qu'Origene n'emploie jamais les termes de *typique*, & de *symbolique*, dans un autre sens, que celui que je propose, c'est-à-dire *de figuratif, representatif, portant la figure & le symbole d'autre chose* ; & jamais dans le sens de *figuré, & n'existant que par representation*. Les exemples suivants le vont justifier. Dans son Commentaire sur Saint Matthieu, il appelle Prêtre Symbolique le grand Prêtre des Juifs, parce qu'il étoit le symbole du veritable Prêtre Jesus-Christ : dans le même sens, & dans la même vûë, Eusebe *Demonstr. Evang. lib.* 4. appelle le grand Prêtre des Juifs σκιώδη κ̀ εικονικήν, prêtre en ombre & en figure. Or on n'a jamais douté que le grand Prêtre des Juifs ne fût réellement Prêtre. D'où il s'ensuit que le mot de *symbolique* n'exclud pas la réalité, mais qu'il ajoûte à la réalité la figure d'autre chose. Origene appelle au même endroit sacrifices *symboliques* les sacrifices de la Loi Mosaïque, parce qu'ils étoient les symboles qui se font pour les péchez. Voilà donc des sacrifices très-réels, portant une figure étrangere, qualifiez du terme de symboliques. Dans le 12. Tome sur Saint Jean, il dit que lorsque Judas sortit pour trahir le Seigneur, il étoit *sym-*

boliquement nuit ; parce que la nuit qui étoit alors très-réelle, étoit le symbole de la nuit du péché, dont l'ame de Judas étoit obsedée. Je pourrois produire plusieurs autres passages semblables; mais ceux-ci doivent suffire à tout lecteur qui aura de la candeur. Il est donc évident que corps symbolique au langage d'Origene, ne signifie pas ce qui existe par representation, & non autrement ; mais ce qui existant réellement, represente autre chose. Que si l'on me demande maintenant quelle figure porte dans l'Eucharistie le Corps de Jesus-Christ, je répond qu'il en porte plusieurs, mais principalement celle de lui-même, tel qu'il existoit sur la Croix, & tel qu'il existe dans le Ciel à la droite de son Pere.

CXVI.

On explique ce que c'est que le Myobarbum *d'Ausone.*

Turnebe & Scaliger, deux des plus savans hommes du siécle passé, ont employé, après d'autres habiles gens, leur esprit & leur érudition pour chercher la signification du mot *Myobarbum*, qui est à la tête de la trentiéme épigramme d'Ausone. Le titre est conçu en ces termes, *Myobarbum Liberi patris, signo marmoreo in villa nostra omnium Deorum argumenta habentis.* Ce *Myobarbum* étoit une statuë de Bacchus, qu'Ausone avoit placée dans sa maison de campagne : & il avoit nommé cette statuë *Pantheum* ; parce qu'on donnoit ce nom aux statuës des Dieux, qui portoient des caracteres appropriez à tous les Dieux. Et c'est la raison du nom de *Pantheon*, qu'Agrippa donna à ce Temple, qu'il bâtit, & qui subsiste encore à Rome ; parce que, selon Dion, *lib.* 53. dans les figures de Mars & de Venus, qu'il y avoit placées, il contenoit celles de tous les Dieux. Telle étoit la statuë de Bacchus, qu'Ausone avoit fait ériger dans sa maison. L'origine de ces sortes de statuës, portant divers symboles, semble être venuë des Assyriens, qui, au rapport de Macrobe, avoient érigé dans la Ville d'Hierapolis, à l'honneur du Soleil, un simulacre exprimant tous ses effets par ses divers caracteres, & portant une longue barbe pointuë. On donnoit à ce simulacre le nom d'Apollon; & Apollon est le même que Bacchus, comme l'assure le même Macrobe au chapitre suivant. Ausone dans le titre de son épigramme a donné à sa figure le nom de *Myobarbum*; parce que Bacchus, qu'on representoit sans barbe par tout ailleurs, & comme un jeune homme, ainsi qu'Apollon, paroissoit ici avec une longue barbe en pointe, comme les statuës d'Apollon, que l'on voyoit à Hierapolis. Et parce que la souris est pointuë, & par la queuë & par la tête, on appliquoit le nom Grec de la souris, qui est μῦς à plusieurs choses, dont la figure se terminoit en pointe; & on appelloit μυουρος ce qui étoit *pointu par le bout*, comme qui diroit *queuë pointuë*. De là vient le nom de *Myoparo*, qu'on donnoit à une espece de brigantin long & pointu. Par une semblable formation Ausone a fait le mot de *Myobarbum*, pour dire *Barbe pointuë*. Cette exposition est si nette & si bien établie, qu'elle sert de pleine réfutation de celles de Turnebe, & de Scaliger. Le premier, *Adversar. lib.* 3, *cap.* 39. explique *Myobarbum* d'une maniere assez obscure. Il veut que ce mot soit composé de μῦς, *souris*, & de βαρβός, qui selon Hesychius signifie une mesure de liqueurs, de la grandeur à peu près

près d'une cuillerée, de laquelle mesure on se servoit dans les mysteres de Cerès. De sorte que *Myobarbum* voudroit dire, selon lui, *Muris cyathus.* Et comme le mot de μῦς a quelque rapport avec le verbe μύειν, qui signifie *clorre* ; d'où vient le mot de *mystere* ; Ausone a voulu désigner par le mot de *Myobarbum*, les noms & la puissance mystique de Bacchus. Tout cela est si obscur, si confus, & si fort tiré par les cheveux, qu'on n'en peut recueillir rien de certain. L'explication de Scaliger est un peu moins obscure, mais elle n'est pas moins fausse. Il dit que *Myobarbum* signifie un pot à mettre du vin ; que l'on représentoit ordinairement ce pot, pendant au bras droit des statuës de Bacchus ; que ce pot étoit long, & alloit en s'étrécissant jusqu'à la base, qui étoit pointuë. De sorte que ce Vaisseau avoit la figure d'une corne renversée, ou d'un toupin. Scaliger ne donne pas la raison de cette figure bizarre des pots de Bacchus, si differente de la figure ordinaire des pots à mettre du vin, dont nous nous servons : elle a néanmoins une cause qui merite d'être rapportée. Il faut savoir, ce que personne n'ignore, que le Bacchus des

Grecs est l'Osiris des Egyptiens; & que les Grecs ont pris des Egyptiens les mysteres de Bacchus. Or les Egyptiens donnoient cette figure aux pots à mettre du vin, dont ils se servoient dans l'usage commun, parce que leur terroir étant sablonneux, ou fort gras, le pied pointu du vaisseau entroit & se fichoit aisément dans le sable, ou dans cette terre grasse & molle, & s'y soûtenoit, sans être exposé à se renverser : ce que n'auroit pas fait un pied plus plat à l'ordinaire, qui auroit été chancelant sur le sable, ou sur un terroir inégal, & aisé à se renverser. Vansleb dans la Relation de son voyage d'Egypte, dit qu'il vit dans la Thébaïde d'anciennes cruches, ayant deux anses aux côtez, & pointuës par bas, pour pouvoir être plantées en terre. Mais revenons à Scaliger. Il croit que c'est cette cruche attachée au bras de la statuë de Bacchus, qu'Ausone a appellée *Myobarbum,* parce qu'elle étoit pointuë comme la souris, & comme les grandes barbes, qui se terminent ordinairement en pointe. Mais si cela étoit ainsi, comment ce nom & ce titre pouroit-il convenir à l'épigramme qui suit, où Ausone ne dit pas un mot de cette cruche, & où il ne parle que de la ſtatuë de Bacchus ? De plus, quoiqu'il ſoit vrai que pluſieurs ſtatuës de Bacchus portoient cette cruche penduë au bras ; il n'eſt pas moins vrai que pluſieurs autres ne la portoient point. Quelle preuve a donc Scaliger, que la ſtatuë, dont parle Auſone, la portoit ? C'a été à la ſtatuë même qu'Auſonne a donné le nom de *Myobarbum*, c'eſt-à-dire *Barbe pointuë*, ſemblable en cela, comme j'ai dit, à ces ſtatuës du Soleil, que l'on voyoit à Hierapolis.

CXVII.

Eloges de mon pere & de ma mere.

Quoique mon pere n'eût pas étudié ce genre de literature, qui donne le titre de Savant à ceux qui le cultivent avec ſuccez, il avoit néanmoins acquis d'aſſez belles connoiſſances, pour ſe diſtinguer du vulgaire par ſon ſavoir. Comme il étoit né dans la religion Proteſtante, & qu'il l'avoit profeſſée dans un âge aſſez avancé, ce lui fut une occaſion d'étudier l'Ecriture Sainte. Mais ce fut ſa pieté, & ſon amour pour les choſes ſaintes, & le goût qu'il eut pour les sacrez mysteres, que l'on y découvre, qui la lui firent approfondir bien au delà de l'application qu'a coûtume d'y donner le commun des Protestans. J'ai trouvé parmi ses papiers un assez gros livre, écrit de sa main, contenant des observations & des réflexions pieuses, curieuses, & ingenieuses sur ces divins livres, qui portent un ample témoignage du progrez qu'il avoit fait dans les Saintes-Lettres. Sa conversion se fit en connoissance de cause. Il examina à fond tous les points controversez, les prétextes, les raisons de douter, les décisions, & les motifs de sa détermination. Cela compose un assez gros traité de controverses, écrit de sa main, qui auroit eu peut-être son prix, s'il avoit été rendu public. Le Pere Gontery, Jesuite, qui s'est rendu célébre dans les controverses, fut celui qui lui donna la main, pour sortir du bourbier de l'hérésie. Il le prit pour son guide dans les voies de Dieu: il regla sa conscience & sa conduite sur ses conseils, & entretint avec lui un commerce fréquent de lettres, qui me sont démeurées en très-grand nombre. Quoiqu'il n'eût pas fait dans ses premieres années ce cours ordinaire d'études reglées, que l'on a coûtume de faire faire aux jeunes gens, il ne paroît pas néanmoins avoir été tout à fait ignorant de la langue Latine, autant que j'en ai pu juger par ces écrits qui me font restez. Il avoit pris même quelque teinture, sinon de la langue, au moins de l'écriture Grecque. De sorte que lors qu'après sa conversion, il fut obligé d'apprendre les prieres que l'Eglise Catholique a coûtume de reciter en Latin, il écrivoit ce Latin en caracteres Grecs. Il savoit la Musique, & je juge par le grand nombre de livres que j'ai, notez de sa main, qu'il l'avoit étudiée principalement par rapport aux instrumens. Il en laissa plusieurs, luts, guitarres, violes. Mais ces livres font voir que sa principale application fut pour le lut. Il signala sa passion & son intelligence dans la Musique, lorsqu'ayant été élû premier Marguillier de l'Eglise de Saint Jean de Caen, sa paroisse, il y établit un maître de musique, & un chœur composé de voix & d'instrumens, qui a subsisté pendant plus de cinquante ans. La danse, qui doit son origine & son principal agrément à la musique, & qui pour sa perfection demande la légéreté du corps, & la bonne grace dans ses mouvemens, fit une de ses passions dominantes. J'ai ouï conter à des vieillards ses contemporains & ses amis, que pendant sa derniere maladie, qui le tint six mois au lit, ils composerent un ballet, qu'ils ne crurent pas pouvoir reussir sans son approbation ; qu'ils l'allerent repeter devant son lit, & le reglérent suivant ses avis. J'ai appris de ces mêmes vieillards, qu'il fit à Roüen dans sa premiere jeunesse une fameuse mascarade à cheval, en forme de carrousel ; dont j'ai vû les habits long-tems après sa mort ; magnifiques à la vérité, & en si grande quantité, que les voyant, je ne pouvois m'empêcher de penser, avec tout le respect que je dois à sa mémoire, que cette dépense eût été bien plus utilement employée, s'il s'en fût servi pour contribuer à l'établissement de sa famille. Son genie, & la délicatesse de son oreille, le faisoient encore remarquer dans les vers qu'il composoit. Il m'en est resté quelques-uns, où j'ai trouvé de l'élévation, du tour, & du nombre ; & rien ne m'a semblé y manquer, qu'un plus grand usage des bons auteurs de notre langue, & des meilleurs poëtes de son tems ; & sur tout un plus grand commerce avec la Cour, pour en essuyer la patavinité, je veux dire la teinture & la rouille de la Province. J'ai reconnu particulierement le caractere de son esprit, dans les lettres qu'il écrivoit à ma mere pendant les dernieres années de sa vie, & qu'elle avoit gardées, avec ses réponses, par la tendresse qu'elle avoit pour lui. L'esprit que l'on y remarque, quoi qu'abondant & fecond, n'étoit pas naturel ; il étoit forcé & guindé, ennuyeux par ses trop fréquentes plaisanteries, & déplaisant par trop d'envie de plaire ; retenant toûjours un certain air de superiorité, assez éloigné de ces manieres respectueuses, dont la politesse Françoise ne se dispense jamais avec les Dames. Les réponses de ma mere sont d'un genre tout opposé ; d'un stile aisé, mais sans bassesse, naturel, agréable, donnant dans la simplicité des marques sensibles de la vivacité de son esprit, & de son amour conjugal. Cela convient assez à ce que j'ai ouï dire à ses amies qui lui ont survêcu, qu'elle étoit d'une humeur charmante, d'un entretien enjoüé, d'un esprit délicat & penetrant, remarquant finement le ridicule des choses & des personnes, qu'on ne pouvoit la surpasser dans l'agrément de ses recits, faisant un conte de la meilleure grace du monde. Elle porta le regret de son mari à un tel point, que dans les trois années qu'elle lui survêcut, il ne se passa pas un jour qu'elle ne lui donnât des larmes; tout ce qui se presentoit à ses yeux, la faisant souvenir de lui, & renouvellant sa tristesse. Je la perdis à l'âge de six ans : & quoique cet âge ne soit guere sensible à la tendresse & à la reconnoissance, & aux passions douces du cœur, je puis assurer néanmoins, que je n'ai jamais senti une si longue & si vive douleur. La perte infinie que je faisois, & que je ne connoissois pas alors, n'y avoit pourtant aucune part, quoique je fusse privé par sa mort d'une éducation heureuse qu'elle m'auroit donnée ; d'une augmentation considerable de mon bien & de ma fortune, que je pouvois attendre de sa prudence & de ses soins ; & que je demeurasse abandonné à la fortune, entre les mains de parens éloignez ; de demeure, de sang, & d'inclination.

CXVIII.

Eloges de mes trois sœurs.

Après avoir fait éloge de mon pere & de ma mere, l'ordre de la nature me conduit à ceux de mes sœurs. Mais mon inclination, & même la justice m'y engage encore davantage : car leur pieté & leur vertu, quoi qu'en des genres fort differens, méritent d'être publiées. L'institution & les exemples domestiques de ma mere, firent dans leur ame la premiere impression de la crainte de Dieu. Mais elles furent privées de ce secours dans un âge si tendre, qu'il fallut leur en chercher un plus efficace. Elles le trouverent auprès de leurs tantes, Religieuses aux Emmurées de Roüen, à qui leur éducation fut confiée. L'aînée en sortit, quand son âge la rendit propre au monde, & elle fut mariée peu de tems après. Sa seconde sœur ne tarda pas long-tems à prendre le même parti. Ce fut par mon consentement, & sous l'autorité de Tuteur que je tenois sur elle, qu'elle fut mariée. : car encore qu'elle fût mon aînée, la majorité des filles étant plus tardive en Normandie, que celle des garçons, elle tomba sous ma tutelle. La troisiéme, qui étoit ma cadette, demeura avec ses tantes, jusqu'au tems qu'elles passerent au Pont-l'évêque, pour y fonder le célébre Monastere des Dominicaines de Sainte Croix, qui y fleurit depuis longues années, dans une grande estime de sainteté. Ce fut là, que cette jeune fille renonçant au monde, se consacra à Dieu; & fut si pénétrée de son amour, que pour se rendre plus agréable à ses yeux, s'abandonnant bien plus à son zele, qu'aux conseils de ses Directeurs, elle chercha des mortifications nouvelles; les pratiques ordinaires ne lui semblant pas remplir toute l'étenduë du désir qu'elle avoit de souffrir pour Dieu : sachant d'ailleurs que des Saints inspirez de Dieu, avoient pris quelquefois des routes écartées, pour s'avancer dans les voies du ciel. Ayant ouï dire qu'une extrême soif étoit une des plus grandes peines que la nature pût supporter, elle résolut de s'abstenir entierement de boire. Pour garder le secret de cet étrange dessein, elle renversoit adroitement sous la table du refectoir, la portion de bruvage qu'on lui avoit servie. Cette conduite ne pouvoir pas aller loin, & la nature fuccomba bien-tôt à une fi terrible épreuve, fon temperament fut entierement ruiné; toutes les parties de fon corps furent troublées dans leurs fonctions; & fa peau fut fi brûlée qu'elle devint noire & féche comme un parchemin. Les Medecins, à qui il fallut avoir recours, ne pouvoient deviner la caufe des étranges fymptômes qu'ils remarquoient; & ils ne la connurent que quand la malade fut obligée par l'autorité de fes fuperieures, & par les devoirs de fa confcience, de leur découvrir le myftere. Mais elle le découvrit, lorfque le mal étoit fans remede, & peu de jours avant fa mort. Ce fut alors, qu'en rendant compte de fa conduite, & de fes mortifications, elle dît qu'un jour, dans la cruelle alteration qu'elle fentoit, voyant un pourceau fe veautrer dans la bouë, & avaler à pleine gorge l'eau mêlée avec la fange, elle lui portoit envie, & fouhaitoit de pouvoir prendre part à cette boiffon. Dieu avoit doüé cette fainte fille de rares talens. Elle avoit un efprit tranfcendant, un defir infini d'apprendre, & une mémoire fi prodigieufe, qu'on lui a ouï réciter mot à mot un Sermon entier, qu'elle

O vj

venoit d'entendre. Sa sœur aînée ne possedoit pas ces qualitez éminentes, mais une sainteté pareille, qui se soûtint avec une grande uniformité, depuis ses premieres années jusqu'à sa mort. Sa vie étoit une continuelle oraison ; car outre les heures reglées qu'elle y donnoit chaque jour, on remarquoit en elle, dans tous ses exercices, un recueillement, une application, & une élévation à Dieu, que rien ne pouvoit interrompre. Quelque tems après qu'elle fut sortie du Couvent, un peu avant son mariage, elle me pria d'obtenir du Pere Mambrun Jesuite, qui étoit alors mon Regent de Philosophie, & dont elle m'entendoit souvent vanter le merite, qu'il voulût bien recevoir sa confession générale. Cela s'executa ; & ce Pere fut si touché de l'innocence de sa vie, que depuis ce tems-là, lorsqu'il me demandoit de ses nouvelles, il ne me parloit d'elle, que pour loüer sa vertu. Sa vie ne se démentit point pendant son mariage. Apliquée fidellement aux devoirs de son état, elle ne se livra jamais à l'esprit du monde, & supporta avec une patience exemplaire la mauvaise humeur d'un mari chagrin & infirme ; & depuis son veuvage, fans negliger le foin de fes affaires domeſtiques, qu'elle trouva fort délabrées, & qu'elle rétablit par fa prudence, & fans donner rien à fes plaifirs, elle donna fes foins à l'éducation de quatre enfans, dont elle fe trouva chargée. Les intérêts de Dieu faifoient cependant fon capital. Elle vivoit dans une grande retraitte, & dans une pratique continuelle de mortifications, qui n'étoient connuës que de ceux qui l'obfervoient de près. On ne la voyoit jamais dans les repas manger d'autres viandes que des plus groffieres; & fous divers prétextes, elle trouvoit moyen d'en refufer de plus délicates, lorfqu'elles lui étoient offertes. Je rapporterai ici un trait du pouvoir qu'elle avoit fur elle-même, & de l'affujettiffement où elle tenoit fes fens & fon efprit. Ayant fait partie avec quelques-unes de fes amies, de faire douze ou treize lieuës de chemin, pour fe donner le divertiffement d'un fpectacle, qui attiroit un grand concours de monde; lorfqu'elles furent fur le lieu, & qu'on en fit l'ouverture, elle fut prife d'un defir fecret de facrifier à Dieu ce plaifir, quoique très-innocent, qu'elle avoit recherché. Elle abbattit fa coeffe, & baifsa les yeux sans les lever pendant les exclamations, & les applaudissemens de toute l'assistance. Sa seconde sœur prit une route bien differente. Elle aima le monde avec passion, & tout ce que le monde fait aimer. Elle voulut plaire, & elle plut ; étant naturellement pourvûë de tous les avantages du corps & de l'esprit, qui ont coûtume de plaire. Les ajustemens, les ameublemens, les équipages, les beaux logemens, les bonnes compagnies, les parties de plaisir, les conversations enjoüées, tout cela partageoit sa vie, & faisoit toute son étude. Mais enfin Dieu parla à son cœur. Elle le retira premierement des vanitez, dont il étoit occupé. Elle inspira ces mêmes sentimens à son mari. Elle lui fit prendre ses pratiques de devotion, & leur maison changea de face. Dieu lui ayant ôté ce mari, elle se résolut à une entiere separation du monde, & à se donner à Dieu sans reserve ; & pour n'être pas inutile à son service, elle forma le dessein de prendre un logement à la Délivrande, avec une de ses amies, pour y recevoir toutes les personnes de son sexe, qui voudroient y venir chercher Dieu dans la solitude, & y faire des retraittes de dévotion. Ce fut dans cette vûë, qu'elle vint à Paris, pour se rendre capable de ce saint ministere, & consulter les personnes experimentées. La Comtesse de Croisy Beuvron, son ancienne amie, veuve comme elle, voulut prendre part à cet établissement, & se retira avec elle dans cet hermitage de la Délivrande. Mais ce dessein ayant reçu des contradictions, & ses affaires domestiques prenant un tour, qui l'auroit engagée dans de fâcheuses discussions, & peut-être dans des procez, elle se détermina enfin, par le conseil du Pere Jacques Palu, Provincial des Jesuites, auquel elle avoit remis la conduite de sa conscience, à se donner entierement à Dieu, pour le reste de ses jours, dans le Couvent de la Visitation de Caen, à l'âge de cinquante ans. Peu de tems après sa profession, elle sentit les premieres attaques d'une paralysie, qui ayant causé dans la suite un relâchement universel de tous ses nerfs, & de tous ses muscles, enfin toutes les parties de son corps, & jusqu'à sa langue même, furent entierement privées de mouvement. Cette même humeur, qui causoit ce désordre, descendant en abondance de son cerveau, & inondant tous ses membres, lui causoit souvent de très-vives douleurs ; que l'on remarquoit seulement par les mouvemens frequens, & involontaires de son corps, & jamais par ses plaintes. Après avoir pratiqué, pendant plus de vingt ans, dans ce douleureux état une admirable patience, elle finit sa triste vie par une sainte & heureuse mort.

CXIX.

Vanité de l'espérance qui est ordinaire aux hommes, de l'établissement de leurs familles, & de la perpétuité de leur nom après leur mort.

Quand on considere les peines infinies que les hommes ont coûtume de se donner, pour l'établissement de leurs familles, & pour la perpetuité de leur nom après leur mort, & le consentement universel de tous les peuples & de tous les siécles dans ce même desir, il semble qu'il y a de la témérité à le contredire. Mais quand on veut se dépouiller de sa prévention, & examiner ce préjugé par raison, on trouve qu'il n'y a rien de plus vain & de plus mal fondé. Quand les Philosophes, qui ont connu combien ce sentiment est frivole, ont voulu le combattre, ils l'ont fait par des principes de morale, fort solides à la vérité, & conformes à la droite raison : mais jusqu'ici personne n'a cru que cette question pût se résoudre par des principes physiques, & n'a tenté par cette voie de tirer le monde de cette erreur. Si cela ne s'est pas fait, j'espere montrer qu'il se peut faire. Entre un pere & son fils, il y a une relation de paternité à l'égard du pere envers son fils, & de filiation à l'égard du fils envers le pere. Entre un homme, & sa reputation, il y a une relation, dont cet homme est un des termes ; & l'opinion qu'ont de lui ces hommes chez qui il est en reputation, est l'autre terme. Les Philosophes appellent relatives ces choses qui ont du rapport entre elles ; & les Grecs les nomment τὰ πρός τι que l'on peut rendre par ces mots Latins, *Quæ referuntur ad aliquid*. Il y a donc toûjours nécessairement deux termes entre les choses relatives; & entre ces termes consiste la relation. Et si l'un des termes est détruit, il faut de toute nécessité que la relation soit aneantie. Je m'explique par un exemple. Philippe est pere d'Alexandre : il y a une relation entre ces deux termes ; & cette relation consideréeen Philippe pere, par rapport à Alexandre fils , s'appelle *paternité* : & considerée en Alexandre fils par rapport à Philippe pere , s'appelle *filiation*. Or cette relation n'a rien de réel , & ne subsiste que par l'operation de notre entendement. Car la personne de Philippe étant considerée solitairement & en elle-même , on n'y trouve rien d'effectif, à quoi l'on puisse appliquer ce terme de paternité ; non plus que le terme de filiation dans la personne d'Alexandre. Les Philosophes Grecs (1) expriment cette maxime en ces termes:τὰ πρός τι ἐπινοεῖται μόναις, οὐκέτι δὲ ὑπάρχει. *Quæ referuntur ad aliquid, cogitantur solùm, non vero existunt.* Et lorsque la relation se détruit, il ne se fait aucun changement réel dans les termes, mais seulement dans l'opinion. Quand Julie, fille de Cesar, mourut à Rome , & que par sa mort la relation de paternité qui existoit en la personne de Cesar , faisant alors la guerre dans les Gaules , fut détruite , il ne se fit aucun changement dans sa personne ; & il ignoroit lui-mê-

(1) Sext. Empir. adv. Mathem. pag. 303.

me la destruction de cette paternité qui s'étoit faite en lui, & que personne n'ignoroit à Rome. Ce qui est relatif (2) se change sans en rien souffrir, & sans qu'il se fuße en lui aucun changement, & aucune alteration. Posons une relation d'un autre genre. Jean ressemble à Pierre. Cette ressemblance est une relation entre ces deux hommes, qui sont les deux termes de cette relation. Cette ressemblance n'a rien de réel, & si Jean est consideré seul, sans avoir égard à Pierre, on ne trouvera rien en lui qui merite ce nom : & si un des deux termes de la relation est détruit, il n'y aura plus de ressemblance ni de relation. Romulus & Remus étoient freres : il y avoit entre eux une relation de fraternité. Quand Remus fut tué, cette relation cessa, & il n'y eut plus entre eux de fraternité. Lorsqu'un chêne est planté près d'un orme, il y a entre ces deux arbres une relation de voisinage. Si l'on vient à couper l'un des deux arbres, cette relation de voisinage sera abolie : & l'arbre qui subsistera, ne sera plus voisin de l'arbre qui aura été coupé. Quand mon œil regarde le Soleil, il se forme

(2) Sext. Empir. ubi suprà.

une relation de regard entre mon œil regardant, & le Soleil regardé. Lorsque le Soleil se couche, la relation cesse, & n'y ayant plus d'objet, il n'y a plus de regard, ni de relation. *Des choses relatives, si l'on en détruit l'une, on détruit l'autre.* C'est le langage (3) des Philosophes, à quoi ils adjoutent encore : *Il faut que les choses relatives existent ensemble, & elles ne se peuvent separer l'une de l'autre.* Passons à une autre sorte de relation. Alexandre par sa valeur avoit acquis dans l'esprit des hommes beaucoup de réputation & d'admiration. Cette reputation n'avoit en soi de réel, & ne consistoit que dans la pensée & l'opinion que les hommes avoient de lui; & cette pensée formoit une relation entre elle & Alexandre qui en étoit l'objet, entre les hommes admirateurs & Alexandre admiré. Quand Alexandre vint à mourir, il ne pouvoit plus être l'objet de l'admiration des hommes, puisqu'il n'étoit plus. Si les hommes perseveroient dans leur admiration, ils admiroient à vuide, & leur admiration portoit à faux, & sans objet, & Alexandre n'y avoit non plus de part, qu'à cel-

(3) Idem ibid. pag. 364. & 366.

le que nous avons maintenant pour lui ; & puisqu'il n'y avoit aucune part, il est vrai de dire qu'elle ne lui appartenoit pas plus qu'à Aristote son precepteur, ou à Porus, roi des Indes, son contemporain. Et pareillement l'opinion que nous avons aujourd'hui de l'esprit & du savoir d'Aristote, n'appartient pas plus à Aristote, qui n'existe plus, qu'à Callisténe, autre Philosophe de son tems, ou à Alexandre : cette estime qui nous est demeurée de lui, étant une relation entre nous & lui, qui ne subsiste plus, & qui a pour terme un objet vague, indeterminé, incertain, & inconnu, qui est un pur neant, & qui peut être appliqué à pareil droit à tout autre objet.

Faisant maintenant l'application de ces veritez sur les cas que j'ai proposez, il en résulte qu'entre Charles V Empereur, & Philippes II roi d'Espagne, son fils, que je prens pour exemple, il y avoit une relation de paternité & de filiation ; que cette relation finit à la mort de Charles V ; que Charles V étant mort, n'étoit plus pere de Philippe II, puisqu'il n'étoit plus ; que Philippe II n'étoit plus fils de Charles V, qui n'existoit plus ; & que quand on le qualifioit fils de Charles V, comme on a coûtumé de le qualifier dans l'histoire, on parloit improprement ; cela voulant dire qu'il avoit été son fils pendant qu'il vivoit, & qu'il ne l'étoit plus, parce qu'on ne peut être fils sans pere, & que n'y ayant plus de pere, il n'y a plus de fils. Philippe II n'étoit donc pas plus fils de Charles V mort, que de François premier ; & Charles V mort n'étoit pas plus pere alors de Philippe II, que de Henri II roi de France, puisqu'il ne l'étoit ni de l'un, ni de l'autre. Il s'ensuit de là consequemment, que quand Charles V pensoit pendant sa vie, que ses royaumes passeroient après sa mort à ses enfans, il se trompoit grossierement, puisqu'après sa mort ses enfans ne seroient plus ses enfans, & ne lui appartiendroient pas plus qu'à tout autre homme. Ce Brasilien (4) pensoit bien plus sagement, qui voyant un François se donner beaucoup de travail, pour couper & debiter du bois de Brésil, & en charger un Vaisseau, lui demanda pourquoi & pour qui il prenoit tant de peine;

(4) Voyez Jean de Lery, Hist. du Brésil, ch. 13. Rochefort, Hist. des Antilles, 2. part. ch. II.

& le François lui ayant répondu qu'il vouloit amasser quelque chose, qu'il pût laisser en mourant à ses enfans après lui; il s'en mocqua comme d'une extravagance; sachant bien que les enfans de celui à qui il parloit, ne seroient pas plus ses enfans après lui, qu'à lui-même qui parloit. Il en est de la reputation comme des enfans. Il se forme une relation entre un homme & sa reputation. S'il vient à mourir, un des termes de la relation n'existant plus, la relation est aneantie, & cette réputation ne peut plus lui appartenir, puisqu'il n'existe plus; & par conséquent elle appartient autant à tout autre homme qu'à lui.

CXX.

Explication de Gad *&* Meni, *dont parle Isaïe.*

Les Interpretes des Livres Sacrez se sont exercez sur ce passage d'Isaïe, 65. 11. où il reproche aux Israëlites, qu'ils dressoient des tables à Gad, & qu'ils emplissoient de liqueur des coupes en l'honneur de Meni. *Qui ponitis mensam Gad, & impletis* Meni *libamen.* Les Septante traduisent ainsi ce passage : ἑτοιμάζοντες τῷ δαιμονίῳ τράπεζαν, ὃ πληροῦντες τῇ τύχῃ κέρασμα. On connoît clairement par le commentaire de saint Jerôme, que cet endroit des Septante est corrompu, & qu'il faut lire : ἑτοιμάζοντες τῇ τύχῃ τράπεζα, ὃ πληροῦντες τῷ δαιμονίῳ κέρασμα: *Parantes Fortunæ mensam; & implentes Dæmoni mixtam potionem.* Car la plufpart des Interpretes, & saint Jerôme lui-même, conviennent que *Gad* signifie *la Fortune*, ou plûtôt *la bonne Fortune* : & c'est en ce sens, qu'il est manifestement employé dans le trentiéme chapitre de la Genese, *v.* 11. Selden prouve cette vérité dans le premier chapitre de son livre des Dieux de Syrie. Et comme suivant les dogmes de l'ancienne Astrologie Chaldéenne & Egyptienne, les causes de toutes les causes de ce bas monde, dependoient des astres, & s'y devoient rapporter, ils faisoient dependre la Fortune de la Lune ; & le Demon, c'est-à-dire le Genie, du Soleil. Ce Genie est celui qui préside à la naissance des hommes, & qui est décrit par ces paroles d'Horace,

Scit Genius, natale comes qui temperat astrum,
Naturæ Deus humanæ, mortalis in unum.

Quodque caput, vultu mutabilis, albus & ater.

& par celles-ci de Censorin, *cap. 3. Cujus in tutela ut quisque natus est, vivit.* C'est ce Genie, qu'Isaïe a désigné par le mot de *Meni*, dont la signification est moins connuë que celle de *Gad*. Origene dans ses commentaires sur Saint Jean, *Tom.* 14. reproche aux Juifs le culte qu'ils rendoient μενὶ ᾗ σελήνῃ, à Men, & à la Lune. Ce *Men* est manifestement le Soleil, & s'applique au Soleil, & au Genie qui depend du Soleil: de même que *Gad* signifie *la Fortune*, & la Fortune qui depend de la Lune. Ces mêmes principes de l'ancienne Astrologie attribuoient à la Fortune & à la Lune la direction du corps ; & la direction de l'ame au Genie & au Soleil. Le mot de *Meni*, qui a produit le Grec μὴν, vient de la racine Ebraïque מנה, qui signifie *nombrer* ; parce que le mouvement du Soleil sert à nombrer les tems. Et parce que la Lune sert au même usage, elle a tiré de la même racine, son nom Grec de Μήιν. Ce qui prouve encore bien clairement que *Men* est le Soleil, c'est que le premier roi des Egyptiens, desquels la religion des Grecs est venuë, s'appelloit *Men*, selon Herodote, *l. 2. cap. 9. & 99.* & que ce premier roi étoit le Soleil, selon Diodore, *lib. 1.* d'où les Egyptiens donnerent ce nom de *Men*, ou de *Menis* au Dieu Orus, qui étoit le Soleil, & au bœuf sacré, qui lui étoit dedié. Ces Astrologues Egyptiens au rapport de Macrobe, *Saturn. l. 1. cap. 19.* croyoient que quatre Dieux présidoient à la naissance de chaque homme, le Démon ou Genie, la Fortune, l'Amour, & la Nécessité ; mais principalement les deux premiers, par lesquels ils veulent que l'on entende le Soleil, Dieu, Démon, & Genie, auteur & conservateur de la vie ; & la Lune, symbole de la Fortune, qui préside à la conservation des corps, & dirige les avantures fortuites de la vie. Ces remarques nous conduisent à l'intelligence du passage d'Isaïe que nous examinons ; car il paroît que par le mot de *Gad*, qui signifie *la Fortune*, il a entendu la Lune, maîtresse & directrice de la Fortune : de même que par le mot de *Meni*, qui signifie *le Genie*, où le Demon présidant à la naissance, il a entendu le Soleil, auteur, principe, & gardien de la vie des hommes. Du mot Ebreu *Meni* s'est formé le mot Grec Μὴν, qui signifie le Soleil, & le Genie, d'où vient le plurier μῆνες, c'est-à-dire *les Mois*, qui sont produits & reglez par la revolution du Soleil. Et le mot μῆνες, selon le dialecte Eolique, a fait celui de μᾶνες; d'où s'est fait le Latin *Manes*, qui sont les Genies, suivant ce mot de Servius, *in Æneid. v.* 743. *Manes genios dicit, quos cum vita sortimur.* Ces passages de Jeremie, 7. 18. & 44. 17, 18, 19. où il se plaint si amerement de la superstition des Israëlites, qui faisoient des gâteaux à la reine du Ciel, & des libations aux Dieux étrangers, semblent avoir un grand rapport avec celui d'Isaïe. Rien ne prouve mieux l'explication que j'en propose, que les paroles de Strabon, *lib.* 11. 12. où il dit que dans la Ville de Cabires, capitale d'Arménie, il y avoit un Temple, qu'on appelloit le Temple du *Men de Pharnace*, c'est-à-dire, de son genie; & que le serment qu'on appelloit royal, étoit en jurant par le *Men*, c'est-à-dire *le genie de Pharnace*, & la Fortune du Roi. Il ajoûte que ce même temple étoit aussi consacré à la Fortune; & il nomme ensuite plusieurs autres temples d'Asie, dédiez à ces mêmes Dieux, le Genie, & la Fortune, dont le culte étoit relatif à celui du Soleil & de la Lune. Ce culte rendu au Genie du Prince étoit si religieusement observé (1) parmi les Perses, qu'ils lui servoient tous les jours une table de mets exquis : car le culte ordinaire rendu aux Genies consistoit dans le service des tables couvertes de mets exquis. L'ancienne Grece exprimoit ce culte par des tables d'or & d'argent, posées dans leurs temples, avec des inscriptions qui marquoient qu'elles étoient dédiées (2) aux *Bons Dieux* ; & par ce gobelet du Bon Demon, que l'on presentoit (3) après le dessert aux conviez. C'étoient ces tables precieuses d'or & d'argent, que Denys le Tyran enlevoit des temples ; disant que puisqu'elles appartenoient aux Bons Dieux, ces Dieux voudroient bien sans doute qu'on se servît de leur bonté. Ces Bons Dieux étoient les Genies, que quelques-uns ont cru s'appeller *Manes* à cause de leur

---

(1) Brisson. De regno Pers. lib. 1.
(2) Cic. de nat. Deor. lib. 3.
(3) Athen. lib. 15. cap. 14. Aristophan. Equit. Act. 1. sc. 1. Aristotel. De cura rei familiaris. lib. 2.

bonté, dérivant ce mot du mot ancien *Manum*, qui, comme l'assure (4) Servius, signifie *bon*. Parmi ces tables sacrées que Denys le Tyran s'approprioit, il en prit une qui avoit été mise devant la statuë d'Apollon, & sur laquelle un Bon Demon (5) buvoit à lui, l'invitant à boire. Apollon, & ce bon Demon, exprimoient le Dieu Men. Le culte qu'on lui rendoit par ces tables dressées en son honneur, est le même que lui rendoient les Ethiopîens par cette table du Soleil, qui est décrite par Herodote *liv. 3. ch.* 17. Au reste, comme Isaïe a joint ici la Fortune & le Genie, les Grecs avoient aussi coûtume de les joindre. Ainsi dans l'antre de Trophonius, une même chambre, selon Pausanias, étoit dediée au bon Demon & à la Fortune, & Orphée dans ses Hymnes ne les a point separez. A quoi il faut joindre tous ces autres passages que j'ai rapportez ci-dessus. Ce serment qui se faisoit chez les Perses, par le Genie & par la Fortune du Prince, devint ordinaire parmi les Romains. Or ce Dieu Meni, si religieusement adoré dans l'Arménie, semble lui

(4) Servius in Æn. I. 143. & III. 63.
(5) Ælian. var. Hist. lib. 1. cap. 20.

avoir donné son nom. Lorsque Jeremie 21. 57. parle des Rois d'Ararat & de Menni, c'est-a-dire d'Arménie, le Paraphraste Chaldéen rend le mot de *Menni* par ceux de הרמני *Har-meni*, c'est-à-dire *la Montagne de Meni*, qui est le propre nom de l'Arménie. Et c'est ainsi que ce passage de Jeremie est exposé par les Rabbins. La montagne de Sicile nommée *Tauromínium*, signifie la même chose הרימן *Montagne de Meni*, c'est-à-dire *du Soleil*, car il y avoit un Temple d'Apollon dans le voisinage de cette montagne; & ces bœufs consacrez au Soleil, dont parle Homére dans l'Odyssée, étoient dans ce même lieu. La Minyade, & la Manaïtide, provinces d'Arménie, dont la derniere étoit consacrée à un Dieu dont elle portoit le nom, marquent encore leur origine tirée du mot *Meni*. Pour plus grande illustration de ce Meni d'Isaïe, j'ajouterai encore que Pythagore enseignoit que le cocq étoit consacré à *Men*, c'est-à-dire au Soleil. Je laisse au Lecteur à examiner, si cette table & ce culte des Demons, dont parle Saint Paul, 1. *Cor.* 10. 20, 21. n'ont point ici de rapport.

CXXI.

Quelle est la difference d'un homme savant & d'un homme ignorant.

La constitution de l'esprit de l'homme est telle, qu'avec tout son travail & toute son étude, il ne peut acquerir que des connoissances fort imparfaites & fort bornées; & qu'il ne peut même posseder ces connoissances avec une entiere certitude, mais confusément, & d'une maniere mêlée d'obscurité & de doute. De sorte que l'on abuse du mot de science, quand on la donne à une telle connoissance, qui merite bien plus veritablement le nom d'ignorance. Cela étant bien entendu, on voit clairement que celui que nous appellons savant est veritablement ignorant; & que la difference qui est entre ce savant, & celui que nous appellons ignorant, est si legere, qu'elle ne met entre eux presque aucune difference. Je compare l'ignorant & le savant, à deux hommes placez au milieu d'une grande campagne unie, dont l'un est assis contre terre, & l'autre est debout. Celui qui est assis, ne voit que ce qui est autour de lui, jusqu'à une très-petite distance. Celui qui est debout voit un peu au-delà. Mais ce peu qu'il voit au-delà, a si peu de proportion avec le reste de la vaste étenduë de cette campagne, qu'il ne voit point, & qu'il ne peut voir, & bien moins encore avec le reste de la terre, qu'il ne peut entrer en aucune comparaison, & ne peut être compté que comme pour rien. Cette même proportion qui est entre l'étenduë de la vûë de l'homme assis, avec celle de l'homme debout, se rencontre entre le savoir de l'homme ignorant, comparé à celui de l'homme savant, qui approche de l'égalité, & qui en merite le nom. Comme au contraire la même disproportion se rencontre entre le savoir de l'homme savant, comparé avec l'immense étenduë de ce qu'il ne sait point & ne peut savoir, comme entre le fini & l'infini.

CXXII.

L'homme est une partie d'un tout, & non pas un tout.

La plusparts des déréglemens des hommes viennent de ce que chacun d'eux se considere comme un tout, quoiqu'il ne soit qu'une partie d'un tout. D'où il arrive qu'il ne considere les choses que par rapport à lui-même, & ne les recherche ou ne les évite qu'autant qu'il se les croit utiles ou nuisibles. Tout le reste lui est indifferent, comme étant separé de lui & de son tout, & n'y ayant aucun interêt. En cela il s'abuse grossierement : il n'est point un tout ; il est une petite partie d'un grand tout ; & il dépend d'une infinité de parties de ce grand tout. Ce tout est une grande chaîne, composée d'une infinité de chaînons liez ensemble, & dependants les uns des autres ; & cette chaîne n'a son mouvement & son operation, que par le concours universel de tous ces chaînons, dont aucun ne peut avoir d'action particuliere, sans le recevoir des chaînons voisins, ou sans le leur communiquer. L'homme, du côté de la nature, depend du Ciel, des élémens, & des parens qui l'engendrent. Du côté de l'entretien de la vie, il depend des autres hommes, des autres animaux, & de ces mêmes élémens. Du côté de la morale, & de la conduite de la vie, il depend de la societé civile à laquelle il est lié, & à laquelle il doit s'accommoder ; agissant de concert avec les autres hommes, & vivant avec eux, comme il veut qu'ils vivent avec lui. Si-tôt que l'homme sort de ces engagemens, & qu'il se renferme dans soi-même, il tombe dans le desordre, en s'abandonnant à son amour propre, qui est la source de tous les vices. Mais quand il se désabuse de son erreur, & qu'il se considere comme une partie d'un grand tout, il voit qu'il en doit suivre l'ordre, & s'accommoder à son économie ; qu'il n'a pas plus de droit à ce tout, que ce tout, & toutes les parties qui le composent en ont à lui ; & que si chacune de ces parties devenoit un tout, il s'ensuivroit un dérangement & un renversement entier de ce tout ; aucune de ces parties ne contribuant plus à la liaison, & à la conservation des autres parties. De même que dans le corps de l'animal, si les pieds cessoient de le soûtenir, prétendant être faits pour eux-mêmes, & non pour le reste du corps : & si l'œil cessoit de le diriger, & les mains de lui aider, & le ventre de le nourrir, la machine tomberoit aussi-tôt en ruine.

CXXIII.

S'il est vrai, comme Scaliger l'a avancé, qu'un grand esprit ne sauroit être grand Mathématicien.

Je fus fort surpris, lorsque lisant le Scaligerana, j'y trouvai ces paroles : *Putabam Clavium esse aliquid.* Il est confit en Mathematiques, *sed nihil aliud scit. Est Germanus*, un esprit lourd & patient; *& tales esse debent Mathematici. Præclarum ingenium non potest esse magnus Mathematicus.* Cela me fit souvenir de ce que j'avois lû dans Diogene Laërce touchant le Géometre Hipponicus, qui avoit été precepteur du Philosophe Arcesilas. Cet homme, quoique bon Mathematicien, étoit materiel & grossier, & Arcesilas son disciple se mocquoit souvent de la pesanteur de son esprit, disant que la Geometrie lui étoit entrée dans le corps par la bouche, pendant qu'il bâilloit, ce qui lui arrivoit souvent. Cependant je ne puis souscrire à cette maxime de Scaliger, proposée en termes si generaux, Qu'un bel & grand esprit ne peut être grand Mathematicien, c'est-à-dire grand Geometre. Car on ne peut pas dire que Pythagore, Platon, & tant d'autres, qui ont été excellens Geometres, n'aient pas été des esprits excellens & du premier ordre. Mais pour parler plus correctement, il faut dire que ç'ont été de grands & beaux esprits de leur espece : car il y a de grands esprits d'especes fort differentes. L'esprit Geometrique demande beaucoup de phlegme, de moderation, d'attention, & de circonspection. Mais ce phlegme ne doit pas être pesant & froid, il doit être échauffé & animé par un feu vif, reglé, & composé. Un esprit ardent, impetueux, presomptueux, amoureux de lui-même, fertile en conceptions, allant par saillies, par bonds, & par courbettes, & prenant quelquefois l'essor, n'est pas propre à la Geometrie, qui ne va qu'à pas comptez, marchant toûjours sur une même route, sans s'écarter jamais ni à droit, ni à gauche, & sans perdre son objet de vûë, & sans donner rien à son genie : elle reprime la licence de l'imagination, & la resserre sous la loi étroite des principes, & ne reçoit rien venant d'elle, qui n'ait subi le rigoureux examen de la droite raison. Non pas que l'imagination doive être sterile, & demeurer en friche dans l'ufage de la Geometrie, mais il en faut moderer la fecondité, & en retrancher le fuperflu. Tout ce qui forme donc ces efprits brillants, à qui on a donné par privilege le titre de Beaux-efprits, je veux dire l'abondance, la varieté, la liberté, la promtitude, la vivacité, tout cela eft directement oppofé aux operations Geometriques, qui font fimples, lentes, feches, forcées, & néceffaires. Le Geometre peut être bel efprit, & en poffeder les qualitez; mais il ne doit pas les employer, lorfqu'il agit en Geometre. Il a au contraire cet avantage fur les beaux-efprits vulgaires, qu'il demeure maître de fon efprit, & le fçait ployer & affujettir aux loix imperieufes de la Geometrie: ce que ces beaux-efprits du commun ne fauroient faire. Du refte quand Scaliger a avancé cette propofition, & qu'il a traité Clavius avec tant d'indignité, fon propre interêt, bien plus que la raifon, le faifoit parler ainfi. Il fe fouvenoit de fes Cyclometriques, où il avoit cru démontrer la quadrature du cercle, fur quoi il fut très-défagréablement relevé, & furpris en flagrant paralogifme par un homme de la lie des Geometres.

Et à l'égard de Clavius, outre la partialité de religion qui le lui faisoit haïr, il avoit encore le cœur ulceré de ce qu'on le lui avoit préferé pour la réformation du Calendrier. Il a tort de dire qu'il ne savoit que son Euclide, & qu'il n'a rien fait de bon que sur Euclide. Clavius a traité avec beaucoup de justesse, d'ordre, & de netteté toutes les parties de la Mathématique. Ce n'étoit pas un esprit brillant ni inventif, mais clair & solide.

CXXIV.

Difference des grands & des mediocres esprits.

Je n'appelle pas grand esprit, un esprit qui s'étant renfermé dans les limites d'une seule science, l'aura creusée, & s'en sera pleinement instruit. Ce succez est plûtôt un effet du travail & de l'habitude, que de la grandeur du genie. Un esprit mediocre, meditant sans cesse sur un même sujet, le penetrera enfin, *Non vi, sed sæpe cadendo*, comme la goute d'eau perce la pierre, non pas par sa force, mais par la continuité de sa chute; & il en parcourra toute l'étenduë. Clavius, dont j'ai parlé dans l'article précedent, avoit peut-être un esprit de ce genre. Sa longue perseverance dans l'étude des Mathematiques, sa meditation assiduë & continuë lui en avoit acquis une profonde intelligence. Mais j'appelle un grand esprit, celui, qui, quelque matiere qu'il entreprenne, se sent avoir l'aptitude & la capacité nécessaire pour la comprendre, & ne la trouve point au-dessus de sa portée. Cela ne peut venir que d'une vaste étenduë, d'une grande élevation, d'une force insurmontable aux difficultez, & d'une vivacité infatigable. Quand un esprit de cette trempe se renferme dans les bornes d'une seule science, il va bien plus loin que l'autre, & il la pénétre jusqu'à une bien plus grande profondeur. Je juge par la maniere dont Archimede a traité les Mathematiques, & par les choses qu'il a inventées & executées, qu'il y avoit apporté un esprit superieur, & capable des autres sciences. Mais il est rare qu'un esprit de cette volée se puisse contenir dans les bornes étroites d'une même science. Il en entamera plusieurs, & pourra réüssir dans quelques-unes. Mais étant partagé en tant d'objets, son application à chacune fera moindre, & ne fera pas fuivie d'un grand fuccès.

CXXV.

D'où vient que chacun eſt content de ſon eſprit.

Martial, *lib.* 8. *Epigr.* 18. a dit : *Qui velit ingenio cedere, rarus erit.* Pour moi je dirois plûtôt, *nullus erit.* Si quelqu'un a tenu un autre langage, & a cedé en apparence à un autre la gloire de l'eſprit, ſa conſcience déſavoüoit ſes paroles, & il ſouhaittoit interieurement de n'être pas cru, & on lui eût fait plaiſir de le contredire. Ce ſentiment nous eſt eſſentiel, & il a ſa cauſe dans la nature de l'eſprit. Nous ne connoiſſons l'eſprit que par l'eſprit; & nous ne connoiſſons ſon étenduë que par ſon étenduë. La grandeur de notre bras eſt proportionnée à la grandeur de notre corps. Un grand homme embraſſera un gros arbre, qu'un petit homme ne ſauroit embraſſer. On ſçait avec quelle ſubtilité Pythagore découvrit de quelle taille avoit été Hercule : car ayant meſuré le Stade de Piſe, que l'on parcouroit aux jeux Olympiques, & qu'Hercule avoit déterminé à la mesure de six cents de ses pieds : & l'ayant comparé avec le Stade commun de la Grece, que les autres Grecs avoient déterminé à la longueur de six cents de leurs pieds ; il trouva celui-ci plus court que celui de Pise de quelque quantité. De là Pythagore conclut, que la même difference de grandeur qui se trouvoit entre le Stade Olympique, & le Stade commun, avoit dû se trouver entre le pied d'Hercule & le pied des autres hommes. Et cette difference de la grandeur des pieds lui étant connuë, il decouvrit aussi-tôt par une conséquence nécessaire celle des corps entiers, qui est d'ordinaire proportionnée à celle des pieds. Si la mesure des esprits, & de leurs mouvemens tomboit sous les sens comme celles des corps, on pourroit en déterminer les proportions & les comparer ; mais on connoît par leurs operations, qui leur sont proportionnées, quelle est leur grandeur, leur étenduë, & leur force. Cela s'observe dans les animaux, qui agissent selon leur instinct, & font paroître par la diversité de leurs actions, les divers degrez de leur intelligence, dans l'étenduë desquels chaque espece se contient, sans aller guere au-delà. On con-

noît par les actions du chien, par sa docilité, par sa fidelité, par son discernement, une grande superiorité d'intelligence au-dessus du bœuf & du cheval ;
& de ceux-ci au-dessus des insectes, &
des huîtres. On reconnoît dans l'instruction des enfans, le progrez de leur
esprit, suivant le progrez de leur âge,
par leur avancement successif, & la capacité qu'ils acquierent par les preceptes
& l'institution. On reconnoît par la vivacité & l'impetuosité de la jeunesse, &
par la constance & la fermeté de l'âge
viril, l'abondance excessive des esprits
de l'une, & la fecondité juste & reglée
de l'autre. Et on reconnoît enfin le relâchement & l'affoiblissement de l'esprit
des vieillards par la pesanteur & la lenteur de leurs conceptions, & la langueur de leurs raisonnemens. Il resul-
te de-là, que la connoissance & l'operation de l'esprit étant proportionnée à
l'esprit, s'il est grand, il peut avoir de
grandes connoissances, & connoître ce
qui est grand ; & s'il est petit, il ne peut
rien connoître au-delà de ce qui est proportionné à sa petitesse. Et par conséquent
lorsque l'esprit devient l'objet de lui-
même, & qu'il se veut connoître ; s'il

est grand, sa compréhension sera grande ; & il pourra connoître son objet, quelque grand qu'il soit, par une connoissance qui lui sera proportionnée : & s'il est petit, il pourra se connoître, & rien au-delà; & sa capacité étant petite, elle sera totalement remplie de son petit objet. D'où il s'ensuit que la connoissance que l'esprit a de lui-même, soit qu'il soit grand, soit qu'il soit petit, est grand ou petit à proportion ; & que sa capacité & sa continence, quelle qu'elle soit, en sera toute remplie ; & ne connoissant, & ne cherchant rien au delà, elle en sera satisfaite. Chacun est donc content de son esprit, parce qu'il ne se connoît en esprit, qu'à proportion de ce qu'il a d'esprit.

CXXVI.

Crainte du tonnerre.

La peur que les hommes ont du tonnerre, semble être assez justifiée par celle des animaux :

Fugere feræ, & mortalia corda
Per gentes humilis stravit pavor.
Georg. I. 330.

Hésiode, de qui Virgile a pris cette remarque, dit encore plus expressément, *lib. 2. verf.* 527, que tous les animaux, & même les plus sauvages, fuient en entendant le tonnerre. Il semble pourtant que pour se guerir de cette peur, on pourroit se servir de ce raisonnement, que la peur doit être proportionnée au péril que l'on craint; & que le mal que fait le tonnerre est si mediocre, qu'il n'y a point de petite fiévre, qui ne tue plus de personnes en un été à Paris, que le tonnerre n'en tue en cinquante ans dans tout le royaume. Mais ce raisonnement qui paroît solide & convaincant, est pourtant faux & captieux. Le péril que cause la fiévre dans l'espace d'un été, est partagé & étendu également sur toutes les parties de cet espace; au lieu que tout le péril du tonnerre, est ramassé dans un seul instant, & le péril qui se rencontre dans ce seul instant est sans comparaison plus grand que celui de la fiévre dans chaque instant de cet espace. Une muraille qui menace ruine, n'a jamais tué personne depuis qu'elle a été bâtie, & il est bien certain que quelque jour elle sera renversée, de quelque façon que cela arrive. Mais lorsqu'elle est près de sa chute, tout le péril du mal qu'elle peut faire en tombant, étant ramaffé dans cet inftant, c'eft ce feul inftant qu'il faut confiderer, & non pas tout le tems qui s'eft écoulé, depuis qu'elle a été bâtie, & pendant qu'elle a fubfifté.

CXXVII.

Comparaifon de la langue Latine & de la Françoife.

Un favant homme de ce fiécle, membre de l'Academie Françoife, & avec qui j'ai été lié par un long commerce de literature, entreprit il y quelques années de prouver les avantages & la préférence de la langue Françoife fur la langue Latine. Il me communiqua fon ouvrage : je le trouvai plein d'efprit & d'érudition ; mais je n'approuvai pas fon fentiment. Je le combattis par plufieurs raifons, mais par une entre-autres, qui feule me femble démonftrative & décifive, c'eft la diverfité des cas, qui fe trouve dans les noms de la langue Latine, comme dans ceux de la langue Grecque, d'où elle eft derivée, & qui ne fe trouve point dans la langue Françoife, non plus que dans les autres langues derivées de la Latine, ni dans la langue Ebraïque. Cette diversité de cas produit un sensible effet dans l'usage, & une si grande abondance, & est d'une telle étenduë, qu'elle met cette langue, & la Grecque, hors de toute comparaison. Un seul exemple en fera la preuve. Si je veux dire en François que Pierre aime Dieu, je ne le puis dire que par cette seule phrase, *Pierre aime Dieu*. Mais si je le veux dire en Latin, je le puis dire en ces six manieres differentes, *Petrus amat Deum, Petrus Deum amat, Deum Petrus amat, Deum amat Petrus, amat Petrus Deum, amat Deum Petrus.* La seule difference de l'accusatif *Deum*, avec le nominatif *Deus*, produit cette abondance; car en quelque place qu'il se trouve dans cette phrase, il conserve sa signification, & son regime, & ne trouble point le sens. Il n'en va pas ainsi dans la phrase Françoise, *Pierre aime Dieu*, où le seul arrangement marque le sens. Car si je transpose ce nom *Dieu*, qui est à l'accusatif; & que je dise, *Dieu aime Pierre*, je dirai autre chose que ce que je veux dire. Et si je dis, *Dieu Pierre aime*, ou *Pierre Dieu aime*, ou *aime Pierre Dieu*, ou *aime Dieu*

Pierre, ce feront des expreffions barbares, & tout-à-fait fauvages dans notre langue. De là vient qu'elle ne fouffre point les tranfpofitions ; & que fi quelquefois la licence de la poëfie en fait recevoir quelques-unes, elles font en fort petit nombre, & il faut même qu'elles foient fagement ménagées, & fort fobrement employées.

CXXVIII.

La Philofophie a eu fon progrez fuivant l'ordre de la nature.

Quand on lit les vies des Philofophes écrites par Diogene Laërce, que l'on étudie l'hiftoire de la Philofophie, & que l'on confidere le progrez qu'elle a fait parmi les Grecs, on remarque qu'elle a fuivi l'ordre de la nature ; qu'elle a pourvû fucceffivement à fes plus preffants befoins, & a travaillé à la perfectionner par degrez. Il étoit néceffaire qu'elle donnât ordre avant toutes chofes à la confervation du corps & de la vie de chaque particulier : & elle l'a fait par l'invention de la Phyfique. Il étoit néceffaire de travailler enfuite à regler les mœurs, pour l'entretien de la focieté entre les hommes : & cela a fait l'objet de la Morale. Il a fallu enfin former l'esprit, le tirer de sa grossiereté naturelle ; le rendre capable des arts, & des sciences, le subtiliser, & cultiver la raison, & c'est à quoi l'on est parvenu par le secours de la Logique.

CXXIX.

De l'origine & du progrez de la Chymie.

Sur la partie de la Chimie, qui s'applique à chercher le moyen de faire de l'or, il se presente deux questions principales, qui ont été traitées avec application. La premiere consiste à savoir si par le secours de la Chymie on peut parvenir à faire de l'or: la seconde à connoître l'antiquité de cette science. La premiere question est purement philosophique, & je la laisse discuter dans les écoles. Je m'arrêterai seulement à la seconde, qui a été examinée (1) par de grands hommes. Scaliger dans sa note sur cet endroit de Manile, où il est dit que ceux qui

(1) Salmuth in Pancirolum, lib. 2. tit. 7. p. 144. 145. recenset utriusque sententiæ auctores.

feront

feront nez fous le figne du Capricorne, s'appliqueront à la recherche des métaux,

>*Scrutari cæca metalia,*
Depofitas & opes, terræque exurere venas,
Materiamque manu certa duplicarier arte:
Quidquid & argento fabricatur, quidquid & auro.

Scaliger, dis-je, s'attache principalement à ce vers, *Materiamque manu certa duplicarier arte*: fur quoi il avance deux chofes : la premiere, que l'art de faire de l'or eft exprimé par ces paroles : la feconde, que ce vers n'eft point de Manile, mais qu'il a été fuppofé & inferé dans cet endroit de Manile, par quelque Alchymifte. En quoi, comme en tant d'autres rencontres, ce grand homme a fait voir la précipitation de fon efprit : car ce paffage n'a nul rapport à la compofition de l'or par la Chymie, mais feulement aux ouvrages d'orfèvrerie, qui fe font par le feu ; & en particulier à l'extenfion qui fe fait de l'or, foit par le marteau, foit par la filiere ; pour en faire de l'or en feuille, ou de l'or trait. D'où réfulte la fauffeté de la seconde proposition de Scaliger, que ce vers a été fabriqué par quelque Alchymiste, & faussement attribué à Manile : puisque les Alchymistes ne peuvent prendre aucun interêt à ce vers ; & qu'il se trouve dans tous les plus anciens exemplaires de Manile. Scaliger ajoûte que l'Alchymie a été inconnuë aux Romains du tems de Manile ; & que le plus ancien témoignage qui se trouve de cette science, est celui de Julius Firmicus, qui vivoit du tems de Constantin, & qui dit que ceux qui naîtront, lorsque la Lune est dans la neuviéme maison, seront Alchymistes. Il joint à cela deux passages de Suidas, l'un desquels enseigne que la fable de la Toison d'or ne signifie autre chose, que les peaux sur lesquelles étoit écrit l'art de faire de l'or. Eustathius dans ses Scholies sur Denys le Périégéte, *v.* 689. rapporte la même chose sur l'autorité de Charax. George Syncelle en dit encore davantage, savoir que Démocrite, & Marie de la nation des Ebreux, furent loüez, pour avoir enveloppé dans leurs écrits les mysteres de cet art sous des énigmes ; & que Pamménès fut blâmé, pour les avoir expliquez sans déguisement. L'autre passage de Suidas, cité par Scaliger, dit que Diocletien voulant réprimer l'esprit séditieux des Egyptiens, entretenu & enflé par les richesses qui leur provenoient de la Chymie, brûla tous les anciens livres, qui traittoient de cette science. De là Scaliger conclud, que si l'invention de la Chymie est ancienne, la connoissance n'en est venuë que fort tard aux Romains. Il censure aigrement Guillandin dans un autre (2) ouvrage, pour avoir soûtenu l'antiquité de la Chymie. Lorsque Scaliger écrivit ces choses, apparemment il n'avoit pas encore vû cet endroit de la Chronique d'Eusebe, *lib. 1.* qui dit que ce Pamménès, & cette Marie, dont je viens de parler, ont écrit touchant l'or & l'argent, cachant leur doctrine sous des énigmes ingenieuses. Scaliger n'a pas été plus circonspect dans la suite sur ce passage d'Eusebe, qu'il l'a été sur celui de Manile ; car il le retranche (3) du texte d'Eusebe, comme supposé. En quoi il a été suivi par (4) Bochart. L'un & l'autre semblent rapporter aux

(2) Opusc. Scalig. edit. Francof. p. 23.
(3) Not. in Euseb. Chronic. p. 258.
(4) Phaleg. lib. 4. cap p. 1. 235.

Arabes la premiere publication de cet art. Mais nous avons plusieurs témoignages des anciens, qui nous font entendre, qu'il étoit connu long-tems avant que Mahomet eût mis les Arabes en réputation ; car Firmicus qu'ils citent, fait mention de cette science, disant que celui qui naîtra sous une certaine position de la Lune, possedera la science de l'Alchymie, *scientiam Alchymiæ* ; parlant de cette science comme connuë alors, & par conséquent long-tems auparavant. Mais de plus Suidas, après plusieurs autres Auteurs, disant que Diocletien fit brûler tous les livres de Chymie qui se trouvoient en Egypte, persuadé qu'ils enrichissoient les Egyptiens, en leur enseignant l'art de faire de l'or, & les rendoient fiers & séditieux, il laisse entendre que cet art étoit fort ancien chez les Egyptiens. Cela se confirme par le témoignage d'Eusebe que j'ai cité, qui nous apprend que Democrite apprit cette science en Egypte. Murtadi Egyptien, du Caire, qui a écrit en Arabe les merveilles d'Egypte, selon la doctrine des Arabes, dit que la Chymie étoit connuë en Egypte du tems de Moyse ; &

que Moyse lui-même la sçut & l'enseigna. On prouve encore son antiquité chez les Egyptiens par les histoires des Chinois. Vanslebe rapporte dans la Relation de son voyage d'Egypte, *p.* 380. que l'Evêque de Siut lui dit que dans un ancien monastere d'Egypte, dont on voyoit les ruines, il y avoit eu trois cents soixante religieux, dont l'unique occupation étoit de chercher la Pierre Philosophale par la Chymie. Et dans une autre Relation de l'état d'Egypte, *p.* 278. il dit que le secret de faire de l'or est exprimé en lettres Hiéroglyphiques, sur les anciens obélisques d'Egypte. Zosime remonte encore plus haut : car dans un passage, que George Syncelle a extrait de ses livres, il enseigne que l'invention de la Chymie est plus ancienne que le Déluge, & qu'elle fut enseignée aux hommes par ces Anges vicieux, qui, selon le témoignage de Moyse, *Gen.* 6. 4. devinrent amoureux des filles des hommes, & leur enseignérent plusieurs secrets de la nature, & principalement la Chymie. Les histoires des Chinois, qui, comme je l'ai montré dans d'autres ouvrages, ont été disciples des Egyptiens, ainsi que le reste des Indiens,

& ont reçû d'eux l'art chymique, assurent constamment que la Chymie est très-ancienne dans la Chine, & en attribuent l'invention (5) à un certain Hoangtius, qui vivoit plus de deux mille cinq cents ans avant Jesus-Christ. Je m'étonne au reste que Bochart rapportant à la langue Arabe le nom de Chymie, n'ait pas observé que Firmicus, dont il allegue le passage, appelle la Chymie *scientia n Alchymiæ*, & que ce mot a la forme Arabique, portant en tête l'article Arabe. D'où il eût pu conclure que cette science a été cultivée par les anciens Arabes, long-tems avant les Arabes Mahometans. Mais il faut savoir que selon l'opinion de Saumaise, *in Solin. p.* 1097. C. ces paroles de Firmicus sont alterées, & qu'il faut lire *scientiam Chymiæ* : à quoi il ajoûte que les Grecs modernes appellent cette science άρχνμία, & qu'elle étoit ainsi nommée du tems de nos peres.

De toutes ces observations, ce qu'on peut recueillir de plus vrai-semblable touchant l'origine & le progrez de la Chymie, c'est que cette science a été si

---

(5) Ambassade de la Chine, part. 2. ch. 3. & part. 1. ch. 52.

ancienne parmi les Egyptiens, qu'ils semblent en avoir été les inventeurs : que de là elle a passé aux Indes & à la Chine ; qu'il ne paroît point que les anciens Grecs & Romains l'aient transportée chez eux : soit que les Egyptiens la tinssent cachée, comme un art *divin & sacré*, ainsi qu'ils le qualifioient communément, donnant même le nom (b) de *Prophetes* aux Chymistes, & χημεία signifie une science occulte, selon l'origine tirée de l'Arabe qu'en propose Bochart avec assez de probabilité : soit que les étrangers n'eussent pas assez pénétré leurs mysteres & leurs sciences : mais que depuis que l'Egypte fut entierement soumise, & réduite en province par Auguste, les Romains ne purent pas ignorer l'application de ce peuple à cette science : & qu'étant persuadé qu'une partie de ses richesses venoit de cet art occulte & mysterieux, qu'ils ignoroient eux-mêmes, Diocletien enfin espera de leur ôter cette ressource, en brûlant tous leurs livres de Chymie, par une très-vaine entreprise, vû la facilité d'en ca-

(6) Du Cange, Glossar. Græc. in χημάα & in προφήται.

cher plusieurs exemplaires, & vû l'érudition de plusieurs Egyptiens, qui avoient acquis cette science, bien plus par l'experience que par les livres : qu'enfin des Egyptiens (7) elle passa aux Arabes, qui tout fabuleux qu'ils sont, ne s'en attribuent pas l'invention, mais ils la rapportent aux Egyptiens, & ne la font pas moins ancienne que Moyse & qu'ensuite les Arabes la répandirent dans l'Occident, d'où elle est venuë jusqu'à nous.

CXXXI.

Filets de Saint Martin.

On voit d'ordinaire à la campagne, pendant l'Automne, de certains filets, pendants aux arbres, & étendus sur les buissons & même sur les herbes. Le vent les agite, les détache des branches, les transporte sur d'autres, les joint & les sépare à son gré. Et souvent en marchant, on se trouve le visage, les cheveux, & les habits, couverts de ces filets. On les nomme communément

(7) Vide Albufarag. hist. Orient. Dynast I. p. 21. Gentium in Musladini Sadi Rosarium, p. 556.

Filets de Saint Martin, parce que c'est vers la fête de Saint Martin qu'il en paroît davantage. Quand l'humidité de l'air & la rosée s'attache à ces filets, & vient à se geler, & les fait paroître plus épais & plus blancs, les paysans les appellent cheveux de la Vierge Marie. Lorsque je leur ai demandé la cause de cette production, ils m'ont répondu tout d'une voix & sans variation, que les vapeurs de la terre, qui sont plus épaisses en cette saison, sont l'unique cause de cet effet. Je ne me rendis pas fort docile à cette opinion, mais la suite du tems m'instruisit de la verité. Car m'étant trouvé pendant l'Autonne dans un champ couvert de bruyeres, je remarquai que presque toutes les plantes de bruyere étoient remplies de floccons de toile d'araignée : & ces floccons étant ouverts, je trouvai dans chacun une araignée enfermée. Ces araignées étoient petites, de couleur rousse, mouchetées, ayant les pieds courts, & la tête fort grosse, à proportion de leur ventre. On trouve de pareilles toiles d'araignées dans les plantes basses & voisines de la terre, dans les pieds du chaume qui est demeuré après que les épis ont été siez, &

dans les buissons. Quand le vent est fort, il rompt ces toiles, & en enleve une partie, & les répand sur la terre & sur les arbres, & de là viennent ces filets de Saint Martin.

CXXXII.

Chaque arbre naît d'un rameau,

Chaque arbre naît d'un rameau. Ce rameau est sensible & visible dans les glands, & dans la plûpart des pepins. Si l'on ouvre la peau d'un pepin de pomme, on trouvera un petit rameau planté à la tête de ces deux lobes, qui composent le pepin. Quand ce petit rameau est dûement échauffé & humecté, ce rameau commence à végéter. Il s'allonge, il se grossit, il se nourrit, il se produit, & devient un arbre. Un oignon suspendu dans une cuisine, étant échauffé par la chaleur du lieu, pousse souvent au dehors son petit rameau. Il se trouve de l'humidité dans la masse de l'oignon; & cette masse tient lieu de terre au petit rameau. On fait la même observation au sujet de plusieurs autres plantes, qui se conservent dans des lieux souterains, où il y a un mélange de chaleur & d'humidité. Et comme les graines portent des rameaux, d'où naiſſent les arbres, ne peut-on point raiſonner de la même ſorte ſur la naiſſance des animaux, & croire qu'il ſe trouve un animal dans la ſemence d'un animal ?

CXXXIII.

Tout mouvement eſt compoſé d'intervalles de mouvement & de repos.

Lorsqu'une rouë tourne autour de ſon centre, ce centre demeure immobile, & chaque point de cette rouë, autre que le centre, eſt en mouvement. Le mouvement de chacun de ces points eſt plus ou moins vîte, ſelon qu'il s'éloigne plus ou moins du centre, & approche davantage de la circonference. De ſorte que chacun des points de la circonference a un mouvement plus vîte que chacun des points, qui ſont dans le reſte du plan de la rouë; & tous les points de la circonference ont un mouvement égal entre eux. Cela étant ſuppoſé, il s'enſuit que le rayon de cette rouë, qui va du centre à la circonference, & qui eſt le demi-diametre du cercle, en quoi conſiſte le plan de la rouë, ayant un de ſes points dans le centre, & l'autre dans la circonference, est immobile par une de ses extrémitez ; & participe par l'autre de ses extrémitez au mouvement le plus vîte qui soit dans toute la rouë. Il s'ensuit de plus que tout ce rayon étant en mouvement par le mouvement de la rouë, toutes les parties qui le composent, hormis le point qui est au centre, sont en mouvement ; & que leur mouvement est plus ou moins lent ou rapide, selon qu'elles s'approchent ou qu'elles s'éloignent du centre ou de la circonference. Ainsi ce rayon étant situé entre le parfait repos du centre, & le plus rapide mouvement de la circonference, chacune de ses parties participe de ce repos & de ce mouvement, à proportion de sa situation, selon qu'elle est plus proche ou plus éloignée de la circonference. Il s'ensuit encore que lorsque la rouë fait son tour entier, l'extrémité du rayon qui tombe dans la circonference, décrit un grand cercle, le plus grand de ceux qui peuvent être décrits dans le plan de la rouë, & que chaque autre point de ce même rayon ou demi-diametre en décrit un autre plus ou moins grand, selon que ce même point s'éloigne ou s'approche plus de la circonference : & la grandeur de chacun de ces cercles est proportionnée à la place que tient dans le rayon le point qui le décrit. De là il paroît clairement, que la quantité de mouvement & de repos qui est dans ce rayon, lorsqu'il fait son cercle avec la rouë, est répanduë inégalement, mais proportionnellement dans la longueur de ce rayon ; selon qu'il approche plus du centre, où est un parfait repos, ou de la circonference où est le plus grand mouvement. Chacun des points de ce rayon participe donc de ce repos & de ce mouvement, selon qu'il approche plus du centre ou de la circonference ; & le cercle que décrit chacun de ces points, est plus grand ou plus petit selon cette même proportion. Le cercle que décrit le point qui est à l'extremité extérieure du rayon, & chacun des autres cercles que décrit chacun des autres points qui sont au milieu du rayon, sont décrits dans un même espace de tems, quoiqu'ils soient de grandeurs fort inégales ; d'où il s'ensuit qu'il est entré plus de mouvement dans la description du grand cercle, & plus de repos dans chacun des autres cercles du milieu : & par conséquent la description de chacun des cercles du milieu, a été mêlée d'intervalles de mouvement & de repos. Il s'enfuit de plus que le point de l'extrémité du rayon, qui décrit le grand cercle, s'est rencontré dans des intervalles de mouvement, tandis que chacun des points du milieu, en décrivant son cercle, se trouvoit dans des intervalles de repos.

Sur cela on peut objecter que si une partie du rayon, ou demi-diametre, est dans le repos, tandis que l'autre est dans le mouvement, il s'ensuit que cette ligne du demi-diametre n'est plus une ligne droite, & devient une ligne courbe, ou rompuë. A cela je répons que s'il s'agissoit d'une ligne mathématique & géométrique, la conséquence seroit vraie; mais que n'y ayant point de lignes géométriques dans la nature, mais seulement des lignes physiques, non seulement il n'y a nul inconvenient à dire & à croire qu'une partie du rayon d'une rouë, qui fait son tour autour de son centre, va plus lentement que l'autre partie de ce rayon ; mais même que le fait est très-constant, & ne se peut pas nier ; & que de dire qu'une partie va plus lentement que l'autre, c'est dire qu'elle a moins de mouvement, & par conséquent plus de repos.

Par là on donne aisément la solution de cet argument, qu'on appelloit l'Argument d'Achilles, λόγος ἀχιμαιος, & qui a paru insoluble. On suppose dans cet argument, qu'Achilles, & une tortuë marchent d'un mouvement continu sur une même ligne, & que la tortuë est plus avancée que lui de dix pieds, par exemple, sur cette ligne. S'ils marchent d'un mouvement continu, pendant le tems qu'Achilles mettra à parcourir ces dix pieds, la tortuë doit avoir fait quelque progrez en avant ; comme, par exemple, d'un pied. Pendant le tems qu'Achilles mettra à parcourir ce pied, la tortuë aura avancé d'un pouce : & tandis qu'Achilles parcourra ce pouce, la tortuë aura avancé de deux lignes ; & ainsi avançant toûjours un peu, tandis qu'Achilles s'avancera, elle devancera toûjours Achilles. La réponse est aisée, en supposant que tout mouvement est mêlé de parties ou intervalles de repos ; & le mouvement de la tortuë étant mêlé de beaucoup plus d'intervalles de repos que de mouvement d'Achilles, il ne faut pas s'étonner si Achilles s'avançant par des intervalles de mouvement, il atteint & devance la tortuë, tandis qu'elle est dans des intervalles de repos.

CXXXIV.

Si dans les orages il s'engendre quelquefois des grenouilles ?

On est communément persuadé, que ces petites grenouilles, qui paroissent dans l'été après les orages, sont produites par la chaleur de la saison, par l'eau qui tombe d'enhaut, & par la poussiere qui se trouve sur la terre, & sur les feuilles des arbres. Quelques-uns même croient qu'elles se forment en l'air, & sur ces feuilles : & le peuple dit alors sans scrupule qu'il pleut des grenouilles : ne songeant pas que la force du vent peut les avoir enlevées & transportées, comme il transporte tant d'autres corps beaucoup plus pesants. Ces animaux ne naissent point autrement que les autres animaux. Les meres les pondent, & s'en déchargent, & les nourrissent dans des trous de la terre, comme les crapaux. *Inventusque cavis bufo.* Quand il survient des pluies abondantes, l'eau se répandant sur la terre, l'humecte, la réfroidit; & inondant les petites cavernes, qui leur servent de nids, les force d'en sortir pour se mettre à sauveté. La même chose arrive à une espece de souris, qui se trouve dans les montagnes de la Lapponie. Elles paroissent en grand nombre après les orages: & les Lappons ont la même opinion de l'origine de ces souris, que le vulgaire a ici de celle des grenouilles. Et non seulement les Lappons, mais même Olaüs Magnus, le grand Naturaliste de la Suéde, croit qu'elles tombent avec la pluie, soit qu'elles soient apportées d'ailleurs par le vent, soit qu'elles soient produites dans les nuës. Je pardonne plus aisément cette erreur grossiere à ce bon Suédois, estimable d'ailleurs, qu'à Wormius, ce savant Danois, qui a vécû de nos jours, & qui a tant apporté de lumiere dans les affaires du Nord, qu'il a traitées dans ses ouvrages; & qui néanmoins sans biaiser & sans scrupule a assuré que ces grenouilles peuvent s'être formées dans l'air, & être tombées avec la pluie.

CXXXV.

Du nom de *Philès*.

Il m'a semblé qu'un homme aussi clairvoyant, & aussi exact qu'étoit M. Bochart, en alleguant dans son livre *des animaux de l'Ecriture*, le témoignage de Philé, dont nous avons le livre *de la proprieté des animaux*, l'ait cité comme l'ouvrage d'une femme, trompé par la terminaison de ce nom, quoique dans les livres imprimez, l'ouvrage soit ainsi intitulé, τῦ σοφωτάτου ϰ̀ λογιωτάτου Φιλῆ ςίχοι, & dans un Manuscrit de la Bibliotheque du Roi, του σοφωτάτου ϰ̀ λογιωτάτου κυρίου μανουήλου του Φιλῆ είχοι ίαμβικοί. Ce genitif vient du nominatif Φιλῆς, dont le datif est Φιλῆ, & l'accusatif Φιλὴν. Ce nom se trouve fréquemment dans tous ces cas, dans les Historiens de l'Histoire Byzantine. Il falloit donc en le citant au nominatif, le nommer Philès.

CXXXVI.

Si l'on peut reduire tous les sens au sens du toucher.

Quelques Philosophes ont voulu réduire les cinq sens sous un seul, qui est le toucher; prétendant que la vûë se fait par une sorte d'attouchement sur l'œil, de l'espace émanée de l'objet visible; de l'oüie par un attouchement de l'air ébranlé par le son, sur le tympan de l'oreille; de l'odorat, par un attouchement de la vapeur émanée du corps odorant sur les narines; & du goût, par l'attouchement des parties savoureuses, qui partent du corps que nous mangeons, ou savourons, sur la langue & le palais. Je conviens que chacune de ces sensations se fait par une espece d'attouchement, c'est-à dire par une application de l'objet, ou de l'espece de l'objet sensible, à l'organe ou instrument de la sensation : mais je ne conviens pas pour cela que ces cinq sens soient le même sens. Un même archet touche les cordes, mais il n'en tire pas le même son. Une même plume forme l'écriture, mais les lettres dont l'écriture est composée, ne sont pas les mêmes. Les sens n'ont rien de commun entre eux, que l'application de l'espece de l'objet exterieur à l'organe de la sensation; tout le reste est different; l'objet exterieur, l'organe de la sensation, & la maniere même de l'application; quelques-unes des especes ne faisant que frapper & faire une impression passagere sur l'organe de la sensation, comme dans le sens de l'oüie; & d'autres penetrant l'organe, s'y insinuant, & y demeurant, comme dans le sens du goût, & de l'odorat. Si l'on veut comprendre toutes ces applications sous le terme général d'attouchement, il faut dire qu'il y a deux acceptions du mot d'attouchement; l'une générale, commune à tous les sens, que je viens d'expliquer; l'autre particuliere au sens du toucher, qui produit une sensation differente des quatre autres.

CXXXVII.

S'il est vrai que deux nombres inégaux multipliez par eux-mêmes, puissent produire le même nombre?

Clavius Jesuite a avancé dans son Algebre, Tom. 2. p. 17. une étrange proposition, savoir que deux nombres inégaux, étant multipliez quarrément, c'est-à-dire chacun par soi-même, produisent quelquefois deux nombres égaux, c'est-à-dire le même nombre. Cela lui paroît fort surprenant & incomprehensible, & il en rejette la cause sur la foiblesse de l'esprit humain. Cependant l'exemple qu'il apporte de cet effet merveilleux, découvre visiblement son erreur. Les deux nombres qu'il propose sont 4-1, & 1-4 : c'est-à-dire quatre moins un, & un moins quatre. Ce premier nombre multiplié quarrément par lui-même produit neuf ; & le second multiplié quarrément par lui-même produit aussi neuf, selon Clavius. Tout cela est vrai, mais non pas au sens de Clavius. Car ce premier neuf marque neuf au dessus de rien ; & le second neuf marque neuf au-dessous de rien, c'est-à-dire neuf moins que rien. Si je donne à quelqu'un quatre écus, moins un écu, c'est-à-dire trois écus, il recevra trois écus de profit, dont le quarré sera neuf écus de profit. Mais si je lui donne un écu, moins quatre écus ; c'est-à-dire, si, lorsqu'il recevra de moi un écu, il m'en rend quatre, il perdra avec moi trois écus, dont le quarré feront neuf écus de perte. Or il y a une grande difference entre neuf écus au deſſus de rien, & neuf écus au deſſous de rien ; c'eſt-à-dire entre neuf écus de profit, & neuf écus de perte. Il eſt étonnant que le bon eſprit de Clavius lui ait manqué là-deſſus au beſoin, & qu'il ait attribué à la foibleſſe de l'eſprit humain, ce qu'il devoit attribuer à la foibleſſe du ſien.

CXXXVIII.

Problême Géometrique,

Dans ces Diſſertations que feu M. l'Abbé de Tilladet prit ſoin de ramaſſer, & de faire imprimer, il y a quelques années, il a rapporté une demonſtration de ce problême qui fut propoſé à M. Bouillaud : Une ligne droite terminée, étant coupée en quelque point trouver un autre point hors de cette ligne, d'où ayant tiré trois lignes ſur les deux extrémitez de la ligne donnée, & le point de la ſection, elles faſſent deux angles égaux. Quoique la démonſtration de ce problême, que l'on a propoſée dans ces Diſſertations, ſoit réguliere, on oublia d'en donner une autre, qui est beaucoup plus simple & plus nette.

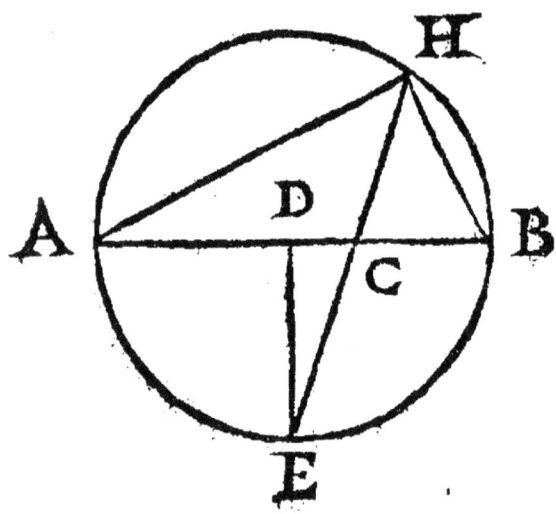

Soit la ligne AB. coupée au point C. il faut trouver un point hors de cette ligne, d'où ayant tiré trois lignes, l'une tombant sur le point de la section C. les deux autres tombant aux extrémitez de la ligne AB. ces trois lignes fassent deux angles égaux. Qu'on coupe la ligne AB en deux parties égales au point D. Du point D. à l'intervalle DB. soit décrit le cercle AHBE. Du point D. soit tirée la perpendiculaire DE, qui se termine au point de la circonference E. Du point E. soit tirée une ligne par le point de la section C. jusqu'à la circonference du cercle au point H. Du point H. soient tirées deux lignes aux extrémitez de la ligne AB. favoir HA. & HB. je dis que le point H. eſt le point que l'on cherche, & que les angles AHC. & CHB. font égaux, puiſqu'ils ſont foûtenus de deux portions de cercle égales AE. & EB. par la 27. propoſition du 3. livre d'Euclide.

CXXXIX.

Différence de l'Aſtronomie ancienne & de la moderne.

L'Aſtronomie ancienne étoit ſi défectueuſe, qu'il eſt bien pardonnable aux modernes de l'avoir peu étudiée. Il eſt certain que pour l'intelligence des anciens Auteurs, la connoiſſance en eſt néceſſaire. Scaliger eſt celui des modernes qui l'a davantage cultivée, & il ſe ſavoit ſi bon gré des progrez qu'il croioit y avoir faits, qu'il a regardé comme ſon chef-d'œuvre en ce genre ſes obſervations ſur le poëte Manile où il a étalé avec complaiſance les lumieres qu'il avoit acquiſes dans cette ſcience par une longue étude. Mais le caractere de ſon eſprit immoderé, plein de confiance & de préſomption, l'a précipité dans une infinité

infinité d'erreurs, comme je l'ai fait voir dans mes Remarques sur le même Manile, & sur son Commentaire. Sans entrer dans le détail de plusieurs questions sur lesquelles l'Astronomie nouvelle s'est éloignée de l'ancienne, j'exposerai seulement ici superficiellement plusieurs differences capitales, de leur méthode dans l'étude de l'Astronomie, & de leurs principes.

Touchant les observations des astres, j'apprens d'un passage (1) de Simplicius qu'Aristote recommandoit à ses disciples de suivre les plus récentes observations, comme étant beaucoup plus sûres que celles des anciens, qui ne répondoient pas assez exactement aux phénoménes ; parce que, dit-il, Callistene, disciple d'Aristote, n'avoit pas encore envoyé de Babylone en Grece les observations des Chaldéens, faites pendant plus de dix-neuf cents ans avant Alexandre, selon le calcul de Porphyre. En effet, les Chaldéens, selon l'opinion commune, sont les plus anciens observateurs, dont on se souvienne, ayant été invitez à ce noble exercice par la dis-

(1) Simplic. in Aristot. de cœlo, lib. 2. p. 123.

position des campagnes vastes & unies qu'ils habitoient. Les Egyptiens par une pareille occasion se trouverent engagez à les imiter. Macrobe (2) néanmoins les fait les premiers observateurs du Ciel, & rapporte en détail l'artifice dont ils se servoient pour parvenir à une exacte division du Zodiaque. Mais les Phéniciens y furent portez par la nécessité de la navigation & du trafic. Dès le tems des Juges d'Israël, ils avoient dressé dans la Palestine des Heliotropes, des colonnes Astronomiques, & des Horloges qui marquoient les mouvemens du Soleil. Celle du roi Achaz est une preuve que les Ebreux ne negligeoient pas la connoissance des mouvemens celestes, & j'ai fait voir dans un autre (3) ouvrage, que ces Colonnes, dont parle Josephe, & dont il attribuë la construction aux descendans de Seth, étoient plûtôt des Tables Astronomiques, gravées par les anciens Chananéens sur ces Colonnes. Il y a apparence que ces conversions du Soleil, qu'Homere nous apprend (O *lyss.* o. 403.) avoir été marquées dans l'isle

(2) Macrob. in Somn. Scip. lib. 1. cap. 21.
(3) Situat. du Paradis terrestre, ch. 17.

de Syrie, c'étoit un Heliotrope, fabriqué par les Phéniciens, & que les Interpretes prétendent avoir été dressé pour marquer les Solstices, qui fut depuis renouvellé, ou réparé, ou perfectionné par Pherecyde. Ou peut-être en fit-il un autre plus exact, où les Solstices étoient marquez par l'ombre d'un stile. Les Grecs instruits dans l'Astronomie par les Egyptiens & les Phéniciens, la cultivérent dans la suite du tems ; & depuis Thalès & ses successeurs d'un côté, & Pythagore de l'autre, elle fit des progrez considerables successivement, jusqu'à Ptolémée, qui a surpassé en cette science la diligence de ceux qui l'avoient précédé: les Arabes corrigerent ses observations; le roi Alphonse corrigea celles des Arabes ; & enfin les Tables Rudolphines de Keppler, fondées sur les observations de Tycho, ont poussé l'exactitude de ces connoissances plus loin qu'elles n'avoient encore été. Ces observations de Tycho, & ces merveilleux instrumens dont il se servoit pour les faire, avoient, pour ainsi dire, renouvellé l'Astronomie. Non pas que les Arabes épargnassent les soins & la dépense pour connoître les mouvemens du Ciel. On en peut juger par cet inſtrument dont ſe ſervoit Albategnius, qui vivoit il y a 800. ans, duquel inſtrument l'alhidade étoit longue de dix aunes.

Les Spheres dont ſe ſervoient les anciens pour repreſenter le Ciel, étoient fort differentes des nôtres. Ils avoient l'uſage des Spheres armillaires, mais faites à leur maniere. Quelques-unes étoient compoſées (4) de roſeaux pour repreſenter les cercles. Celle d'Archimede, qui a été tant célébrée, faiſoit bien plus admirer ſon ſavoir dans la Méchanique, que dans l'Aſtronomie. Elle étoit fabriquée (5) de cercles de cuivre, & de globes creux de verre, qui étoient mûs par les reſſorts de la Pneumatique, & repreſentoient les mouvemens celeſtes. Claudien (6) marque que ces Spheres de verre, faites apparemment à l'imitation de celle d'Archimede, étoient en uſage de ſon tems. Les mêmes effets que l'on admiroit dans ces Spheres, ont été imitez de nos jours plus d'une fois par d'autres artifices non moins in-

(4) Lucian. in Nigrino.
(5) Vide Claudian. Epigr. 18. Lactant. lib. 2 cap. 5. Salmaſ. in Solin. tom. 1. p. 824.
(6) Claudian. Epigr. 25. ad Curetium.

genieux, & produits par une intelligence non moins profonde de l'Astronomie & de la Méchanique.

La division des cercles du Ciel a reçû successivement divers progrez. La plus ancienne a été celle du Zodiaque. Les douze Signes en firent la premiere division. Les 365. jours dont l'année étoit composée, & que le Soleil employoit à parcourir le Ciel, conduisoit naturellement les observateurs à la division de ce cercle en 360. degrez. Voici comme Pline en parle; l. 2. c. 8. *Certum est Solis meatum esse partium quidem trecentarum sexaginta. Sed ut observatio umbrarum ejus redeat ad notas, quinos annis dies adjici, superque quartam partem diei.* Et il se sert dans la suite, ch. 15. de cette même division du Zodiaque en 360. parties. Manile, *liv.* 1. *vers.* 667. applique cette même division au Zodiaque : & il donne douze de ces degrez à la largeur du Zodiaque, que les modernes ont étenduë jusqu'à seize. Cette division en 360. degrez, fut d'abord réservée au Zodiaque, dont le Soleil sembloit être le premier auteur : mais les autres grands cercles, & principalement l'Equateur, étoient communement divisez en soixante degrez ; & on ne le fervoit point d'autre divifion avant Eudoxe, qui fut difciple de Platon. Ils comptoient (7) quatre de ces degrez, depuis l'Equateur jufqu'au Tropique, & quinze jufqu'au Pole. Les anciens avoient encore d'autres divifions, mais plus groffieres. Ils appelloient les Signes du Zodiaque *Dodecatemories*; c'eft-à-dire *douziémes parties* : & ils divifoient chacune de ces douziémes parties, ou Dodecatemories, en douze autres Dodecatemories, dont chacune contenoit deux degrez & demi du nombre des trente que chaque Signe poffedoit ; ou cinq demi-degrez, à chacun defquels ils donnoient auffi (8.) le nom de Dodecatemories. Manile a marqué ces trois fortes de Dodecatemories : mais les modernes les ont ou ignorées ou negligées. Je remarque cependant dans un paffage de Sextus Empiricus (*adv. Math.* p. 111. *AB*) qui vivoit fous Marc-Aurele, que dès-lors on divifoit en foixante minutes chacun des 360. degrez du Zodiaque. Eufebe rapporte dans fa préparation Evangelique *liv*. 6. *chap*. 7. un grand fragment des

---

(7) Strabon, liv. 2. p. 113. D.
(8) Vide nos in Manil. XXI. 646.

Commentaires d'Origene sur la Genese, par lequel on connoît que de son tems les Astrologues voulant dresser les nativitez des enfans, ne recherchoient pas seulement quel Signe étoit en ascendant, mais encore quelle partie du nombre des soixante parties, en quoi le Signe étoit divisé ; & que poussant encore plus loin leur recherche & leur précision, & divisant chacune de ces parties en soixante autres, ils examinoient laquelle de ces cent-soixante dernieres parties étoit en ascendant ; & qu'ils usoient de la même diligence dans les observations qu'ils faisoient du cours des Planetes. Les divisions & subdivisions de ces mouvemens se pratiquoient du tems d'Ammien Marcellin, & il appelle (*lib.* 26. *cap.* 30.) parties de parties ce que nous appellons minute. Cela fait connoître que l'exactitude & la curiosité des modernes n'a pas surpassé en cela celle des anciens.

Les postures que l'on a données aux Constellations sur les globes artificiels ont été une autre occasion de differend entre les anciens & les nouveaux Astronomes. Car, lorsqu'ils voulurent representer sur le globe, ce qu'ils avoient vû dans le Ciel, ils marquerent fur la face convexe du globe, ce qu'ils avoient vû dans la face concave du Ciel. De forte que fi une Conftellation leur avoit paru dans le ciel ayant le vifage tourné vers eux, c'eft-à-dire vers la terre & vers le centre du ciel, comme par exemple celle d'Andromede, ou du Verfeau, lorfqu'ils vouloient la reprefenter fur le globe artificiel, telle qu'ils l'avoient vûë, c'eft-à-dire tournée vers eux, cette fituation étoit néceffairement contraire & oppofée à celle qu'elle a dans le ciel: car elle devoit être renverfée & comme couchée fur le dos, & regardant en haut, & au deffus d'elle; au lieu que dans le ciel elle regarde en bas & au deffous d'elle. Ainfi la face du globe artificiel étoit proprement l'envers & le rebours de la face du ciel. Delà il s'enfuivoit un étrange renverfement dans la fabrique des globes artificiels; car ce qui étoit à la droite dans le Ciel fe trouvoit à la gauche fur le globe. Cela a produit deux fectes differentes entre les Aftronomes. L'une eft de Theon, qui vouloit que l'on peignît les Conftellations ayant le derriere de leurs corps tourné vers nous, pour faire entendre que le devant de leurs corps étoit ce qui nous paroissoit dans la face concave du ciel. L'autre secte étoit d'Hipparchus, qui vouloit au contraire qu'on les peignît ayant le dedans du corps tourné vers ceux qui les regardoient sur le globe, à moins qu'il ne se trouvât au côté opposé quelque chose qui meritât d'être marqué. C'est-à-dire qu'Hipparchus vouloit qu'on représentât sur la surface extérieure les Constellations, telles qu'elles paroissent à nos yeux étant vûës de la terre : & Theon vouloit qu'on les représentât telles qu'elles auroient paru aux yeux de ceux qui les auroient regardées par le dehors du globe, si ce globe avoit été transparent.

Outre ce dérangement, le tems a encore défiguré en particulier ces Constellations, & les modernes n'ont pas exprimé les figures anciennes. J'en rapporterai ici quelques-unes qui pourront servir d'échantillon. Le belier est représenté aujourd'hui sur les globes couché & regardant derriere lui. Les anciens l'ont représenté courant, & regardant vers l'Occident, c'est-à-dire devant lui.

R v

La Balance est représentée avec ses deux bassins, posée simplement sur la terre. Manile y joint un homme qui la soûtient, & la tient en action : *Humana est facies Libra*, dit-il. Les anciens Calendriers la faisoient soûtenir par la Vierge : mais cet emploi fut délégué à Auguste par les flateurs de son tems. Les Egyptiens attribuoient cette fonction à un homme, qui soûtenant la balance de la main droite, tenoit de la gauche une perche ou mesure d'arpenteur. Les Gemaux étoient autrefois représentez comme deux jeunes garçons qui s'entr'embrassoient. Les Lacedemoniens les exprimoient en raccourci par deux traits paralelles, joints ensemble par deux autres traits de travers, comme on les représente encore aujourd'hui. Ils appelloient ce signe δόκανα, mot derivé, comme je crois, de δοκός, qui signifie une poutre ou solive ; car ce sont en effet deux solives jointes par deux autres solives traversieres. En Latin une solive s'appelle *trabs*. Et comme de δοκός on a fait δόκανα, de *trabs* on a fait *trabale* ; d'où est venu, selon ma conjecture, le mot de *travail*, qui dans sa propre signification marque cette machine dans laquelle les maréchaux enferment les chevaux fougueux & rétifs pour les panſer. Et en effet cette machine repréſente la figure qui ſert à marquer les Gemeaux. On prétend (9) que ces Gemeaux ſont Caſtor & Pollux; d'autres veulent que ce ſoient Apollon & Hercule : & ils retiennent encore ces noms-là dans la ſphere des Arabes, qui les ont pris des Egyptiens. Pline,*liv.* 18. *ch.* 29. ne diſſimule pas que les anciens ont confondu la ſituation des Conſtellations du grand Chien, & du petit Chien. Ils ont donné le nom de Chien & de *Sirius* à la Conſtellation du grand Chien, & à cette étoile lumineuſe qu'il a dans la bouche. Ils ont auſſi donné le nom de Canicule au grand & au petit Chien. La Conſtellation d'Orion étoit nommée *Jugula* par les anciens, à cauſe de trois étoiles qu'ils plaçoient ſur ſa gorge. Manile & tous les modernes les placent ſur ſon viſage. Enfin, pour faire voir en abregé la difference de la ſphere ancienne & de la moderne, il ſuffit de dire que cette derniere met qua-

---

(9) Vide Manil. IV. 754. & nos ibid. Plutarch. de fraterno amore. Euſtath. in Iliad. p. 1125.

rante-huit Conftellations dans le ciel, & l'ancienne n'en met que trente-cinq, comme l'a marqué expreffement Martianus Cappella, liv. 8.

Mais ces changemens que le tems a coûtume d'apporter dans les fciences humaines, ne font pas comparables à ceux que les Arabes ont apportez dans l'Aftronomie, lorfqu'ils ont voulu l'ajufter à leur religion. Ils auroient cru commettre une idolatrie, s'ils avoient placé, &, pour ainfi dire, confacré des figures humaines dans le ciel. Ils ont donc mis deux paons à la place des Gemeaux; une gerbe d'épics à la place de la Vierge; un carquois à la place du Sagitaire; un mulet chargé de deux barils, à la place du Verfeau; un veau marin à la place d'Andromede; & ainfi des autres.

Les Aftronomes n'ont pas moins varié, quand ils ont voulu défigner les points des Solftices & des Equinoxes. Quelques-uns les ont mis dans le premier degré du Cancre, & dans celui du Capricorne; dans le premier degré du Belier, & dans celui de la Balance; les autres, dans les huitiémes degrez de ces Signes, les autres dans les dixiémes, les autres dans les douziémes ; & quelques-uns dans les quinziémes; ce que l'on attribuë à Eudoxus. D'autres étendoient l'espace où ils plaçoient les points tropiques dans toute l'étenduë de ces Signes. Manile rend témoignage de ces diversitez à la fin de son troisiéme livre. Néanmoins l'opinion de ceux qui les plaçoient dans les huitiémes degrez de ces Signes a prévalu : & il semble qu'elle ait merité cette préference par son antiquité, & par l'autorité d'Anaximandre, qui paroît en avoir été l'inventeur. Et de là vient que dans le Calendrier réformé par Jules Cesar, les premiers jours des mois tombent dans les huitiémes parties des Signes du Zodiaque ; suivant l'ancienne Astronomie, à laquelle Geminus rapporte aussi l'opinion de ceux qui étendoient les Solstices & les Equinoxes dans toute la longueur des Signes tropiques.

La variation a été plus grande encore, quand il a fallu fixer l'ouverture du printems. Les uns avoient égard au degré qu'occupoit le Soleil dans le Bélier, quand le Zephyre commençoit à souffler, ou au premier vol des hirondelles. Les autres plaçoient le commencement du printems quelques jours après ces indices. On trouve même le souffle du Zephyre, le vol des hirondelles, le retour du printems, l'entrée du Soleil dans le Bélier, & l'Equinoxe, marquez dans les anciens auteurs, comme des Epoques distinctes.

Les Astronomes ne se sont pas mieux accordez sur la situation & l'ordre des Planetes. Plutarque dans son second livre des dogmes des Philosophes, a fait un chapitre sur cette diversité. Il dit que Platon a fait le Soleil & la Lune les plus basses des Planetes ; qu'Anaximandre au contraire, & d'autres après lui, les ont mises au plus haut rang. L'Auteur du livre du monde, qui porte le nom d'Aristote, place Mercure immediatement sous Mars, Venus ensuite, & enfin le Soleil & la Lune ; & quelques autres ont placé Mercure au dessous de Venus.

CXL.

En quel sens les Poëtes Bucoliques font-ils chanter à leurs Bergers des vers sur leurs chalumeaux?

Il se présente une difficulté dans les auteurs des Bucoliques, à quoi je m'étonne que les Commentateurs n'aient pas pris garde, ou n'aient pas cherché quelque solution. Ils font chanter les Bergers sur la flute, sur le flageolet, ou sur les chalumeaux. Ces chansons ne consistent pas seulement dans le chant, mais encore dans les paroles chantées. Quand Virgile a dit : *Incipe Manali os mecum, mea tibia, versus,* il ordonne à sa flute de chanter ses vers : sa flute peut bien chanter ses airs, mais non pas les vers ; & sa bouche occupée à entonner sa flute, ne peut pas prononcer ses vers. Quand dans sa premiere Eglogue il représente Tityre joüant de ses chalumeaux, & faisant retentir les forêts du nom d'Amarillis, comment en entonnant son chalumeau avec sa bouche, peut-il prononcer avec sa même bouche le nom d'Amarillis ? Cela ne fe peut concilier qu'en difant que ces chants fe faifoient alternativement & fucceffivement, & qu'on chantoit premierement l'air avec la voix, & enfuite avec la flute. Virgile femble avoir eu quelque égard à cette difficulté, quand il attribuë ces deux fonctions à deux perfonnages differens,

Boni quoniam convenimus ambo,
Tu calamos inflare leves, ego dicere
verfus.

PET. DAN. HUETII
CARMINA,
Quæ seorsum edita prodierant ab anno MDCCIX.

LAMPYRIS.
ECLOGA VI.

Quæ nova per cæcas splendescit flammula
   noctes
Sepibus in nostris? an ab æthere lapsa sereno
Astra cadunt? tacitis an captant frigora sylvis,
Si quando ardentis ceperunt tædia cæli?
Non ita, sed duris heu frustra exercita matris
Imperiis, sentes lustrat Lampyris opacos,
Si forte amissum possit reperire monile.
  Namque per Eurotæ ripas, saltusque Lycæi,
Dum Diana leves agitat de more choreas,
Aut erumpentes fruticetis excipit apros,
Nympha puellares inter lectissima coetus,
Lampyris, Divam propius sectatur euntem,
Arcum humeris habilem gestans, pictamque pharetram.

Subtilis flavos cohibebat mitra capillos ;
Aurea virgineum velabat fascia pectus,
Adstrinxere leves argentea tegmina suras.

Festa aderat tum forte dies, qua vertice Cynthi
Latonæ quondam ex utero, natalibus horis,
In lucem exierant Diana, & pulcher Apollo.
Lætior hinc solito celebres Dea protinus omnem
Arcadiam vocat ad ludos, sylvestria circum
Numina, ruricolas Faunos, Dryadasque sorores.
Nec mora Parthenios saltus, frondosaque celsæ
Cyllenes nemora, & nigri pineta Lycæi
Deseruere Dei: reliquos Pan ocyor anteit,
Ora coloratus minio fucata rubenti.

Hic ubi Mænaliis veniunt de montibus umbræ,
Floridus Alphei prætexit flumina campus,
Pastorum assiduis solitus resonare cicutis.
Capripedum visa est Satyrorum hæc lusibus apta
Area: pars teretes digitos, & molle labellum
Admovet, ut biforem det eburnea tibia cantum.
Pars dulces ciet ore modos, & voce canora
Dianam celebrat: siluere ad carmina venti.
Quo cantu excitæ fluvii de sedibus imis
Naiades emergunt, gressumque per uda ferentes
Gramina, florenti properant se adjungere turbæ.
At parte ex alia graciles venere Napææ,

Fronde caput vinctæ, & viridi vestigia focco.
Venit Hamadryadum collectis turba capillis,
Nuda genu, levesque humeros, & lactea colla.
Quas inter roseo prodit spectabilis ore
Candida Lampyris, qualis post lumina solis
Nocturnos inter cælo micat Hesperus ignes.
Namque decus formæ, frontisque nitentis ho-
    norem
Aureus incendit pendens in pectora torquis,
Baccatus gemmis, & multa nobilis arte ;
Rarum opus, igniferis procusum incudibus Ætnæ,
Vulcani manibus, Veneris mirabile donum,
Cum natam Hermionen Cadmo felicibus olim
Traderet auspiciis : quo munere dein Eriphyle
Capta, viri exitium Polynici est ausa pacisci.
Postera fatalis demum per secula torquis,
Perque vices varias, Superûm sic jussa ferebant,
Arcadicam longo post tempore venit ad Æglen;
Æglen, quæ quondam Sileno juncta marito,
Egregiam fausto genuit Lampyrida partu.
Hanc reliquis optat mater præcellere forma
Virginibus, cultusque novos studiosa puellæ
Comparat. It splendens per collum ductilis auri
Circulus, & summis illudit gemma papillis.
Prodi, ait, in medium, & divinis utere donis.

Tu modo, nata, cave, ne quis tibi præmia Divûm
Auferat, & sacro redeas fraudata monili.
  Mox inter socias sic exornata puellas
Tendit in herbosum virgo pulcherrima campum,
Et Satyrorum oculos in se convertit & ora.
Post ubi submovit populum, spatioque patente
Cynthia commissos indixit ab aggere ludos,
Tum præit arguto sylvestris fistula cantu.
Personat omne nemus circum, vallesque pro-
    fundæ.
Emicat extemplo Satyrorum læta juventus
In saltum, Dryadasque petit, facilesque Napæas.
Implicuere manus manibus, motusque dedere
Non incompositos, agiles in cespite plantæ
Exiliunt, crispumque latus vibratur ab arte,
Et simul ad crotalum digiti crepuere loquaces.
Hinc Pan sutilibus protectus tempora sertis
Ingreditur, prensamque manu Lampyrida pernix
Ductitat in numerum: pedibus nec segnior illa
Fertur in adversum, sinuososque implicat orbes:
Et modo cedentem conversa fronte lacessit;
Nunc trepidæ similis vertit vestigia retro,
Atque fugam simulat; fugienti hic servidus instat,
Instantem fallunt festivæ virginis artes.
Gratia saltanti nec abest. Dat Delia plausus;

CARMINA. 405

Dant circumstantes Satyri, vulgique coronæ.
  At non hæc animis Dryadum chorus aspicit
    æquis.
Arcanus gliscit sensim sub pectora livor,
Sollicitasque angit prælatæ gloria formæ.
  Interea levibus Lampyris fessa choreis
Secessum petit, æstivum quo frangere Solem,
Lassosque in mollem queat artus solvere somnū.
Sed licet obscuro sylvarum tecta recessu,
Haud Dryadum fugit insidias: videre sub umbra
Laxantem placida languentia membra quiete.
Clam subeunt, furtumque parant, ausuque nefando
Pectora gemmato spoliant candentia torque.
Utque hæc admoto detersit pollice somnum,
Et se materno viduatam munere sensit,
Prosilit impatiens, & amaro concita luctu
Dat gemitum, mœstisque implet plangoribus
    auras.
Quid faceret? quos vana Deos in vota vocaret?
Tristis adit matrem, dejecto pallida vultu,
Indecores referens habitus, inhonoraque colla.
Divite quam cinctu mater, cultuque decoro
Nudatam aspiciens, cæco succensa furore,
Tune oculis audes, inquit, te sistere nostris

Muneribus vacuam Cythereæ, & torque carentē,
Torque, manet quo certa domus fiducia noſtræ?
Illa dabat contra lacrymas, & multa parabat
Dicere, ſed nullo mater ſæviſſima fletu
Tangitur, aut voces tractabilis accipit ullas.
Ocyùs ito, inquit vultu imperioſa minaci;
Torquem, divini pignus fatale favoris,
Aut refer, aut noſtris nuſquam te obtutibus offer.
Paruit illa tremens; utque atræ tempora noctis
Inſtabant, timida fulgentem lampada dextra
Prætulit in ſylvas: tenebras fax ſplendida vicit.
Per longas noctes, ſpatià & per longa dierum,
Hirſutos inter dumos, virgultaque denſa
Paſſibus it lentis, & devia teſqua peragrans,
Veſtigat raptum necquicquam attenta monile.
Livida Hamadryadum ſpeculatur ab ilice turba
Errantem procul, & curas deridet inanes,
Nequitiæque ſuæ fructum, furtique reportat.
 Sed vanum tandem Nymphæ miſerata laborē,
Inſontem triſti ſtatuit ſubducere pœnæ
Cynthia: fœmineos vultus, priſcamque figuram
Detrahit, atque nova donat Lampyrida forma.
Cogit in anguſtum contractos virginis artus,
Atque affigit humo; tardatur greſſus eunti;
Muta ſilet, loca ſola petit, ſylvaſque pererrat.

Haud tamen exili memores de pectore sensus,
Sæva nec iratæ cesserunt jussa parentis;
Per nemorum latebras tota dum quærere pergit
Nocte, laboratum digitis cœlestibus aurum,
Nigrantes clara collustrans lampade saltus.

GALERITA.
ECLOGA VII.

Decute surgentes ventoso vertice cristas;
Et vanos cohibe, Virgo temeraria, fastus:
Pauperis in tuguri latebras, & rustica tecta
Regredere, & patrios ne dedignare penates.
Ni facias, vindex aderit sævissima Pallas,
Illa tuæ Pallas columen, tutelaque gentis.

  Quæ postquã prægnante Jovis galeata cerebro
Prodiit, atque lacu Tritonidis adstitit undæ,
Et prima in Libycis posuit vestigia terris,
Inde leves arvis circumfert undique gressus,
Et nova inassuetis spectacula præbet ocellis.
Nunc sylvas, nunc prata juvat decurrere, & altis
Verticibus tractus longe lustrare jacentes.

  Verum ubi jam serus campis decedere Vesper
Admonet, & dulces suadet nox languida somnos,

Dumque sibi hospitium latis Dea prospicit agris,
Straminco vidit salientem culmine fumum,
Frondentes inter, procera cacumina, laurus,
Atque satas florente lacus in margine myrtos.
Illuc nata Jovis fertur, foribusque reclusis
Submisso ingreditur depressum vertice limen.
Divam agnovit anus, quam circum rustica pubes
Natarum paleis porrecta sedebat in hornis,
Arguto teretem versantes pollice fusum.
Agnovit, manibusque colus & pensa remittens
Exilit, & Divam veneratur supplice cultu.
En ego, ait Pallas, de summo en advena cœlo
Per noctem vestris succedo sedibus hospes,
Hic tectum requiemq; petens. Paupercula contra
Sic anus : O nostris quantum hæc nox prospera
  rebus !
Quæ dedit augustos reginæ cernere vultus.
Eia agite, ô teneræ, carissima turba, puellæ,
Certate officiis; solium ponatur acernum
Ædibus in mediis ; sternatur mollibus ulvis
Lectus, & in pedibus statuatur mensa columnis,
Huc oleæ pingues, plenis huc mala canistris:
Huc & caseoli, quos vimine fiscina pressit:
Plenaque jucunda relinatur seria vappa ;
Et scyphus ante dapes in mensa faginus extet.
         Passim

Passim parva novos infpergat filia flores.
At tu præcipue, natarum maxima, Divæ
Affiduis adfta ftudiis, ac nitere porro,
Quas annis fuperas, curis fuperare forores.
Sic ait: extemplo matris præcepta faceffit
Turba puellarum. Sedes annofa locatur
In medio: juxta recubans ftudiofa juventus
Feffa Deæ mulcet tepida veftigia lympha.
Ipfa gradu tremulo menfam fuccincta falignam
Ponit anus: denfis profert mantilia villis;
Addit & agreftes ilignis lancibus efcas,
Nuper & inculta decerptos arbore fructus.
Mox & fronde fuper viridi, florumque maniplis,
Sternitur archaïcum craffa lodice cubile.
Verum inter focias natu quæ prima, Minervæ
Colligit exutas noctis per tempora veftes;
Ægida nondum atros geftantem umbone colubros,
Splendentemque auro galeam, criftifque decoram,
Et præpilatam fulgenti cufpide myrtum.
Dumque jacet placido Pallas devincta fopore,
Hæc pravis inhians animis, per fingula verfat
Liventes oculos, nec non fe veftibus optat
Talibus incingi: placuere in caffide criftæ:
Se modo, fi liceat, cœleftibus induat armis,
Peronem rofeo cupiat mutare cothurno,

S

Sutaque plantarum contorta cannabe vincla,
Hirsuto gestare rudes subtemine telas
Est pudor, & tritis humeros amicire lacernis.
Me miseram, dixit, cur his in sordibus ævum
Fœda situ carpo, & squalentibus obsita pannis?
Cur his me Superi voluere parentibus ortam?
Obscuramne diu producam ingloria vitam?
Haud simus tamen indecores radiantibus armis,
Non caput hoc cassis, dextram hanc non dede-
 cet hasta,
Nostra nec auratus male pectora proteget umbo.
Hæc animo secum virgo malesana volutat,
Divæ sortem æquans animis, & turgida fastu.
Interea redit orta dies, somnoque solutam
Pallada frondosos lux alma revisere colles
Invitat, riguasque lacus decurrere ripas.
Illa recompositas formoso in corpore vestes
Aptat, & angustis digressa mapalibus exit
Protinus in campos, & prata virentia musco.
Dumque vagis passim per apertū cursibus errat,
Hinc atque inde choros niveæ duxere puellæ,
Vibrantes nunc molle latus, nunc candida sursum
Brachia jactantes, & cantus ore dedere.
At reliquas inter primæva puella sorores
Talibus augustam demens coluisse Minervam

Negligit officiis, animum sed inanibus usque
Fallere amat votis, & pectus pascere vento.
Ergo hastam præferre manu, clypeumque nitentē
Palladis, & sacro mavult splendescere cultu.
Ventum erat ad vitream sinuosi fluminis undam:
Diva rudes inter tenerum latus explicat herbas,
Et variarum oculos oblectat imagine rerum.
Hinc tremula capti ducuntur arundine pisces,
Et textæ lento tenduntur vimine nassæ.
Illinc pellito niveus pede remigat anser;
Raucaque clamoso pluviam dum provocat ore,
Lavit anas caput, & rores cervice recepit.
Cernere & ipsa suos vultus Jove nata quietis
Gaudet aquis, & visa suo est lætata decore.
Jamque dies medio cœli fervebat in axe,
Et face Phœbea candebat fervidus aër.
Impatiens æstus corpus Dea flumine gestit
Mersare, & grato solari frigore membra.
Candentes confestim artus nudare puellis
Cura fuit. Pictis spoliarunt crura cothurnis.
Arma ex umbrifera suspendunt aurea quercu,
Atque super lentas tunicam expandere genistas.
Pallada frigidula venientem amplectitur unda,
Sudore & madidam recreat Tritonius amnis.
Invergunt latices auratis Naiades urnis.

S ij

Dumque ibi rorantes fluvio Dea perluit artus,
Ecce puella procax, cæcaque cupidine ducta,
Depositos Divæ sibi circumcingit amictus,
Et patula quercu pendentia detrahit arma,
Cassidaque undantem pennis accommodat alto
Mentis inops capiti, & sacra regit Ægide pectus.
Talibus ornata exuviis, hoc culta paratu
Progreditur, seseque illam vult impia credi
Quam simulat. Pernix deserto rure colonus
Advolat, attonitæ concurrunt undique matres.
Illa venit, seseque ultro mirantibus infert.
At Dea de mediis fulgorem conspicit undis
Nutantis galeæ, clypeique insigne corusci.
Ilicet ingenti correpta efferbuit ira,
Ut sacras vili sedisse in corpore vestes
Novit, & æthereis fabricata incudibus arma
Contactu indignans vidit polluta profano.
Cumque puella levi sublimia mente petisset,
Divinosque sibi Superûm tribuisset honores,
Fecit avem Pallas, summum superare volatu
Aëra, & astriferas posset quæ scandere sedes.
Utque palam extaret sceleris certissimus index,
Vertice pennatum jussit gestare galerum,
Atque Galeritam gens postera nomine dixit.

SALAMANDRA.
ECLOGA VIII.
AD EMINENTISSIMUM CARDINALEM CÆSAREM ESTRÆUM.

SI priscos animis Erato tibi suscitat æstus ;
Quales, cum patriis meditanti carmina ripis
Suspensos tenuit quondam levis Axona fluctus ;
Huc ades, ô animæ, CÆSAR, pars maxima
    nostræ ;
Cui tua me longo vitæ usu cognita virtus
Irrupto primis nexu devinxit ab annis.
Te vocat in riguas mecum Trinacria valles,
Atque suis te poscit opem Salamandra querelis.
Romano quamvis incedas splendidus ostro,
Splendidior meritis, nostros tamen aure benigna,
Pegasidum si quis superest honor, excipe cantus,
Non erit hæc certe tibi laus postrema, tuisque
Laudibus accrescet, Pindi de vertice lecta
Si tua Phœbeâ cingatur purpura lauro.
    Nata Jovis quondam Siculis Proserpina campis

Cum meteret vernos arguto polliee flores,
Lilia, fragrantefque rofas, fuavefque hyacinthos,
Nectebat faciles folers Salamandra corollas,
Sertaque flaventes Divæ vinctura capillos.
Adftabant fociæ, lectiffima turba, Napææ,
Fingere docta comam, & cultu decus addere formæ.
Cum fubito infolitis quaffatur motibus Henna,
Sub pedibus mugit tellus, labefacta dehifcunt
Clauftra Erycis, procul horredis incanduit Ætna
Ignibus, atque imo patuit Cocytus Averno.
Continuo Stygiis in lucem emiffus ab antris
Profilit obfcura fquallens ferrugine currus,
Quem regit infernæ Saturnius arbiter aulæ.
Territa ferali trepidat Proferpina vifu,
Ditem horret, celerique Hennæ petiiffe laborat
Mænia tuta fuga: currentem hic ocyor anteit,
Nigraque veloci prævertitur orbita lapfu.
Nec mora Lethæus pavitanti brachia raptor
Injicit, & validis in currum fuftulit ulnis
Multa reluctantem, & fuperos in vota vocantem,
Optatamque infert prædam pallentibus umbris.
At parte ex alia deferta per avia paffim
Diffugiunt Nymphæ comites, & qua fua quamque
Fors tulit, his Ditem properat vitare latebris.
Has Salamandra inter, cafu externata nefando,

CARMINA.

Prata levi curfu rorantia deferit Hennæ,
Ætnæifque metu pallens fe condidit antris.
Hic niger alterno jactabat brachia nifu,
Fervida fuppofitis tundens incudibus æra
Mulciber, & lentis properabat fulmina maffis.
Quem fimul afpexit virgo fugitiva per umbram,
Agnovitque Deum, Per ego, inquit, fidera fupplex
Te rogo, fi qua movet pietas cæleftia corda,
Tartareas fraudes, dirofque ulcifcere raptus.
En Jove nata perit, feralibus acta quadrigis,
Ni properas, miffique tua Cyclopes ab Ætna
Vim vi contineant, prædamq; ex hofte receptent.
Hæc jactat lacrymans: Vulcanus talia contra
Ore refert, Non hæc temere, ô fuaviffima virgo,
Eveniunt; his aftra favent, his Jupiter auctor,
Et fratri natam facilis concedit amanti.
Indomito pofuiffe modum quis poffit amori?
Ipfe quoque has inter cautes, & inhofpita faxa
Inter ftricturas chalibum, ferrique metalla,
Ipfe ego quid fit amor non ficto pectore fenfi:
Ignibus incenfum Siculis domat acrior ignis.
Namq; fatebor enim, fimul his te profpera terris
Fata tulere, atque hos licuit cognofcere vultus,
Hos oculos, queis noftra Venus concefferit ultro,
In me fæva ferus depromit tela Cupido.

S iiij

O utinam hic paribus tangat tua corda sagittis,
Atque tuum pateat penetrabile pectus amori !
Sic ait, & Nymphæ manibus Deus apprimit ora,
Addit delicias, animumque moventia verba,
Incautam possit si prolectare puellam.
Nunc roseos laudat digitos, nunc lactea colla,
Undantesque humeris flavo de vertice crines.
Nec suus in mentem venit fuligine vultus
Decolor, assiduoque rubentia lumina fumo;
Actaque inæquali vestigia turpia gressu,
Atque obsessa situ deformi livida membra.
Ilicet ingenuo suffusa rubore puella
Æstuat, & limis dicentem aversa tuetur
Luminibus: tacito sed tandem victa timore
Respectare fugam, tutosque parare receptus
Aggreditur, si qua forsan detur exitus illi.
Sed clausam cœco re tin Vulcanus in antro,
Nec potis est vastis se proripuisse cavernis.
Cui simul ac Deus invisum se sensit, amoris
Accensus furiis, has profert pectore voces:
Méne igitur, vano formæ confisa decori,
Méne tuo dignum contemtu rere, puella ;
Ille ego, vera Jovis soboles, quem regia Juno
Legitimo partu cælestibus edidit oris.
Per me terrifici, si nescis, nubibus ignes

CARMINA. 417

Exiliunt, per me altus habet sua Juppiter arma.
Atque hic ipse meæ te Juppiter appulit Ætnæ,
Ut mea præda fores. Cessit Proserpina Diti,
Tu mihi : nunc Ætnæ dotalia regna capesse :
Conjugio nati haud aberit Dea pronuba Juno.
Talia dicta dabat, jam tum pertæsus inanes
Perdere blanditias, neglectaque fundere verba.
Vim parat impatiens: ast hæc animosa repugnat,
Non vano gemitu aut lacrymis, sed vindice dextra
Suggillans oculos, & fœdans unguibus ora,
Ulta pudicitiam : qua rapta, tum quoque vitam
Esse sibi raptam velit, extinguique sepulcro.
Ergo dolens ignominiam, læsique pudoris
Dedecus, & turpi temeratum crimine corpus,
Multa gemit, totique facit convitia cælo.
Concava flebilibus resonant plangoribus antra.
Ille quidem crudum dictis sedare furorem,
Et mœstis adhibere velit solatia curis.
Irrita verba cadunt, Nymphę dolor obstruit aures.
Precipitant ægram raptus pudor, iraque mentem,
Et parat invisam confestim abrumpere vitam.
Ætnæo patulæ panduntur vertice fauces,
Sulfureæ sursum sinuosa volumina flammæ,
Torridaque ignitas jactantes saxa sub auras.
Crateras prisco dixerunt nomine Graii.

S v

Nympha furens animis, lucemque exosa citato,
Summa petit cursu montis juga, pronaque saltu
Præcipiti rapidos sese dejecit in ignes.
Mulciber obscuro casum speculatus ab antro,
Tristiaque insontis miseratus fata puellæ,
Non tulit ante diem crudeli occumbere leto.
Maluit in teretem producere membra lacertum,
Atque coloratis aspergere tergora guttis.
Quin ignes superare dedit, prunasque rubentes
Proterere, atque acres calcare impune favillas,
Et solita ex ipsis alimenta capessere flammis.
Sic sua Vulcanus Salamandram in jura recepit.

MIMUS,
SIVE
SPECULUM.
ECLOGA VIII.
AD
MARIAM ELISABETHAM
ROCCACHOARTIAM CASTRISIAM.

FLECTE oculos, flecte huc facilem, Castri-
sia, mentem,

CARMINA. 419

Et mirare leves rerum per inane figuras,
In quibus ipsa tuos possis agnoscere vultus,
Fulgentesque oculos, & amœnæ frontis honores,
Mox tamen antiqui repetes dictata Platonis,
Rursus & umbrosis Academi condita sylvis
Actæas inter spectaberis heroïnas.
Te sibi Athenais, regali sede relicta,
Adjungat comitem,& morū velit esse magistram.
At nunc læta animis graviores exue curas,
Floreat inque tuis Phœbea hæc laurea sertis.

   Pallenes inter scopulos, prope littoris oram,
Gramineosque toros, primis adoleverat annis,
Spes generis Mimus, quem partu enixa beato
Edidit Emathiis Psamathe formosa sub antris.
Hunc pater eductum Proteus in vallibus Ossæ
Erudiit; vitæque dedit præcepta, suisque
Moribus instructum, faciem & mutabile corpus
In varias rerum docuit convertere formas.
Nam modò frondentes sursum jubet arboris altæ
Ramos induere, & radices figere terræ,
Et modò in æquoreum ripis durescere saxum.
Nunc in spumantem resolutus defluit undam,
Aut abit in rapidæ sinuosa volumina flammæ.
Præterea quæcunque oculis sese obvia ferrent,
Horum consimiles in se transferre figuras

S vj

Inftituit, variofque fitus, motufque colorefque
Et quæ figna dedit rebus natura notandis.
Si quis erat terram profcindere vifus arator,
Ibat aratori fimilis: fi rure capellas
Paftor agens medio fuerat confpectus in arvo,
Vifus & ille fuas campis agitare capellas.
Advena prodierat peragens iter ecce viator,
Ile viatorem contra fimulabat euntem.
Rofcida mala legens, juvenili corpore virgo
Seque, fuofque oculos mirata afpexit in illo.
Deniq; femper is eft alter, vixq; eft fuus unquam,
Quofque gerit vultus alieno ducit ab ore.
  Interea Thetin Ægæi fuper æquoris undas
Vexit ad Æaciden frænatus Pelea Delphin.
Quam Phorci chorus, & Nymphæ comitantur
    ovantes:
Tritonis refonat ridenti buccina ponto.
Peliacis hilares Dî convenere fub umbris,
Qui cœlū terrafq; tenent, quique humida regna,
Fornice fub medio, parte acclinatus equina,
Hofpitibus tantis prebet rorantia Chiron
Pocula. Bacchus adeft, cyathifq; capacibus urget
Divos, multa rogans, nec Dî fprevere rogantem
Aft hinc Caftaliis redimitæ tempora ramis
Decurrere facro Pindi de vertice Mufæ.

Plectra movet Clio, digitisque micantibus errat
Argutæ per fila lyræ; nec tibia cessat
Euterpes: præit ad numeros intonsus Apollo,
Indicitque modos: imo de flumine Peneus
Attollit glaucis canentia frondibus ora.
Laurigero felix Hymenæus perstrepit Ossa,
Et Thetin Oetæi celebrant Nereida saltus.
Quo cantu excitæ muscosis sedibus ultro
Exiluere Deæ; Divûmque hæsere lacertis,
Et latus in faciles egerunt molle choreas.
Parte alia bipedum curru subvectus equorum
Advenit vitreo Pelagi de gurgite Proteus,
Dum vacat, atque suæ phocarum examina curæ
Credita Carpathiis somnus tenet altus arenis.
Adfuit & Protei soboles carissima Mimus,
Cui primum tunc est concessum visere sanctos
Cœlicolûm cœtus: facies notat ille Deorum,
Augustosque habitus; flagrantia suspicit ora
Cæsariemque Jovis, Junonisque aurea sceptra:
Intonsos Phœbi crines, humerisque sonantem
Miratur pharetram, miratur tela Dianæ,
Palladis & torva splendescens Ægide pectus,
Nexaque Mercurii levibus talaria plantis.
Protinus hic solitas animo conversus ad artes,
Exprimere incessus Divûm, nutusque Deorum

Audet, & objectas imitando effingere formas;
Grataque coelesti præbet spectacula turbæ.
Nunc juvat aut Martis vultus simulare minaces,
Incertosve pedes madefacti nectare Bacchi,
Quassatamve manu furiatæ Palladis hastam.
Ecce autem Sicula sese referebat ab Ætna
Mulciber, obscura faciem fuligine tinctus.
Horrebat caput impexum squallente favilla,
Imparibusque pedes per littora motibus ibant.
Hunc ubi Peliaco vidit de vertice Mimus,
Nec mora fallaci mentitur corpore Divum;
Atra cutis circum nodosos vestiit artus,
Contractam illuvies fœdavit sordida frontem;
Traxerunt alternantes vestigia gressus.
Haud circumfusæ risum tenuere coronæ:
Riserunt Superi, risit Nereïa turba,
Thessalicis risit campis effusa juventus.
Ilicet ultrici Vulcanus concitus ira,
Respiciens torvo tremefactum lumine Mimum;
Tune ait, ô turpes inter, puer, edite phocas,
Vile retrimentum pelagi, alga vilior ipsa,
Tune jocis audes Superos violare protervis?
Ergo ego legitimo proles Junonia partu
Natus, & ignifera doctus flammantia dextra
Cudere tela Jovi, per te ludibria Divis

Præbeam, & in toto fiam nova fabula cœlo?
Haud impune quidem: versuto corpore suetus
Sumere tot rerum species, nunc exue formam
Protinus ipse tuam; nunc humani decus oris
Abjiciens speculi faciem mendacis habeto.
I modò, & effigies visas simulator adumbra.
Dixerat, & mox verba Dei res ipsa secuta est:
Fit Speculum Mimus, vivacis spiritus auræ
Evolat, extincto cesserunt pectore sensus.
Nec minus interea priscas reminiscitur artes;
Opportuna manet cunctis natura figuris:
Mirantes spectantûm oculos deludere falsis
Gaudet imaginibus, simulacraque vana referre.

MELISSA,
ECLOGA X.
AD
FRANCISCUM SERAPHINUM REGNERUM MARESIUM.

NAscitur ecce mihi decimus labor, & gravis ille
Altisono campani æris de culmine clangor
Dat signum, dulcesque vetat producere somnos.

Tu jucunda meæ vitæ comes, hanc quoq; partem
Afpice, Mufa, tuique afpirans aura favoris
Det mihi florilegæ cafus memorare Meliſſæ:
Cui nivei mores, & labis nefcia virtus,
Curaque cœleſtis cogendi in mella liquoris,
Nobile per gentes peperere in fecula nomen.
Ergo Mænalios mihi nunc, Dea, fuffice cantus,
Queis meus attentas S E R A P H I N U S commo-
  det aures:
Excitus noſtro ſi carmine reddere carmen
Forte velit, tenuefque modos fuperare canendo:
Unde negata meis accedens fama libellis
Inter honoratos tribuat difcumbere vates,
Et mea manfuris ſignetur gloria faſtis.
 Nafcentes Cybele fetus, & ab ubere raptos,
Non femel immiti depaſtos viderat ore
Saturni, & fævis contritos dentibus artus:
Viderat, & vanis implerat queſtibus auras.
Jamque novi inſtabant felicia tempora partus,
Et prope erat fatis promiſſus Juppiter orbi,
Cum ſic alloquitur fidam Dea magna Meliſſam:
O mihi præ cunctis Virgo acceptiſſima Nymphis,
Si te rerum unquam tetigit cura ulla mearum,
Si tibi dulce mei quicquam fuit, en age, quantum
Conſiliis atque arte vales, nunc confer in ufus.

Scis tolerata mihi longos fastidia menses,
Dum pondus clam gesto uteri; prævertere certum est
Tristes Saturni insidias, lapidemque vorandum
Objicere, atque tuæ fidei committere verum
Conjugii nostro cretum de sanguine pignus.
Dictæo sub monte memor raptim occule tanti
Spem generis, cultuq; fovens hoc nectare pasce,
Quod tua sollicita parat arte industria solers,
Exceptum succis florum & rorantibus astris.
At mala ne forsan vis ingruat, abdita tecum
Tela gere, & subitas ulciscere cuspide fraudes.
Quod si vel numero venientûm, aut robore pulsa
Cesseris, arguto litui clangore propinquam
Curetum gentem, nostrum queis numen amicū,
Accerse, assiduisque premens clamoribus insta.
Non manibus desit lituus, non martia cuspis.
Sic fatur Cybele: nec longum tempus, & atris
Umbriferi montis furtim protecta latebris,
Vitales cœli regem est enixa sub auras.
Nec mora jussa Deæ studiosa Melissa capessit,
Nascentemque Jovem candentibus excipit ulnis
Atque cavo cornu, teloque accincta latente,
Mollia secreto cunabula sternit in antro.
Tum quoties nitido splendescit Lucifer ortu,

Illa vigil croceis halantes floribus hortos,
Gemmantesq; thymo saltus, & amœna peragrat
Pascua, nocturno stillantes æthere guttas
Decutiens foliis: tum lectas vase recondens
Divina demum medicatas temperat arte.
Hinc suaves primùm mellis fluxere liquores,
Deliciæ rerum, quod ab inventrice Melissa
Nomen habet: tacitis sylvarum Nympha sub
    umbris
Unde Jovi primas nascenti præbuit escas.
Sæpe etiam sacræ lauta inter fercula mensæ
Hyblæi Cybelen oblectavere sapores.
Verùm dum studio florum prolecta vagatur
Prata per, & riguas valles Gortynia virgo,
Conspicit errantem Crabro, Titania proles,
Titanem referens animo, vitiisque parentem;
Ferrea frons hominis, durum os, mens nescia
    recti,
Atque giganteæ procero in corpore vires.
Ille volutabris recubantem pervigil altis
Excepturus aprum, jaculoque instructus acuto
Exesa aërii montis sub rupe latebat,
Ilicibus tectus circum, & nigrantibus ulmis,
Cui coram obscura venit obvia valle Melissa.
Huic simul impuro conspecta est lumine virgo,

Ilicet infani stimulis corruptus amoris;
Incautam aggreditur, spoliis cùm veris onusta
Virgato flores exportaret calathisco,
Clarisono celebrans Cybeles præconia cantu.
Hæc hominis tetram faciem aversata repugnat:
Et fugeret, si non væsano percitus œstro
Apprensam valido retineret robore Titan.
Quid lacrymæ, quid vota juvant? cùm barbarus hostis
Urgeat insurgens, & vis infesta pudori,
Clamanti quis præstet opem? loca sola, nec ullis
Exculta hospitiis. Ergo quod restat in arctis
Auxilium rebus, videt à virtute petendum.
Continuò tectum quod veste hastile gerebat,
Arripit impatiens, animosaque impia dextra
Pectora Crabronis repetito transfodit ictu.
Concidit examinis mediâ resupinus arenâ.
Quæ simul in Cretæ longinquos nuntia fines
Fama tulit, celsâ Titan pater advolat Idâ;
Et nati gemino mactatum vulnere corpus
Aspiciens, nigroque fluentia pectora tabo,
Dat gemitus, totique facit convitia cœlo.
Parte alia nigris fraterno in funere sylvis
Præcipites veniunt terræ omnipotentis alumni.
Infrendent acti furiis, cædisque Melissam

Auctorem raptis cupiant discerpere membris,
Corpus & in medios divulsum spargere campos.
At pater infesto diversa in pectore Titan
Versat consilia, atque audacis facta puellæ
Pandere germano, rerum tum sceptra tenenti,
Saturno statuit, sceleris que reposcere pœnas.
Ergo adit ad regem, sequitur Titania pubes.
Frigora populeâ captans Saturnus in umbrâ,
Conjugis irriguis tum fortè sedebat in hortis.
Juxta aderat regina comes, quam pone Melissa
Ad voces dominæ stabat nutusque parata.
Terrigenæ ardentes animis, temerariaque ausi,
Atria sacra Deæ Cybeles, atque intima septa
Irrumpunt: præit ipse ferox ad crimina Titan.
Túne, ait, erepto sceptri regalis honore,
Nostram etiam tentas, Saturne, exscindere prolem?
Dumque tuæ sævis hæc unguentaria jussis
Conjugis obsequitur, nostros impunè penates,
Et claram effuso viduabit sanguine gentem?
Non ita: vel meritas virgo luet improba pœnas,
Titanum aut justos mox experiere furores.
Talibus arserunt reginæ pectora dictis,
Responsumq; homini non molle referre parabat.
Quam placido rex Saturnus prævertitur ore,

Atque rebellantes, fcelerataque bella moventes
Ad pacem revocat dictis, & temperat iras.
Me quoque, ait, frater cariffime, me quoq; tangit
Cura hæc, ne dubites, generifque injuria noftri.
Non alius vobis quæratur fanguinis ultor.
En adfum fceleris vindex, pœnæque minifter.
O virgo infelix ! quid nomen inane pudoris
Profuit, & turpi defenfa à crimine virtus ?
Quid pietas ? magnæ quid profuit infula Matris ?
Quid latices puro legiffe ex æthere lapfos ?
At tibi quæ Superi, quæ fata inimica negarunt,
Æquior hæc noftro tibi carmine Mufa rependet,
Nec longinqua dies tantum decus eximet ævo.
Arbiter ille orbis Saturnus, probra, minafque
Titanum metuens, in caftam dura Meliffam
Judicia exercet: prifcâ fpoliata figurâ
Infontis juffit decrefcere membra puellæ,
Atque leves humeris flaventibus addidit alas.
Fit volucris, virides faltus, & rofcida circum
Pafcua pervolitans. Sedenim Saturnia conjux
Effe fuam voluit, fibi quæ cœleftia roris
Dona legens, dulces nectar conflaret in ufus.
Huic & perpetuum Dea virginitatis honorem
Ferre dat ; ac lituum plagas ftridore minantem
Geftare, & promptum tutando haftile pudori.

CARMEN NUPTIALE
LUDOVICO DELPHINO,
ET
VICTORIÆ BAVARICÆ.

Noctis ô bone signifer,
Splendidum radiis caput
Effer omine prospero.
Quid diù trahitis moras
    Lenta sidera cœlo?

Ecce nunc Heliconio
Colle, conjugii dator,
Sanctus Uraniæ puer
Prodit, & volucri levem
    Induit pede soccum.

Flammeo caput ambiens,
Luteisque coloribus
Pictus, Aonios specus
Linquit, & celeri gradu
    Francicas petat oras

CARMINA.

Arduis Bavarûm jugis
Sidus exoritur novum ;
Fonte protinùs Abnobæ
Surgit, & trepidus sacrum
    Exerit caput Ister.

His ter anxius & quater
Implet aëra queſtibus ;
Nam quid hæc loca deſeris,
Virgo ? Mox validis ferit
    Ægra pectora palmis.

Uda Naïadum cohors
Eripi patrium decus
Luget, atque oculis diù
Versùs occiduas plagas
    Mœsta spectat euntem.

Sedibus superis Deos
Festus exhilarat dies,
Siderum saliunt tholo,
Ut queant genialibus
    Intereſſe choreis.

Lapsa culmine Thespiæ
Cuspides vibrat aureas,
Flammeasque quatit faces
Ignibus rutilans novis
    Turba præpes Amorum.

Se per æthera lampadum
Ordo fulgidus explicat :
Clara nox superat diem,
Et cupidineo micans
    Arva lumine lustrat.

Jamque vecta curulibus
Nympha, delicium poli,
Tranat aëra nubibus :
Pallidus Thetidis sinu
    Phœbus abditur imo.

Serta crinibus implicans
Ponè progreditur cohors
Virginum modulantium
Blanda carmina vocibus,
    Fistulisque sonoris.

Dum sibi tacitâ prece
Unaquæque Deos rogat
Par citò veniat dies,
Et viri cadat in manum
    Lege juncta maritâ.

Ocyùs juvenum procax
Agmen exiliens venit,
Virginumque pedes premens
Ore verba licentiùs
    Nuptialia fundit.

Virginem bona Gallia
Liliis decorans caput
Limites vocat in suos;
Pronus & vada Sequana
    Subjicit venienti.

Virgo adest; niveo pede
Francicos super aggeres
Fertur, & timidis tamen
Gressibus cupidum petit
    Lenta nupta maritum.

Martio simul insonat
Ære Versalium nemus.
Inde vertice Marlio
Pulsa tympana perstrepunt;
    Increpantque morantem.

Rure Meudonio vagi
Emicant ovium greges,
Pastor aëra cantibus
Mulcet; huic bifori sono
    Tibiæ admodulantur.

Hanc vir in Tyrio toro
Accubans procul ut videt,
Vota Dîs pia nuncupat,
Molle sensibus intimis
    Cor amore revinctus

Huc ades; properos move,
Inquit, ô mea lux, gradus.
Longa quid trahis otia?
Enecas cupidum tui.
   Cur diù remorate?
Dum loquor, thalami fores
Virgo candida jam subit,
Ore purpureo nitens,
Qualis ante Parin Venus
   Vallibus stetit Idæ.

Os pudicitiæ comes
Tingit ingenuus rubor,
Nupta lumina dejicit,
Limini & refugos pedes
   Sera conjugis intert.

Pandite ostia, Virgines;
Jam rosis, & amaraco
Mista jungite lilia,
Myrrheosque puellulæ
   Nidor afflet odores.

Brachium manibus tenens
Pronubus pavidæ puer,
Dicta dulcia proferat,
Istat & dominam viro
   Conjugator amanti.

Cura sit pia matribus
Collocare puellulam,
Picta zonula dùm cadat:
Me velit fugiens toro
    Secubare jugali.

Antequàm decimam rotis
Luna triverit orbitam,
Matris ex utero simul
Delphis exierit, bonâ
    Spe replebitur orbis.

Mox ut hic adoleverit,
Et comam galea premet,
Arva Thracia protinùs
Tinget Othomanus cruor,
    Bosporique fluenta.

Conde Cyaneis vadis,
Turca, coniferum caput.
Tauricos tua gens sinus,
Littora & patriâ procul
    Quærat ultima Ponti.

Donec inclyta præferens
Signa Christiferæ Crucis
Gentium domitrix Sion,
Francici auspiciis ducis,
    Sacra jura det orbi.

ΕΠΙΓΡΑΜΜΑ

ΠΕ΄ΤΡΟΥ ΔΑΝΙΗ͂ΛΟΣ ὙΕΤΙ΄ΟΥ
εἰς ἑαυτόν.

Κάδμ۟ ὅπασσε πάτρην, μοῦσαι δέ με παῖδα
  ἀτίταλλον,
Ὑέτι۟ χρονίων δῶκεν ἐπανυμίίω.
Ἐν μυχίοις πραπίδεσσι κατέζετο φοῖο۟ ἀνάσσων.
  Οὐδὲν ὅλως καθ᾽ ἐμοῦ ἴσχυεν ἐχθρὰ τύχης.
Ἐν δὲ κυλινδομένου πηλώδεϊ συρφετῷ αἴης
  Νοῦν δεινὸς θεόθεν οὐρανοῦ ἧλκεν ἔρως

TABLE
DES ARTICLES.

I. Decadence des Lettres, page 1
II. Mon amour pour les Lettres. 3
III. L'étude n'est point contraire à la santé. 5
IV. Du peu de sûreté de la réputation des gens de Lettres. 5
V. Des deux Scaligers, pére & fils. 8
VI. Essais de Montagne. 14
VII. Ange Politien. 18
VIII. Savans du XV. siècle, & du commencement du XVI, préférables à ceux de notre tems. 20
IX. François de Beaucaire de Puiguillon, Evêque de Metz. 21
X. Jugement de Saint Augustin. 23
XI. Les Anciens manquent de méthode. 24
XII. Défense des Anciens contre les Modernes. 26
XIII. Différence essentielle entre les vers & la prose. 42

XIV. *Monde soûterrain.* 43
XV. *Sépulture de Cujas.* 44
XVI. *Conciliation des diverses Religions qui partagent les Chrétiens.* 46
XVII. *Titre du Livre* de Imitatione Christi. 48
XVIII. *Varillas* 49
XIX. *Pucelle de Chapelain.* 51
XX. *Anémomètre* 55
XXI. *Villon.* 58
XXII. *Bon esprit. Bel esprit.* 62
XXIII. *La Critique.* 63
XXIV. *Exposition des logemens.* 65
XXV. *Santé des vieillards.* 66
XXVI. *Du mensonge.* 67
XXVII. *Stile du P. Petau, & des autres Jesuites.* 70
XXVIII. *Il n'y a point de science qui ne soit un digne objet de l'esprit humain.* 72
XXIX. *Epigramme Grecque énigmatique.* 74
XXX. *Défense des Elémens d'Euclide.* 75
XXXI. *Cause de la Consonance & de la Dissonnance.* 77
XXXII. *Du prétendu sublime de quelques expressions de l'Ecriture.* 79
XXXIII. *Des Brucolaques & des Tympanites des Isles de l'Archipel.* 81

XXXIV. *Honneurs rendus à Virgile.* 85
XXXV. *Jugement d'Ovide, de Tibulle, & de Properce.* 86
XXXVI. *Le vulgaire mesure ordinairement le génie des hommes sur leur qualité.* 90
XXXVII. *Auteurs Dauphins.* 91
XXXVIII. *De l'autorité de Josephe.* 94
XXXIX. *La Fable d'Hercule englouti par un poisson, est l'Histoire de Sanson amoureux de Dalila.* 99
XL. *Saint Paul exerçant le métier de faiseurs de tentes.* 100
XLI. *Affinité de la Langue Allemande avec celle des Perses.* 102
XLII. *Chevaux cravates.* 103
XLIII. *Guirlande de Julie.* 103
XLIV. *La Couronne Impériale de M. Chapelain.* 105
XLV. *Faute de Virgile.* 108
XLVI. *Dictionaire d'Hésychius.* 109
XLVII. *De la progression décuple dans les nombres.* 110
XLVIII. *Origine des chifres vulgaires.* 113
XLIX. *Explication d'un passage de Virgile.* 116
L. *Motif de l'aigreur du P. Petau contre Scaliger.* 118

T iiij

LI. *Beautez naturelles, préférables aux beautez de l'art.* 119
LII. *Défectuosité de la Somme de Saint Thomas.* 121
LIII. Liliger. 122
LIV. *Mort étrange d'un Suédois.* 124
LV. *Jugement de Ciceron sur le stile de Thucydide.* 126
LVI. *Virgile, pourquoi nommé* Parthenias *par les Napolitains.* 126
LVII. *Du Plessis-Mornay a eu plus de réputation que de merite.* 127
LVIII. *Presque tout l'ancien monde est gouverné par les peuples du Nord.* 130
LIX. *La petite vérole & la rougeole ont été connuës des Anciens.* 131
LX. *S'il est vrai que l'on ait pû mettre l'Iliade d'Homere dans une coquille de noix?* 135
LXI. Explicit. 138
LXII. *Bains des anciens.* 139
LXIII. *Commerce de Tyr & d'Alexandrie.* 140
LXIV. *Deux passages de Virgile corrompus.* 142
LXV. *Fausse pensée de Ciceron sur la vieillesse.* 145
LXVI. *Epanchement de l'eau, signe*

de tristesse chez les Israëlites. 147
LXVII. Pourquoi l'on veut d'ordinaire être estimé moins riche, & plus noble qu'on ne l'est ? 148
LXVIII. L'usage est le maitre des Langues, mais non pas l'abus. 149
LXIX. De la Latinisation des noms. 150.
LXX. Tems de lire les lettres. 167
LXXI. Des clairvoyes. 168
LXXII. Des jardins à la mode. 169
LXXIII. Cause de la décadence des lettres. 171
LXXIV. Les bons juges de la Poësie sont plus rares que les bons Poëtes. 174
LXXV. Lequel est préférable de l'emploi d'un Prédicateur, ou de celui d'un homme savant ? 178
LXXVI. Les Prédicateurs deviennent souvent déclamateurs, même dans le langage ordinaire, & dans l'usage de la vie. 180
LXXVII. Point d'ouvrage plus difficile pour un homme de Lettres, que l'interprétation de la S. Ecriture. 182
LXXVIII. De l'origine de la rime. 184
LXXIX. Des obstacles de l'érudition. 195
LXXX. Hirondelles de Suéde passent l'hiver sous la glace. 198

LXXXI. *Origine du nom des Alpes.* 200
LXXXII. *Comparaison de Virgile avec Théocrite, Hésiode, & Homére.* 202
LXXXIII. *Preuve de la vérité de l'explication que j'ai donnée dans ma Démonstration Evangelique, du commencement du huitiéme chapitre d'Isaïe.* 206
LXXXIV. *L'érudition n'est pas le chemin de la fortune.* 210
LXXXV. *Jugement de Tacite.* 213
LXXXVI. *Jugement de Pétrone.* 214
LXXXVII. *Jugement de Platon.* 218
LXXXVIII. *Fidelité d'un chien.* 224
LXXXIX. *R. Manassé ben Israël.* 225
XC. *Si le mot Ebreu* בוג *étoit un ornement du nez.* 227
XCI. *Méthode défectueuse des nouveaux Grammairiens, par leur briéveté affectée.* 230
XCII. *Cause de l'effet que produit le Soleil dans l'été sur les feuilles & sur les fruits, après une pluie médiocre.* 232
XCIII. *Vie pastorale & militaire des Tartares & des Turcs.* 234
XCIV. *Les Poles sont les lieux du monde les plus éclairez.* 237

XCV. *Xénophon, sa Cyropédie. Harangues des Historiens.* 240

XCVI. *Passage obscur d'Isaïe, expliqué. Figure des anciennes clefs.* 244

XCVII. *Fonctions des Juges & des Avocats, entièrement opposées.* 246

XCVIII. *D'où vient la richesse des langues.* 247

XCIX. *Maximes de la Rochefoucaud.* 248

C. *Du Canon de la Sainte Ecriture, & des Canons particuliers de quelques-unes des parties dont elle est composée.* 252

CI. *Isopsépha.* 254

CII. *Egeria Nympha, paupertatis symbolum.* 257

CIII. *L'amour est une maladie du corps, & se peut guérir par le secours de la Médecine.* 261

CIV. *Tous les Anciens n'ont pas cru que la Zone-Torride fût inhabitable.* 263

CV. *Explication de la dixiéme Epigramme de Catulle.* 265

CVI. *Le bois de Brésil n'a pas tiré son nom de la Province du Brésil, mais la Province a tiré son nom de celui du bois.* 268

CVII. *Quelle est la cause qui rend conta-
gieuses quelques maladies, les autres
ne l'étant pas?* 270
CVIII. *Des Tétraples, Hexaples, &
Octaples d'Origéne.* 272
CIX. *Quelle est la posture la plus na-
turelle à l'homme, d'être debout, d'être
assis, d'être couché, ou de marcher?* 275
CX. *Comparaison d'Alexandre, d'An-
nibal, de Scipion, & de César.* 278
CXI. *Antiquité des Orgues.* 285
CXII. *Si les concerts des Anciens se
chantoient en parties?* 288
CXIII. *De la Critique, & de l'abus que
l'on en a fait.* 295
CXIV. *Antiquité des Jets-d'eau.* 304
CXV. De loco Origenis super typico
& symbolico corpore. 306
CXVI. *On explique ce que c'est que le*
Myobarbum *d'Ausone.* 310
CXVII. *Eloges de mon pere & de ma me-
re.* 315
CXVIII. *Eloges de mes trois sœurs.* 321
CXIX. *Vanité de l'espérance qui est ordi-
naire aux hommes, de l'établissement
de leurs familles, & de la perpétuité
de leur nom après leur mort.* 328
CXX. *Explication de* Gad *&* Méni,

dont parle Isaïe. 335
CXXI. Quelle est la difference d'un homme savant, & d'un homme ignorant. 143
CXXII. L'homme est une partie d'un tout, & non pas un tout. 344
CXXIII. S'il est vrai, comme Scaliger l'a avancé, qu'un grand esprit ne sauroit être grand Mathématicien. 347
CXXIV. Difference des grands & des médiocres esprits. 350
CXXV. D'où vient que chacun est content de son esprit. 352
CXXVI. Crainte du tonnerre. 355
CXXVII. Comparaison de la langue Latine & de la Françoise. 357
CXXVIII. La Philosophie a eu son progrez suivant l'ordre de la nature. 359
CXXIX. De l'origine & du progrez de la Chymie. 360
CXXXI. Filets de Saint Martin. 368
CXXXII. Chaque arbre naît d'un rameau. 370
CXXXIII. Tout mouvement est composé d'intervalles, de mouvement, & de repos. 371
CXXXIV. Si dans les orages il s'engendre quelquefois des grenouilles? 376
CXXXV. Du nom de Philès. 378

CXXXVI. Si l'on peut reduire tous les sens au sens du toucher ? 379
CXXXVII. S'il est vrai que deux nombres inégaux multipliez par eux-mêmes puissent produire le même nombre ? 380
CXXXVIII. Problême Géométrique. 382
CXXXIX. Difference de l'Astronomie ancienne & de la moderne. 384
CXL. En quel sens les Poëtes Bucoliques font-ils chanter à leurs Bergers, des vers sur leurs chalumeaux ? 399

CARMINUM INDEX.

Lampyris. *Ecloga VI.*   401
Galerita. *Ecloga VII.*   407
Salamandra. *Ecloga VIII.*   413
Mimus. *Ecloga IX.*   418
Melissa. *Ecloga X.*   423
Carmen nuptiale.   430
Εἰς ἑαυτόν   436

AVIS DU LIBRAIRE.

Quoique cette édition ait été faite sur le Manuscrit original, que je montrerai à qui voudra, cependant il s'y est glissé beaucoup de fautes. Je vais marquer les principales, qui pourroient troubler la lecture du François, ou du Latin. A l'égard de celles qui se trouvent dans le peu qu'il y a ici de Grec & d'Hébreu, je n'en ferai pas mention, parceque ceux qui sont en état de les connoître, sont aussi en état de les corriger.

Pag. ligne. Fautes.	Correction.
4. 26. je la sens aussi vive	je le sens aussi vif.
10. 7. alle	allé
30. 13. & crassoque	effacez &
36. 20. Militaire	Miliaire
49. 22. pas creusée	tant creusée
75. 25. Sandius	Sandæus
12.. 23. on connoit qu'une chose	on connoit ce qu'une chose
154. 2. Lichetnau	Lichtenau
156. 13. Jocobus	Jacobus
157. 21. Sylita	Stylita
160. 23. Turra-cremata	Turre-cremata
165. 24. tout autre	toute autre
172. 2. l'usage; aisé	l'usage aisé;
184. 20. les Poëtes, &	les Poëtes Grecs, &
192. 4. Léoniens	Léonins
200. 17. on en trouve	on ne trouve
2.4. 4. si l'on en	si l'on n'en
235. 13. qui en font	qui font
288. 2. Gali	Galli
296. 18. cet aide	cette aide
315. 9. Ausonne	Au'one
321. 3. fait éloge	fait l'éloge
332. 15. n'avoit en foi de réel	n'avoit en foi rien de réel

APPROBATION.

J'Ay lu par l'ordre de Monseigneur le Chancelier le manuscrit intitulé *Huetiana*, & j'y ay reconnu non seulement la main de l'illustre auteur qui l'a composé, feu M. Huet ancien Evesque d'Avranches, mais encore toute l'érudition, tout le goust & toute la politesse qui l'avoient porté aux premiers honneurs de la Literature, & qui rendent sa memoire si pretieuse aux gens de Lettres. Fait à Paris ce 9. de Novembre 1721.

FRAGUIER.

PRIVILEGE DU ROY.

LOUIS, PAR LA GRACE DE DIEU, ROY DE FRANCE ET DE NAVARRE: A nos amez & feaux Conseillers, les Gens tenans nos Cours de Parlement, Maîtres des Requêtes ordinaires de notre Hôtel, Grand-Conseil, Prevôt de Paris, Baillifs, Senechaux, leurs Lieutenans Civils, & autres nos Justiciers qu'il appartiendra: SALUT, Notre bien amé JACQUES ETIENNE, Libraire à Paris, Nous ayant fait remontrer qu'il lui avoit été mis en main un Manuscrit, qui a pour titre

Huetiana, ou Penſées diverſes de M. Huet ancien Evêque d'Avranches, & qu'il ſouhaiteroit le faire imprimer & donner au Public. Mais comme il craint que d'autres Libraires ou Imprimeurs ne lui contrefaſſent ledit Ouvrage ci deſſus expliqué, il Nous auroit en conſequence très-humblement fait ſuplier de lui accorder nos Lettres de Privilege ſur ce neceſſaires. A CES CAUSES, voulant favorablement traiter ledit Expoſant, Nous lui avons permis & permettons par ces Préſentes d'imprimer ou faire imprimer ledit Livre en tels volumes, forme, marge, caractere, conjointement ou ſeparement, & autant de fois que bon lui ſemblera, & de le vendre, faire vendre & debiter par tout notre Royaume *pendant le temps de ſix années conſecutives*, à compter du jour de la date deſdites Préſentes. Faiſons défenſes à toutes ſortes de perſonnes de quelque qualité & condition qu'elles ſoient, d'en introduire d'impreſſion étrangere dans aucun lieu de notre Obeïſſance: comme auſſi à tous Imprimeurs, Libraires, & autres d'imprimer, faire imprimer, vendre, faire vendre, debiter, ni contrefaire ledit Livre ci-deſſus expliqué en tout ni en partie, ni d'en faire aucuns extraits, ſous quelque prétexte que ce ſoit d'augmentation, correction, changement de titre ou autrement, ſans la permiſſion expreſſe & par écrit dudit Expoſant ou de ceux qui auront droit de lui, à peine de confiſcation des Exemplaires contrefaits, de quinze cens livres d'amende contre chacun des contrevenans, dont un tiers à Nous, un tiers à l'Hôtel-Dieu de

Paris, l'autre tiers audit Exposant, & de tous
dépens, dommages & interêts : à la charge
que ces Présentes seront enregistrées tout au
long sur le Regiſtre de la Communauté des
Imprimeurs & Libraires de Paris, & ce dans
trois mois de la date d'icelles ; que l'impreſſion de ce Livre sera faite dans notre
Royaume & non ailleurs, en bon papier & en
beaux caracteres, conformement aux Reglemens de la Librairie, & qu'avant que de l'exposer en vente, le Manuscrit ou imprimé qui
aura servi de copie à l'impreſſion dudit Livre
sera remis dans le même état où l'Approbation y aura été donnée, ès mains de notre
très-cher & feal Chevalier, Chancelier de
France, le Sieur d'Aguesseau ; & qu'il en sera
ensuite remis deux exemplaires dans notre
Bibliotheque publique, un dans celle de notre Château du Louvre, & un dans celle de
notre très-cher & feal Chevalier, Chancelier de France, le Sr Daguesseau; le tout à peine de nullité des Présentes. Du contenu des-
quelles vous mandons & enjoignons de faire
joüir l'Exposant ou ses ayant cause, pleinement
& paisiblement, sans souffrir qu'il leur soit fait
aucun trouble ou empêchement. Voulons
que la copie desdites Présentes qui sera im-
primée tout au long au commencement ou
à la fin dudit Livre, soit tenue pour dûement
signifiée, & qu'aux copies collationnées par
l'un de nos amez & feaux Conseillers & Se-
cretaires, foi soit ajoutée comme à l'Original. Commandons au premier notre Huiſ-
ſier ou Sergent de faire pour l'execution
d'icelles, tous actes requis & necessaires, sans

demander autre permiſſion, & nonobſtant clameur de Haro, Charte Normande & Lettres à ce contraires ; CAR TEL EST NOTRE PLAISIR. Donné à Paris le vint-ſeptiéme jour du mois de Novembre, l'an de grace, mil ſept cent vingt-un, & de nôtre regne le ſeptiéme. Signé par le Roi en ſon Conſeil.

CARPOT.

Regiſtré ſur le Regiſtre V. de la Communauté des Libraires & Imprimeurs de Paris, page 25. N. 23. conformement aux Reglemens, notamment à l'Arreſt du Conſeil, du 13. Août 1703. A Paris le 4. Decembre 1721.

DELAULNE, Syndic.